当代高等教育管理与实践研究

刘子卉　费燕琴　赵双兰　著

中国纺织出版社有限公司

内 容 提 要

高等教育管理是左右整个高等教育发展的关键因素。研究我国高等教育管理的历史和现状，就必须聚焦高等教育管理研究及其理论的发展状况，只有大力发展我国高等教育管理理论研究，才能使其更好地服务高等教育。本书从当代高等教育面临的社会环境，高等教育管理体制的内涵，我国高等教育内部管理、教学管理、课程管理、师资管理等方面进行了探究和分析，旨在对我国高等教育管理的改革和发展提供一定的思路和方法，希望能够为我国高等教育的发展贡献力量。

图书在版编目（CIP）数据

当代高等教育管理与实践研究 / 刘子卉，费燕琴，赵双兰著．-- 北京：中国纺织出版社有限公司，2023.8
ISBN 978-7-5229-0881-6

Ⅰ．①当…　Ⅱ．①刘…　②费…　③赵…　Ⅲ．①高等教育－教育管理－研究－中国　Ⅳ．① G649.2

中国国家版本馆 CIP 数据核字（2023）第 159849 号

责任编辑：史　岩　　责任校对：高　涵　　责任印制：储志伟

中国纺织出版社有限公司出版发行
地址：北京市朝阳区百子湾东里A407号楼　邮政编码：100124
销售电话：010—67004422　传真：010—87155801
http://www.c-textilep.com
中国纺织出版社天猫旗舰店
官方微博 http://weibo.com/2119887771
北京虎彩文化传播有限公司印刷　各地新华书店经销
2023年 8 月第 1 版第 1 次印刷
开本：710×1000　1/16　印张：16.5
字数：350千字　定价：99.90元

前言

21 世纪以来，高等教育在国家发展战略中的地位越来越突出，高等教育在经济社会发展中的作用也从间接推动转变为直接拉动，经济和社会发展比任何时候都更加依靠知识的更新、人们素质的提高、科技的创新及教育的发展。因此，世界各国均对高等教育改革予以高度重视。

随着党和政府对教育事业的高度重视和投入加大，高等教育得到了快速发展，目前，我国已成为世界上高等教育在学人口最多的国家。随着我国高等教育大众化提速，高校大量合并，高校招生体制改革引发了一系列问题，高等教育管理也面临着前所未有的挑战。同时，创新型国家建设与和谐社会目标的确立，也为我国高等教育发展提供了新的历史机遇。从一定意义上说，一个国家的高等教育管理理论研究的发展状况折射并且决定着该国高等教育管理实践的整体水平。改革开放以后，我国才真正开始系统地进行高等教育管理研究并把它看作一门学科。从起步到成长，从摸索到明确，从经验总结到理论创建，我国高等教育管理学的发展踏过了一条不平坦之路。我国在高等教育管理的研究上，历经了经验总结与政策阐释到理论探索以及理性研究的发展阶段，走上了高等教育管理学学科建设与研究的正轨，涌现了一批特有标志性的研究成果。

高等教育管理是左右整个高等教育发展的关键因素。研究我国高等教育管理的历史和现状，就必须聚焦高等教育管理研究及其理论的发展状况，只有大力发展我国高等教育管理理论研究，才能使其更好地服务高等教育。本书从当代高等教育面临的社会环境，高等教育管理体制的内涵，我国教育管理创新理念、内部管理、教学管理、课程管理、师资管理等方面进行了探究和分析，旨在对我国高等教育管理的改革和发展提供一定的思路和方法，希望能够为我国高等教育的发展贡献一份力量。

本书内容丰富，语言流畅，通俗易懂，对从事高等教育管理教学及相关工作者具有一定的借鉴和参考价值。但因作者水平有限，对高等教育管理研究与实践研究还不够深入，书中难免存在漏洞与缺憾，恳请专家、学者和同行批评、指教。

刘子卉

2023年6月

目录

第一章　高等教育管理概述

第一节　高等教育管理的目标

高等教育是指在完成高级中等教育基础上实施的教育，是培养具有社会责任感、创新精神和实践能力的高级专门人才。高等教育管理是指人们依据高等教育目的以及发展规律，自觉有意识地调节高等教育管理是指人们依据高等教育目的以及发展规律，自觉有意识地调节高等教育系统内部外部的各种资源与关系，以达到原始既定的高等教育系统目的的整个过程。高等教育管理是国家教育体系中的重要组成部分，在保证高校人才培养质量、规范大学教育活动、为国家培养人才等方面发挥着十分重要的作用。

随着社会的发展和进步，高等教育在培养人才、促进社会经济发展方面起着重要作用。然而，随着高等教育规模的不断扩大和多元化的需求，高等教育管理成为人们普遍关注的焦点。为了确保高等教育管理的质量和有效性，建立和实施一套科学合理的管理体系变得至关重要。新时期，高等教育管理工作处于一个开放、多元、变革的环境。在新媒体背景下，随着高等教育大众化趋势的发展，高校学生管理工作也发生了深刻变化。我国高等教育管理工作虽然在很多方面都有了一定的突破，取得了一定成绩，但整体来看，高等教育管理工作与形势发展要求还不相适应，面临着许多具体问题，在理论研究和教育管理实践中亟待解决。

明确高等教育管理的目标，遵循高等教育管理的规律和坚持高等教育管理的基本原则，是实行高等教育管理的起点和前提。目标、规律和原则反映了一定的社会观和价值观，体现了某种管理哲学。高等教育管理的目标、规律和原则渗透在管理工作的各个方面，贯穿高等教育管理工作的全过程。

一、目标及高等教育管理目标

（一）目标的含义和特性

目标就其词义来说，是指目的，如为一个共同的目标而奋斗。具体来说，目标是指在一定环境条件下和一定范围内，个人群体或组织以预测为基础，按一定的价值观，对自身行为所确立并争取达到的最终结果的标准、规格或状态。

目标是主观见之于客观的东西。一方面，目标集中反映人们的设想、愿望，体现其意识的主观能动性；另一方面，目标又超前反映未来的标准或状态，体现其存在预想的客观现实性。因此，作为目标，要使主观需要和客观可能保持一致。目标具有以下特性。

1. 未来的导向性

目标属于方向的范畴，为人们展现未来经过努力可以达到的前景。目标是对未来的预测，是超前思维的产物，对人类的实践活动具有引导作用。任何组织、部门要提高其管理效能，都必须制定某种方向维系和组织各个方面，以指引单位成员共同活动，只有使目标的影响渗透到各项工作中，才能达到鼓舞士气、增强凝聚力、提高工作效率和效益的目的。

2. 主客观的统一性

目标既是由人所设想和确立的，是“观念的存在着”的东西，它又总是人对客观认识的反映。人对客观现实有了正确的认识，才可能制订出正确的目标：正确的目标，必然是主观设想和客观存在的统一。主观和客观的高度统一性，是保证目标正确性的前提和基础。

3. 社会的价值性

目标不是组织自身所能完全决定的，也不纯粹是个人意愿的表现。按照系统论的观点看问题，任何组织都是社会中或大或小的分子，其存在和活动的方式均受社会的制约。因而目标的确立必然要反映社会的要求。这种基于客观现实、体现主观意志、反映社会要求的目标是人们认同的一种方向，其一经确立，便具有使人们崇尚和追求的价值。

4. 系统的层次性

目标不可能是单一的，各级目标纵横排列，形成了层次结构。一般来说，上一层次实现目标的措施，成为下一层次的目标；达到下一层次的或局部的目标，是为了实现上一层次或总体的目标服务的。高层次的目标往往从宏观角度出发，体现其战略性和概括性的特点；而低层次的目标往往从微观角度出发，反映出战术性和具体性的特点。目标有从属目标和递进目标，有隶属层次（总体、部门、个体)、时间层次(远期、中期、近期)、要求层次(高级、低级),构成目标系统。

5. 过程的实践性

目标的实现是连续性和阶段性统一的过程,也是完成主观走向客观的过程。这一过程归根结底是实践的过程,离开实践就不可能制订出正确的目标,就谈不上目标的实现。因为目标总是在认识、实践、再认识、再实践的过程中制订、调整和实现。

(二)高等教育管理目标的含义和规律

①高等教育管理的目标是指高等教育主体根据实现高等教育目的的要求,对各项高等教育管理活动中管理对象在一定时期内所要达到的预想结果做出的标准规定。高等教育管理的目标,从根本上讲,与高等教育的育人目的是完全统一的。随着高等教育改革的不断深入,高等教育与社会的经济、政治文化等各个方面的联系日益密切。相应地,也承担起更多的社会职能。它需要面对各种各样的社会期望,尽力满足多方面对知识和人才的需求,这就带来了高等教育管理目标的多样化。

②高等教育既具有外部规律,又具有其内部规律。外部规律是指高等教育必然受到社会诸因素的制约和必须为社会的政治、经济和文化等方面服务的规律。内部规律是指高等教育必须遵循人的认知、成长和发展规律以及人才培养规律。从外部规律和内部规律的划分方法出发,高等教育的管理目标,可以划分为外部目标和内部目标。外部目标是反映高等教育社会功能,即在经济发展和社会进步中起作用的目标。内部目标则指反映高等教育活动状态的目标,如教育目的、要求、途径、质量、水平、条件保证等方面的目标。因此,外部目标可以说是功能性目标,内部目标则可以说是状态性目标。外部目标体现于高等教育主管部门对教育活动的决策和控制上,内部目标则体现于高等教育实施部门(高等学校)对自身价值的追求上。

二、高等教育管理目标确立的意义

(一)高等教育管理目标确立的意义

在高等教育管理活动中,确立其管理目标具有十分重要的意义。

①目标是高等教育管理的出发点和行动依据,具有决定管理活动方向的作用。高等教育管理目标,决定高等教育管理活动的方向和任务,规定高等教育管理活动的内容,影响高等教育管理活动的途径和方法:高等教育管理活动,是为了最终有效地实现高等教育管理的目标。没有目标的高等教育管理就失去了方向

和意义。高等教育管理活动的全过程应着眼于对目标的管理，高等教育的一切管理活动要围绕着实现高等教育管理目标这一根本任务。

②目标是调动高等教育管理者自觉性的重要手段，具有激励和鼓舞作用。做任何事都要注重效果，高等教育管理也不例外。虽然效果的取得受多种因素的影响、但人的自觉性和有效性是直接相关的。自觉性越高，有效性就越大。因此，确立并使管理者明白高等教育管理的目标，才能使之形成自发的思考和积极的行为，进而产生热情和激情。

③目标是处理高等教育管理主客体矛盾的必要条件，具有修正、完善的作用。目标既是预期可以达到的，也是需要经过一定的努力才能达到的。确立目标的全过程，也是分析和认识主客体矛盾的过程。实现管理目标的努力过程，也是发现矛盾、处理矛盾和最后解决矛盾的过程。

④目标是检验高等教育管理效果的依据，具有评估作用。检验高等教育管理的效果，主要不是看做了多少事情，而是要依据原来确定的高等教育管理目标检验实际管理活动的效果，做那些事倍功半的事情是与科学管理的要求相悖的。只有确立高等教育管理的目标，才能检验其管理成效的高低和效果的大小，才能使高等教育的评估有章可循。

（二）高等教育的目标管理

高等教育的目标管理是高等教育管理者引导高等教育实施部门以及全体成员共同确定高等教育管理目标及其体系，以目标为中心，明确各自责任和发挥各方面主动精神，协调和控制培养各类高级人才的工作进程，检查和评估完成状况的组织活动。简而言之，就是一种对高等教育目标的确定、实施和评估全过程的管理。

高等教育的目标管理，其基本含义包括以下内容。第一，高等教育目标管理和高等教育管理一样，均是高等教育的组织活动。但目标管理活动的特点是“以目标为中心”，与高等教育的计划管理、质量管理等有区别。第二，任何活动都是有过程的，在高等教育目标管理的活动过程中，目标是贯穿始终的主线，表现在目标的制定执行、检查和评估等方面。第三，高等教育目标管理的提出和发展，关注人的同时，注重人和工作的结合。必须使各层管理者和被管理者明确自身的责任，提高自觉性，做到自我控制、自我检查和自我评估。

高等教育管理的核心是高等教育的目标管理。目标管理活动的一般程序是目标制订、目标实施、目标检验、目标价值。这与一般常规管理过程中的四大环节，计划—执行—检查—总结基本上是一致的。因此，围绕高等教育的目标管理的过程，就能更好地实现高等教育的有效管理。

三、高等教育管理目标确立的依据

高等教育管理目标的确定，需要科学的依据。高等教育管理目标是整个高等教育发展目标的一部分，它的确立必然受制于高等教育发展的各方面的因素。

（一）高等教育管理目标确立的教育发展依据

实行高等教育管理，旨在为高等教育的改革和发展服务，最终实现高等教育的目的。高等教育的发展离不开党的教育方针和政策的指导，高等教育管理应根据党的教育方针和政策目的要求来确定其目标。

现代高等教育的改革和发展，要求人们必须注视和研究国际经济、科技的发展趋势，增强教育的开放意识，认真借鉴世界各国的有益经验，从而加快发展我国的高等教育事业。这要求高等教育管理目标的确立既要围绕国家和社会对高等教育发展的基本要求，又要体现在管理理论上的科学性、管理理念上的时代性、管理实践上的高效性、管理内容上的切实性、管理过程上的目的性。高等教育管理目标的确立，如果缺少管理科学的思维方式，就不能使其目标合情合理、切实可行，就难以达到实行目标管理的目的；高等教育管理目标的确立，如果缺少时代特征，就不能使其目标符合高等教育改革与发展的要求，就有违高等教育管理的初衷；高等教育管理目标的确立，如果不能使其操作简便、明了、易行，就不易被管理的主客体双方接受，就难以达到事半功倍的效果；高等教育管理目标的确立，如果其内容要求不切实际，不考虑各地、各层次、各类型的具体情况，就难以真正为高等教育的改革与发展服务；高等教育管理目标的确立，如果在实行其全过程的各阶段，要求不明确，就会形成操作中的盲目性，并且难以在实践中加以修正，就不可能达到最后目标的要求。

高等教育的改革和发展，旨在更快更好地实现高等教育的目的，这一目的集中反映在国家和社会对人才的需求上。只有以高等教育发展为依据，才能体现管理目标的确立，为培养社会主义建设要求的人才服务。

（二）高等教育管理目标确立的工作目的物依据

高等教育管理对象包括人、财、物等多种类型，通常称为管理工作的目的物。在人、财、物各类管理对象中，人是最为关键的，因为财和物的管理最终均是由人来实现的，从这层意义上来说，高等教育管理的对象主要是人。由于人的层次、素质和水平的差别，高等教育管理的具体目标有所不同。如果不依据高等教育管理对象的不同层次和具体情况，把目标定得过高或过低，都会影响高等教育管理工作的成效。

高等教育管理对象具有双重性，既是管理者，又是被管理者。较之于高层管理者，中层管理者则是被管理者，较之于中层管理者，基层管理者则是被管理者，而基层管理者又是具体事物的管理者。不可否认，在当前高等教育管理对象不同层次的人员中，其整体素质，无论从思想观念、文化水平，还是从业务能力方面，与以前相比都有所提高。但是，随着高等教育的不断发展，高等学校结构布局的调整和管理体制改革的深入，部分人的育人观念、时代观念、敬业观念、服务观念等适应不了形势发展的要求，心理承受能力不足，主人翁意识不强。如果对上述情况不做深入的了解和具体的分析，那么就难以制订出切合实际的具体目标。另外，由于各地区发展的不平衡造成的高等教育发展的不平衡，显示出高等教育管理的差异性。如果在制订目标时不考虑不同地区管理水平及要求的差异性，对发达地区和不发达地区采取“一刀切”的笼统管理模式，那么，其目标就会造成空洞及操作过程的不切实际，从而使确立的目标流于形式。

四、高等教育管理的目标模式

高等教育管理的目标模式包括管理目标确立的理性模式、渐进模式和综合模式。

（一）管理目标确立的理性模式

理性模式主要要求是切实，即目标的制订者根据完备的综合信息、客观的分析判断，针对许多备选的目标方案进行论证评估，排定优劣顺序，估计育人的成本效益，预测可能产生的影响，经比较之后选择最佳方案。这种模式是以理性的行为作为选择基准的。理性的行为是扩大目标成就的行为，是根据客观资料，确立目标手段的行为。

理性模式的最终目的，是希望能够设计出一套程序，使管理者利用此程序，能够确立一个有最大“净价值成效”的合理目标。即希望能花最小的代价，获取最大的成果。而具有最大“净价值成效”的目标，就是一项理性的目标。“净价值成效”是指目标所要求的效果大于其付出的价值。在这个意义上，理性和效率意义相同。效率是价值输入和价值输出的比例。一个理性的目标就是效率最大的目标，目标所要求的价值与其在实行过程中所付出的价值之间的比值大于1。理性模式是人们在追求理性目标努力下创造的，是对理性目标制订过程中一种概括和抽象。

理性模式要求应满足的条件是：知道所有的教育要求及其相对的重要性；知道可能的多种目标方案；知道各种目标方案可能产生的结果；能估计目标方案所能实现的与不能实现的教育要求的比值；能选择最佳的目标方案。在这个模式中的理性，是指人们不仅要能知晓、权衡整个教育要求的实现程度，而且要有关于目标方案的详尽资料、正确预测各种目标方案后果的能力，以及能准确把握管理成本与育人要求的操作程序。

理性模式可以促进高等教育管理目标确立的合理性，使内容切实，要求适中，操作可行。然而，由于管理者的能力和掌握的知识有限，其目标的确立不可能完全满足理性化的要求，从而需要通过渐进的方式加以修正。

（二）管理目标确立的渐进模式

渐进模式的主要要求是调适（或修正），即运用“边际调适科学”的方法，以现行的目标为基础，通过时段的实践，再与其他方案相比较，然后决定哪些内容需加修改，以及应该增加哪些新的内容。

渐进模式的内涵概括为：管理者不必企图建立与评估所有的目标方案，只需着重那些与现行目标有渐进性差异者即可；管理者只需考虑有限的目标方案，而非所有备选方案；管理者对每个方案只需论证几个可能产生的重要结果；管理者面临的问题一直在被重新界定，注意要求—手段与手段—结果的调适，使其过程中的问题较易处理；高等教育管理的问题尚缺乏最好的解决方案，需要在目标实行过程中发现问题和逐渐解决问题；渐进模式具有补救性质，适应解决现实的与具体的问题，对目标趋势进行修正；渐进模式在于边际的比较，根据边际效果进行抉择，并不全面考虑每一项计划或每一个方案，所确立目标的优劣情况取决于管理者态度一致的程度。

与理性模式相比较，渐进模式较接近实际的管理情况，模式的构架较为精致完美。就管理者的个性特征而言，渐进模式也比较可行。渐进模式受到对现行目标成效的满意程度、问题性质改变的程度、现有可选方法中新方法的数量等条件的限制。如果现行目标的成效不能令人满意，则渐进模式就无法适用，现行目标仍有成效，是采用渐进模式的基础；如果问题的性质发生变化，那么渐进模式也无法适用，现有方法中，新方法数量多，则使用渐进模式的可能性就减少了。

渐进模式的应用，须具备下列条件：现有目标的成效，大体上能满足高等教育管理主客体双方的需要，从而使边际变迁在目标效果上能充分显示其新收获；管理者所面对的问题，在本质上必须是一致的，换言之，不同管理者对问题的看法基本是一致的；管理者有效处理问题的方法，须具有高度的共同性。以上条件，对渐进模式的效度（应用价值）具有决定性的影响。在高等教育改革和发展的形势下，新问题层出不穷，其管理上的渐进改变已难以适应实际需要，渐进模式的缺点也就开始凸现。

（三）管理目标确立的综合模式

综合模式是为了发扬理性模式和渐进模式之长，避二者之短而构造的一种控制模式。这种模式的主要要求是追求最优化。

广义上讲，凡是将两种或两种以上的模式混合使用，有机结合的模式都可以称为综合模式。但是，在当代高等教育目标的确立过程中，几乎所有的综合模式都包含理性成分。因此，广义上的模式都是理性模式与其他模式的结合。鉴于综合模式的多样性，在这里仅列举规范最佳模式和综合模式两种。

规范最佳模式吸收了理性模式的主要优点，此外，还把艺术的方法和规范科学的手段结合起来，如利用专家直觉、经验判断设计新的方案，进行各种可行性研究。在具体分析中，该模式还借用各种定性方法弥补诸多因素难以量化的不足。规范最佳模式主要有以下步骤：认清某些价值、目的和目标要求；探讨实现目的的目标方案，特别是创造新的方案；通过论证有限的备选方案的预期效果，并按优劣排序，获得事半功倍的发展方案或革新方案。管理者首先依据渐进模式检查现行目标及其执行情况，然后利用各种目标分析的方法，与新目标进行比较并预测新方案的可能后果及期望值。另外，规范最佳模式还把调适目标确立的质量、调适目标确立系统本身、提高目标确立参与者的个人素质、建立必要的机制、进行必要的培训等认为是模式考虑的内容，将其包括到模式中。规范最佳模式首先基于对现行目标的检查和论证，从而吸收了渐进模式的优点，它又吸收了理性模式的操作性方法，这就保证了方案的相对最优化。规范性的含义在于有一套目标确立的程序，还表现在它有系统的思考，即把一般意义上的控制与目标确立系统的改进联系在一起，这样规范化模式就包含了渐进模式和理性模式中的合理成分，成为更富有实用价值的模式之一。

综合模式一方面，应用理性模式，宏观审视一般的目标要素，分清主次，选取重点；另一方面，应用渐进模式探讨经过选择的重点，避免寻找所有可行的备选方案，也避免了对与目标无关的次要细节和次要方案的全面分析，不耽于细枝末节，而忽视基本的目标要素。这就克服了理性模式和渐进模式的不足。综合模式在选定方案的审视方面，注重使用理性模式创造新方案，克服渐进模式的保守倾向。同时对重点问题、规格要求及主要的备选方案，则注意用渐进模式方法考察，注意与已有的目标进行比较，以拟订优化切合实际的具体方案，克服理性方法的不现实性。与规范最佳模式一样，综合模式也提供了一个搜集、分析、利用有限资料的特定程序和资源分配的策略标准。与理性模式相比，综合模式缩减了考察范围，节约了大量的时间、精力和资源；与渐进模式相比，它借助理性模式客观的方法对各种主要备选方案进行精细的调适，从而提高了方案的可靠性，又给创新方案提供了机会。因此，综合模式更具体可行。

第二节　高等教育管理的规律

一、自然属性与社会属性相统一的规律

高等教育管理的自然属性，是指高等教育管理活动在本质上具有不因社会条件和时代背景而变化的稳定性；高等教育管理的社会属性，是指高等教育管理活动随社会形态的变化和历史发展过程中所形成的特殊个性而呈现不同特征的性质。

（一）高等教育管理的自然属性

高等教育管理的自然属件主要表现在三个方面：一是高等教育管理的普遍性，即高等教育管理是普遍存在的，不论哪个国家，哪个历史时期，只要存在高等教育活动，就存在对培养高级专门人才的活动进行管理的必要。二是高等教育管理的共同性，即高等教育管理在各个历史发展时期都具有明显的共同点，这些共同点不因国家的政治、经济、文化等差异而有所变更，也不因历史时期的变化而消失。正因如此，中国传统高等教育管理中的优秀部分就被继承和发扬，欧洲中世纪大学的校、院制一直被现代大学所采用，还有其学位制也一直沿袭至今。这些共同点来源于高等教育管理活动在其历史发展过程中形成的特点和规律，来源于人们在高等教育活动过程中遵循的一般原理。三是技术性，高等教育管理使用的技术和方法一般不受社会制度不同的影响，各国都可以相互借鉴、学习、使用先进的管理技术和手段，如计算机用于高等教育管理等。

（二）高等教育管理的社会属性

高等教育管理的社会属性包含两层含义：一是高等教育管理具有历史继承性。即在人类创造历史的过程中，由于社会及自然环境不同，形成的各种地域文化在高等教育管理活动中留下了深深的烙印。这些“印记”在高等教育管理思想和管理信条上表现为不能超越一定的社会文化形态以及人们的社会心理状态，具有“同源文化”的国家和地区，在高等教育管理思想和管理哲学上具有很大的相似性，而“非同源文化”中所产生的高等教育管理思想和管理哲学就存在明显的差异。二是高等教育管理具有政治性。因为高等教育管理是与权力关系联系在一起的，高等教育的体制和有些制度、政策总是社会制度和政策的一部分，是为一定的政治服务的。高等教育管理必须也只能在一定的社会历史

条件下和一定的社会关系中进行，生产关系的性质不同，生产劳动的组合要素、结合方式不同，管理的社会性质也不同。高等教育体制、管理政策总是执行和巩固一定的生产关系，实现高等教育的目的。比如，以人为本的管理思想正是这一特性的体现。

自然属性和社会属性是高等教育管理活动本身所具有的两种属性，两者处于矛盾统一体中。这两种属性统一于计划、组织、指挥、协调、控制等管理职能上，根本上统一于高等教育管理效益中。

二、封闭性与开放性相统一的规律

高等教育管理的封闭性，是指在高等教育管理的过程中，根据高等教育管理的特殊矛盾而在高等教育系统内部自我运转和良性循环的性能；高等教育管理的开放性是指在高等教育管理过程中，根据高等教育管理的特殊矛盾而在高等教育系统与外界环境相互关系、互相作用中实现物质、能量、信息交换的性能。高等教育系统的“存在”与“发展”，“必然”和“偶然”的矛盾统一是高等教育管理封闭性与开放性矛盾统一规律的两种典型的表现形态。高等教育的发展理论、权变理论和开放系统学说，都是以遵循这一规律为前提的。

（一）高等教育管理的封闭性

在高等教育系统内部，无论进行什么高等教育管理工作，首要的前提就是在相对独立、完整的高等教育系统内部，按照高等教育系统的特定目标而进行优化组合，即在高等教育系统的“投入—加工—产出”的过程中构成一个相对封闭的系统。没有封闭性，高等教育系统就没有相对稳定的环境，任何对高等教育系统的分析及高等教育管理活动过程都不可能存在。这种封闭性是一种客观存在，是为了更好地进行高等教育管理的必然要求。完全封闭的高等教育系统是不存在的，因为完全封闭就意味着与环境不进行任何物质、能量、信息的交换，这样的高等教育系统必然逐渐消亡，所以，高等教育系统和高等教育管理的封闭性又具有相对性。

（二）高等教育管理的开放性

高等教育系统一方面，受外界环境的制约和影响，另一方面又对环境施加影响；两者之间存在着物质、能量、信息的交换，这决定了高等教育管理的开放性。这是实现高等教育系统整体特性功能目标的需要，是实现高等教育管理高效益的需要，也是高等教育系统存在和发展的物质基础和基本条件。

（三）高等教育管理的封闭性和开放性既对立，又统一

首先，高等教育管理的封闭性和开放性是相对的。高等教育管理的封闭性

的重点是强调高等教育管理系统目前的“存在”，将人力、物力、财力放在目前“存在”上，影响发展，失去了取得更大效益的机会；高等教育管理的开放性则强调高等教育管理系统的发展过分注意高等教育管理系统效益的最优化，忽视系统“存在”，将导致高等教育管理系统的“存在”基础动摇。其次，高等教育管理的封闭性和开放性又是统一的。高等教育管理的封闭是相对的封闭，是包含开放的封闭，并在开放的封闭中实现自身的优化和发展。高等教育管理的开放是在一定存在基础上的开放，这种开放只有依存于相对独立的、完整的高等教育管理系统，才能和社会环境进行物质、能量和信息的交流，从而建立起新的更能适应社会发展需要的高等教育管理系统。

三、学术管理与行政管理相统一的规律

在高等教育管理中处处离不开行政管理，如制定高等教育的规划，对人、财、物等资源进行分配和调控，对计划的执行进行检查督促，协调高等教育系统中的各方面使其正常运转等。但在高等教育管理中，学术管理是很重要的方面，学术水平的高低、学术管理的成功与否，对高等教育管理的水平及其发展有重大影响。因此，在高等教育管理中必须坚持学术管理与行政管理的统一。学术管理与行政管理的不同点主要表现在以下三个方面。

（一）指导原则不同

学术管理中要坚持学术自由的原则，提倡百家争鸣，这是学术繁荣的基本条件。学术上的分歧要通过开展充分自由的讨论取得共识，不能由某个权威人物说了算，也不能采取少数服从多数，即所谓的学术民主方法。学术问题只能用学术标准评判，强调科学性，要用科学实验和论证、调查研究、同行专家评估的方法，而不能采用行政管理中行政决断的方法。行政管理中由于存在抓住机遇的问题，所以强调少数服从多数的原则，适时做出决断。但行政管理的重大决策，也要考虑其科学性、合理性，同时更强调要从实际出发，要考虑其可行性，考虑它会产生什么影响和效果。

（二）采用方法不同

在学术管理中，要根据不同学科专业的特点采用不同的方法。由于学科、专业、任务的不同，所运用的方法也就不同。因此，学术管理不能采用统一的模式，应该是多样化的管理方式。管理文科和理科的方法不一样，管理专业课和基础课的方法也不相同。行政管理则强调统一，由于它强调从全局出发，发挥高等教育的整体功能，因此，往往用集中划一的方式，用政策法令、规章制度等统一和协调高等教育管理的各方面工作。

（三）管理程序不同

学术事务的管理是依靠教授专家实行民主管理。在西方大学中，学科发展方向的选择、学术规则的制定、学术梯队的配制，甚至包括教学研究人员的选聘等问题的决策管理，都由教授讨论会决定。在我国很多高等学校，学术事务管理上的决策，也都吸收教授参与讨论。行政管理是贯彻执行上级指示和领导工作意图，是一种“科层式”管理，强调下级服从上级，从上到下逐级指挥和布置，层层贯彻执行。

高等教育管理中学术管理与行政管理虽然有上述不同，但只是相对的，学术管理与行政管理往往是交织在一起的，很难截然分开。特别是随着高等教育日趋大众化，高等学校规模的扩大和内部结构的日益复杂化，高等教育管理的难度也逐渐加大，这必将促进行政管理的强化。在高等教育管理中，要更加注意根据学术管理与行政管理的不同特点，采用不同的方法进行管理，并尽量协调好两者之间的关系，决不能用行政管理代替学术管理。

四、过程管理和目标管理相统一的规律

探索管理活动的过程是管理科学的核心问题之一。管理过程是为实现管理目标执行一系列管理职能的动态过程和环节。管理活动按一定的程序，行使其基本职能，形成有序的管理过程和环节，才能顺利地实现管理目标。如果对管理过程缺乏综合分析，就难以揭示各部分管理工作的内在联系。

（一）过程管理

高等教育管理过程可以归纳为计划、执行、检查、总结四个环节。“计划”是起始环节，统领整个管理过程。计划环节包括确定目标、制订若干方案、选择决策、拟定行动计划等。制订计划最主要的内容是确定管理目标。“执行”是使计划付诸实施。执行环节是管理者在管理过程中实施组织、指挥、协调、控制等一系列管理职能，其内容包括建立机构，完善制度，组织人力、物力，指挥行动，协调关系，教育鼓励等。通过这些手段，协调人、财、物等各种要素的相互关系，使其效能充分显示出来，使计划得以实现，达到既定的目标。“检查”是对执行的监督和加强，因此检查环节和执行环节是结合在一起的，不是截然分阶段的。检查环节主要是实施管理的控制职能，其重要内容是建立反馈渠道和机构，及时提供反馈信息，以保证计划所规定的目标的实现。检查还能检验计划的正确程度，必要时采取追踪决策，调整计划，修改或补充执行措施。“总结”是终结环节，是对计划、执行、检查这三个环节的总检验，是用计划目标作为尺度对管理的全过程进行总评价，也是为制订新的计划提供依据，起着承前启后的作用。由此可见，管理目标统

帅、指导着管理全过程，管理过程的各个环节都是为实现管理目标服务的。高等教育管理者在管理过程中，一定要保持清醒的头脑，时刻不忘管理目标，一切为实现管理目标而奋斗，如果成天忙于事务，把手段当成目标，那就会迷失方向。

（二）目标管理

目标管理是运用目标指导管理过程的一种管理方法，其内容包括：由管理者和被管理者根据组织的任务共同确定管理目标，包括把总目标分解为部门目标和各成员的个人目标；动员各部门和全体成员自觉地为实现各自的目标而努力工作；用管理目标检查工作的进度和评估工作的成效，根据成果实施奖惩。

高等教育管理过程还有难以控制的特点，原因有以下几点。一是学校教育工作的周期性长，管理效能具有滞后性，它的社会效益要在若干年以后才能显示出来；二是教师工作决定了其工作方式大多是个体劳动，具有很大的独立性，不像工厂生产物质产品那样按工序进行严格的分工；三是高等学校的“产品”（学生）很难定型化、标准化，培养学生的质量不易检验，而且学生还有很大的可塑性，学生的性格、思想、智能也各有差别，在管理过程中要注意因材施教，这也增加了控制的难度。因此，高等教育管理要把过程管理和目标管理结合起来。

五、管理与服务相统一的规律

一般来讲，管理具有两方面的职能，一是协调和控制生产关系的职能，二是组织生产的职能。在管理实践中，这两方面的职能就是指管理与服务。两者虽有区别，但又密切联系，相互促进，是辩证统一的。服务工作做得好，有利于加强管理，而科学有效的管理本身就是很好的服务。

在高等教育管理中，必须注意根据高等教育的特点，处理好管理和服务的关系。要正确处理好高等教育管理中管理和服务的关系，关键是正确对待教育工作者，特别是高等学校中的教师。在高等学校中教师既是主要的管理对象，又是主要的服务对象。在高等学校中必须充分理解和尊重教师，因为办好高等学校、搞好教育管理，主要依靠教师。要尊重他们的人格和个性，理解他们具有个体的劳动方式、喜欢独立思考、遇事求真的思维习惯等特点，对他们的业务成绩要合理评价、充分肯定。

在高等教育管理中，在处理管理和服务的关系时，还必须把对上级领导机关负责和对群众负责统一起来。要管理，必然要按上级指示和规章制度办事，这是应该的，也是容易做到的。但高等教育管理事业的发展，必须依靠师生群众，只向上级负责，看不到群众，必然不会从实际出发解决问题，必然会挫伤教师的积极性，从而不利于高等教育管理工作的开展。

第二章　高等教育管理功能

第一节　规划功能

功能是指事物和方法所发挥的有利的作用。高等教育管理的功能是指它的管理功能，通过管理，在高等教育活动中所产生的有效的作用。我们研究高等教育管理在整个高等教育的活动中具有什么样的功能，其实质是想从它的作用与自身利益价值来认识高等教育管理的实质及其意义，通过有效的管理，使管理中的要素运用到最佳状态，使各项管理活动尽量达到理想目标。管理的内容是通过组织的目标来确定的，围绕组织目标的实施，投入所需要的人、财、物等资源，对组织的这些资源进行有效的运用，这种资源是有形的、物化的。通过有效的规划和组织、协调和控制来进行。一般来讲，管理就是指在一个集团组织内部，确定了管理目标以后，围绕目标的实现展开的活动。所以，管理的内容就是规划、组织、协调和控制。除此之外，有人还提出管理就是计划和领导等，其实，计划就是规划中的范畴，领导就是组织的范畴，至于协调就是贯穿在组织活动和活动控制过程中的范畴。所以，在这里我们要强调的是，规划、组织、协调和控制四个词是动词的概念，或者是动名词的概念。

规划与计划的属性基本上是一致的，我们讲规划，可能偏重战略方面的意义一些，而计划则是相对规划更偏重具体一些的活动，为了研究的方便，我们讲规划有时候是有所侧重的，可能规划的成分多一些，有时候可能计划的成分多一些。现在我们主要用规划来进行表述。

规划是设计整个活动过程的管理内容。有项目的总体规划，也有分步实施的具体工作计划。规划是管理活动的顶层设计，而计划则是落实规划的具体工作方案，它们在某些方面有相同之处。如国家和地方政府在各个时期的教育事业发展规划，如教育组织事业发展规划，我国中、东、西部地区教育布局与发展规划，我国高等职业教育发展规划等。从事业发展规划来讲，它主要包含四方面。一是事业发展的基本思路，一般称为指导思想；二是发展目标；三是工作步骤；四是采取的措施。在规划功能的顶层设计中，基本思路及指导思想是规划中的顶层，应该说这是最重要的。顶层设计的好坏直接影响整个管理活动的最终结果。因此，规划应该是组织或集团成员共同智慧的结晶，其中，重点反映了管理决策层的水平、能力和智慧，特别是首长的水平、能力和智慧。政府行政层面上的规划是政府的事，是宏观管理的规划，教育机构（学校）层面上的规划是相对微观的，是教育组织发展的规划。

组织是管理活动中的主体。我们所说的组织不仅指组织机构，还包括管理活动中组织的实施、组织协调。在这里，组织不仅是作为一个名词，而是有两层意思，一方面指管理活动中的组织机构，另一方面指管理中的组织活动，更多地作为一个动词来理解，只有这样，对组织的理解才会更深刻、更全面，才能去理解组织的具体内容。

协调是管理活动中的具体行动。在管理活动的组织中，涉及大量的人、财、物等资源，在分级和分权的管理中，政府行政管理层面的宏观管理，协调区域和地方政府的高等教育管理活动采取的是政策法规、行政手段来贯彻执行，而具体的组织管理活动是在组织机构内进行的，是微观层面上的管理活动，涉及了具体的管理活动中的人，有人有活动就有矛盾。除了个体与个体之间的矛盾外，还有组织与组织之间的矛盾，管理就是协调解决这些矛盾的过程。

控制是达到管理的目标效果的关键措施，同时，也是控制性管理中最为关键的管理过程。控制是对管理活动中的规划、组织、协调及其整个管理活动的控制，这里面的一层意思是对规划中的发展目标进展的控制，另外就是对管理活动的过程控制，其实，也是对规划实施过程的控制过程。规划是超前的，在规划实施的过程中，实施的环境、条件是多变的，具有不可预测性，这些因素是我们在规划的制定中应该考虑到了的，因此，如果条件和环境发生变化，规划确定的目标要进行调整，也可以说是对规划实施的目标进行调控。为了活动的正常进行，不至于偏离规划中目标既定的发展方向，通过建立立法的、行政手段的、经费的控制等手段，建立工作机制，促进目标的实现。

对于高等教育管理的功能，从不同的角度可以归纳出多种不同的功能。一般来讲，人们可以认为管理就是规划、组织、协调、控制，是否从这几个方面来分析管理的功能，仔细分析起来，应该从抓主要矛盾出发来看它的功能，即从两个最主要的方面来研究分析高等教育管理的功能，即高等教育管理的规划功能和控制功能。比如，对于一条高速公路的建设与管理，第一，是通过规划确定这条高速公路的功能和目的，第二，确定它的技术等级与要求，第三，确定它的通车里程、工程任务，第四，是建设预算，第五是验收评估，第六是交付使用与运行管理。所以，规划是管理活动中前期最重要的工作，规划的好坏将直接影响管理活动的质量，控制是运行管理的手段和方法，直接影响管理活动的过程和结果。所以，重点对管理活动中的规划和控制两个功能进行研究就显得十分重要。

规划是指对事物未来的发展进行预期目标和工作计划的整体设计。从宏观上来讲，规划功能是指高等教育管理中的战略发展规划这一事物的有效作用，从微观高等教育管理来讲，是指高等学校的事业发展规划的功用。规划是管理活动中首要的任务，因此，它的功能也是我们首先必须要弄清楚的。

这里的组织实际是指项目与活动的规划出台后，具体进行的组织实施。通过组织管理运作模式和运作机制，组织和调配相应的资源实施这一计划。组织实施是管理活动中方式方法的另外一个问题，本部分不做专门的讨论。这里主要围绕高等教育中的规划问题开展讨论。

一、高等教育规划的依据

在计划经济时代，高等教育规划就是指高等教育计划。中国的高等教育计划是20世纪50年代末至60年代初，在世界经济大发展的背景下，受计划经济体制的影响逐步产生和发展起来的，随着市场经济体制的推进，作为影响高等教育系统发展的一种技术手段，高等教育计划通过对高等教育系统进行合理的分析，使高等教育系统更好地满足个人和社会的需要，更有效地实现个人和社会的目标。因此，高等教育计划的产生和发展与社会经济、人口发展对高等教育的需求密切相关。

（一）高等教育规划产生的社会背景

1. 经济因素

我们这里讲经济因素实际上是两个方面，一个是国家经济体制的因素，另一个是经济发展的需求问题。20世纪50年代末至60年代初是世界经济大发展的时代，伴随着这一时代经济繁荣的一个必然结果是国民对高等教育需求量的增加。而在中国，教育的需求主要与国民经济的发展需求相适应，与国家政治的需求相适应。由于国家的政治经济体的性质决定了国民的财产与生活基本上是靠集体所有制和全民所有制来管理，国民自己所拥有的劳动剩余价值没有多少，没有什么资产，国民需求与国家教育规划没有多大的联系。随着国家政治经济体制的改革，计划经济体制向市场经济体制转变，人及人力资本成了市场的经济体，人有了资产，人的教育需求有了经济基础，教育的需求问题不仅是国家的需求问题，也成为一种社会需求，一种国民的教育需求，而不再仅是国家机器的需求。根据恩格尔定律，随着人们收入水平的提高，用于生活必需品方面的支出占整个收入的比例会不断下降，而用于包括教育在内的其他非生活必需品方面的支出占整个收入的比例会不断上升。

2. 人口因素

人口因素主要是指人口增长对教育需求的影响。除了经济因素外，人口因素是导致国民高等教育需求量增加的一个重要因素。第二次世界大战以后，世界人口急剧增长，这些战后出生的人口。到20世纪60年代末至70年代陆续跨入了接受高等教育年龄组，使接受高等教育的人口数量迅速增加，直接导致了高等学校在学人数的快速增长。国民对高等教育需求量的增加对高等教育规划的产生、发展起到了直接的推动作用。因为政府或社会要满足大批国民对高等教育的需求，不仅需要大量的教育资源的投入来支撑庞大的办学系统，改善办学条件，而且要合理组织教育系统，合理利用有限的教育资源等。所有这些，显然都有赖于周密规划的保证。为此，20世纪60年代后，许多国家开始把制定高等教育事业发展规划作为政府的一项重要的教育管理职能，在不少国家还建立起了专门负责进行高等教育规划的机构，企图能借此确定高等教育的发展目标，以及高等教育系统中各个部分的先后发展顺序，为政府进行高等教育决策提供指南，使高等教育系统中资源的使用尽可能优化。总之，人口因素主要是人口增长与教育资源的矛盾问题，它是教育规划中教育规模规划的重要依据。历史地或全球地看，如果完全按照市场来决定高等教育的需求问题是不可能的，教育不可能市场化，教育问题不可能完全由市场来解决，特别是中国的现状，教育规划仍然带有国家性。这是因为，目前还有相当一部分国民还不可能完全靠自身的经济能力解决教育需求的问题，还必须依靠国家或者社会解决自身的教育需求问题，主要的解决途径还在国家，靠国家的经费投入和高等教育财政补贴。所以，国家的教育规划、特别是高等教育规划就显得十分重要。

3. 人力资本因素

市场经济体制的建立，人力资本是最活跃的因素。人力资本的来源主要是通过教育的生产来达到的，人力资本需求越旺盛，教育的需求就越旺盛，人力资本的质量和水平要求越高，对高等教育质量与数量的需求就越高。随着高等教育在社会经济生活中的地位的日渐提高，人们研究教育与经济关系的兴趣日渐浓厚，在这种情况下产生了人力资本理论。人力资本理论创立的动力来自经济学家对经济增长问题研究的兴趣。传统西方经济学把土地、劳动、资本看作生产的3个要素，在一定时期内，生产的产量是由劳动、资本和土地三个基本要素的投入量决定的。第二次世界大战后，西方经济学家从对经济增长中生产要素组合比例的分析中发现，影响经济增长的因素除了资本的投入和劳动的投入外还有其他因素。

那么，其他的因素是什么呢？人力资本理论把这些因素归结为知识的进步、技术的改造和劳动力质量的提高，即归结为人力投资，特别是教育投资的结果。人力资本理论的核心概念是人力资本，它指的是人所拥有的如知识、技能及类似可以影响从事生产性工作的能力，它是资本的形态，是未来的薪金或未来的偿付的源泉，人的资本形态体现在人的身上，属于人的一部分。人力资本是相对于物质资本而言的，它是一种生产要素资本，对生产起促进作用，是经济增长的源泉，并且和物质资本相比，在经济活动中的作用更大，对经济增长的贡献更大。倡导人力资本理论的学者尤其重视教育投资的作用，认为教育不但是一种消费，也是一种投资活动，能够提高劳动生产率，产生经济效益。在各种人力投资形式中，教育投资是最有价值的。舒尔茨曾经指出，就美国经济增长而论，已有大量证据表明学校教育和知识的增加是经济增长的主要源泉。作为一种重要的投资活动，就个人而言，个人接受教育可以增加知识和学习技能，提高个人所得。就社会而言，教育为社会培养各类人才，提高其生产力，促进了社会经济的发展。同时，由于个人的教育水平同个人的收入联系在一起，一个人的教育水平越高，其工资收入越高。因此，国家可以通过平均性的教育发展政策减少国民教育水平的差异，从而相应缩小国民收入分布的方差，最终促进社会的平等。人力资本理论对教育与经济之间关系的新认识不仅带来了人力投资革命，而且对教育界产生极大震动。世界上大多数国家，都把教育看作经济发展的一个重要变量，相信教育的繁荣不仅会带来政治的安定和文化的进步，还必定会促进经济的加速发展。

（二）高等教育需求的构成

1. 社会对高等教育的需求

社会对高等教育的需求反映了社会政治、经济、文化等的发展对高等教育所提供的人才数量的多寡、质量的高低、规格和种类以及知识的创造、科学技术的更新等方面的要求。具体说来，社会对高等教育的需求主要体现在以下几个方面。

（1）经济发展对高等教育的需求

随着经济的不断发展，社会对高级专门人才的需求在不断增长。就我国情况看，由于各地区、各行业生产力发展水平有很大差距，表现为多层次的生产力结构，所以各地区、各部门对高级专门人才的需求是有差别的。另外，高技术产业的崛起，信息时代的到来，产业结构的变化，对人力资源的组合也提出了要求，自然，这些要求最终反映在对高等教育的需求上。从生产力发展的需求来看，为了最大限度满足社会的教育需求，许多国家开始对高等教育系统进行分析、规划和改造，并为高等教育系统的发展制定规划。许多国际性组织，如世界银行、联合国教科文组织、经济合作与发展组织等也进行了大量的教育规划的研究、培训、实践工作，推动了整个世界范围对高等教育事业发展规划的重视。

（2）政治发展对高等教育的需求

各个国家和政府都要维持和发展其政治体制，要保持其在国际上的竞争力。教育是有效地维持和发展现存的政治结构的重要工具。在我国，社会主义事业的发展要求有大批合格的接班人，尤其是政府部门的各级领导和管理人才。随着我国政治体制的改革和完善，国家公务员制度的实施，政治发展对高等教育的需求也越来越大。

（3）文化发展对高等教育的需求

人类在认识和改造自然与社会的同时，也促进了自身的发展和提高。人类在长期的社会实践活动中，不仅创造、积累了光辉灿烂的人类文化，而且要不断保持和继续创造更加灿烂的人类文化。对此，高等教育起着特殊的作用，人类文化的发展对高等教育有着巨大的需求。

2. 个人对高等教育的需求

从个体对高等教育的需求上看，尽管这种需求受到很多因素的影响，但经济水平的提高是一个非常重要的因素。研究证明，人们的教育需求与他们的收入水平是密切相关的，收入水平高的国家，高等教育阶段学龄人口的在学率也高，一定高经济收入的家庭对高等教育有很旺盛的需求。所以，高等教育的规模、层次、质量、水平等的需求是高等教育规划最基本的背景。在高等教育规划的背景中提到过个人需求与计划的关系，这里，我们更进一步分析这种需求关系。个人对高等教育的需求主要反映了个人对高等教育发展所提供的受教育机会、受教育的质量的要求，这一要求是由人的职业需要、成就需要、真善美的需要引起的。

（1）职业的需要

随着社会主义市场经济体制的建立，劳动力市场也不断走向成熟和完善。开放的劳动力市场对不同质量的劳动提供不同的市场价格。而人力素质往往由受教育程度的高低来界定，受教育程度越高，谋求理想职业和获取较高报酬的机会就越多。这促使个人及其家庭尽其所能去争取较高的及较优的教育机会，期望得到较好的工作机会及报酬。高等教育是教育层次中最高层次的教育，是专业教育，自然就成为个人职业竞争的初始焦点。从这个角度说，个人的高等教育需求是最现实的、最迫切的。

（2）成就的需要

成就的需要包括谋求较高的社会地位，以期获得别人的尊重；发挥个人的聪明才智，获得工作的成就。这些需要的满足往往是以接受高等教育为前提的。能够接受高等教育本身就是一种成就，即学习成就的一种标志，而接受完一定程度的高等教育又为今后在工作中取得成就，为个人的更好发展奠定了基础。

（3）真善美的需要

真善美就是向往追求真理，追求人自身道德的完善，追求美的情感和事物。在某种情况下，真善美的需要不可忽视，它是人们追求高等教育的一种动机力量。真善美的需求往往没有被人们重视，而实际上，但凡接受高等教育的大学生，在校园文化的熏陶下，德育、智育、体育、美育等方面都得到了发展。学校德育的影响使大学生的世界观、价值观，道德上的真善美得到升华；知识的学习使大学生认识世界、改造世界的能力大大增强，人变得越来越聪明，真善美的识别能力得到增强；体育不仅训练了人的形体美，而且培养了大学生欣赏体育美的能力；至于美育，既是专门教育的结果，也是整个大学校园文化综合的结果。

以上几种个人需要构成了个人追求高等教育的基本动机，体现了个人对高等教育的需求。个人和家庭是社会的一部分，所以，个人对高等教育的需求也可看作是社会对高等教育需求的组成部分，应当重视对这部分需求的研究。因为，个人的需求往往是社会需求中最敏感的部分，社会发展对高等教育提出的各种需求常常是通过个人的需求首先反映出来的。个人的需求和社会的需求有着紧密的联系，两者在很多情况下往往是一致的，个人的需求也会影响社会的需求。由于资源有限，社会需求和个人需求不可能都得到满足，不断地会有需求矛盾的产生，即使是富裕社会，往往也不能完全满足民众对高等教育的需求，可能会产生新的需求矛盾。

因此，在高等教育的规划中，需求是根本，从一定的意义上讲，没有旺盛的需求就没有兴旺的高等教育，需求推动了高等教育的发展。

（三）高等教育规划的方法

根据高等教育的需求来自社会和个人两个方面，以高等教育的需求为基础的规划方法也相应地有两种，一是人力需求法，二是社会需求法。

1. 人力需求法

人力需求法是一种运用得较为广泛的规划方法。其基本假定是：经济发展有赖于教育提供促进经济增长所需的各种受过教育和训练的人力，经济各部门的劳动生产率投入与产出结构是可以预测的，每一种产出和劳动生产率的水平都与一种特定的职业结构相联系；每一职业都有最佳的教育结构；技能和教育之间存在对应关系；劳动力市场的过剩或短缺通过发展教育来协调。因此，必须首先借助于规划来预计通过高等教育培育的人才的数量与质量，来确定社会需求的总量以及各级各类人才的数量，指导高等教育机构来完成教育任务。人力需求法的基本原理是以社会经济发展对人力的需求为出发点来制定规划。具体地讲，通过了解国家在某一时期劳动力的职业与教育结构和产出水平之间存在的联系，来确定高等教育的质量与数量。例如，一般来讲，生产价值100万美元的电动机需要50个大学毕业的工程师，如果想要提高生产值，增加到生产价值150万美元的电动机，按照人力需求的方法，就需要再培养增加25名具有大学毕业水平的工程师。根据人力需求法原理，如果知道了以下几个方面的数据：任何未来几年经济部门每一职业所需人力数，每一职业现在人数，每年由于死亡、退休或离职等原因造成的每一职业的减员数，每年离开一种职业又进入另一种职业的人力流动数，这样便可使规划期每一年人力总数和每一职业的人力总数定量化。假定每一职业的人力仅与一种特定的教育相联系，那么，所有教育层次和所有学科的所需产出就可计算出来。在供应方面，如果具备规划内每一年现行教育制度期望的产出数据，便可计算出目标年每一职业所需补充人力数与实际可供应数之间的差额，据此可以调整和规划各个层次和学科的招生数和毕业生数。从经济与人力资源的需求平衡来预测和规划，应从如下几个方面考虑。

①预测经济总产出。因为人力需求预测的目标是把教育与经济发展联系起来，所以，首先要预测目标年的经济总产出或预测基年与目标年之间的经济增长率。

②预测部门产出。将经济总产出分解为各个部门的产出，计算出国民生产总值在各经济部门的分布。这里的部门是指国家的行业管理部门。

③预测部门的劳动生产率。估算劳动生产率以及基年与目标年之间劳动生产率的变化，把产出目标换算为人力需求。

④预测各部门的职业结构。把每一部门的劳动力分解为职业组，统计出职业组的需求结构。

⑤预测总职业结构。将全部部门同类职业所需人力相加，得到为实现经济产出目标所需的每一职业的人力数和综合职业结构。

⑥估计每一职业所需的教育层次和类型或每一部门内每一职业所需的教育层次和类型。

⑦估算附加人力需求。根据受过教育的各级各类人力的现有储备，考虑计划期内离职和流动人力数，得出按教育水平表示的计划期内所需附加人力数。

⑧平衡人力供求。根据计划期每年的附加人力需求数和各级各类学生毕业情况，考虑毕业生的劳动参与率，规划每年各级各类学校的招生数。

2. 社会需求法

社会需求法是基于人力需求法，然后对整个社会的政治、经济、文化的发展来考虑的。对于一个国家来讲，它不仅要考虑需求的个体、局部，更要考虑国家的整体，如地区、行业的需求，是更宏观层面上的需求。社会需求法是一种常用的高等教育规划的方法，其思想是以个人对高等教育的需求为出发点，把高等教育个人的投资和消费集合成整体，并尽可能满足个人对高等教育的需求，以这种需求为基础制定高等教育整体规划。同时，社会需求法还要站在更高的角度，预测整个社会未来可能的需求。社会需求法是以个人的教育需求为基础的规划方法，这里的社会需求是一个集合概念，它把个人的决定集合起来。从另一个角度讲，社会需求法的基本原理是建立一个描述教育系统的模式，用学生从一级教育向另一级教育的流动来描述教育系统的活动，那么，人口预测是其基础，升级比例是其最重要的参数，结果是毕业生就业与社会的需求平衡。特别是当一个国家的社会需求产生社会发展与教育之间的矛盾时社会需求就会产生作用，极大地影响高等教育规划，并以此来预测和规划未来的高等教育。

3. 组织发展需求法

前面我们研究的出发点是在宏观高等教育管理的基础之上的，对于微观高等教育管理，学校组织的规划一般是根据上级教育行政管理部门的要求，特别是学校的发展来组织制定的。学校的发展目标、学校的资源状况是学校组织制定规划的依据，组织发展的需求是制定好规划的动力。

二、宏观高等教育规划

宏观高等教育规划是国家及政府层面上的规划，我们可以称为战略性的规划和指导性的规划。这一层次上的规划有许多，我们主要分析有关事业发展类的规划。譬如，编制国家的高等教育事业发展规划主要有三方面的工作要做。

（一）提出规划的指导思想

规划要以国家关于高等教育发展的总方针和有关精神为指导思想，以国家教育事业发展的总规划为依据，贯彻科学发展观，加强统筹安排，控制高等学校设置的数量，提高高等学校设置的质量，调整和优化高等学校布局结构。

（二）设计规划的内容

一是总结和分析前一个时期高等教育发展的整体情况。高等教育的需求与目标完成情况；高等教育资源结构布局情况；高等教育改革情况；高等教育经费情况，特别是高等学校的经费保证和财力支持情况；高等教育办学条件情况；高等教育资源的现状，包括数量分析和结构分析。二是提出今后一段时期高等教育发展的目标。根据上一个时期目标完成情况，在充分考虑现有高等教育资源的前提下，提出今后一段时间高等教育的总体规划目标，如高等教育的发展规模、发展速度、高等教育的各种结构协调、教育层次的发展等规划。三是高等教育经费财政保障。提出预算内教育经费增长的政策保障和具体措施，以此作为高等教育发展的前提。四是完成目标的步骤和措施。

（三）编制规划的程序和方法

地方高等教育事业发展规划相对于国家层面上的规划有些区别，但总的格式没有大的差异。一般来讲，地方政府的高等教育事业发展规划应根据国家的有关文件精神和要求进行编制。规划主要是以党中央、国务院关于高等教育发展的总方针和教育部的有关精神为指导思想，以地方经济社会发展的总体规划和教育事业发展的总体规划为依据，贯彻科学发展观，加强统筹安排，控制高等教育发展的数量和规模，提高高等教育的质量，调整和优化本地区高等教育布局和结构。规划的内容也基本反映在四个方面。一是本地区前期高等教育发展的整体情况，除了发展的规模、结构、质量、速度外，还有前期本地区财政性支出对高等教育支持的情况、本地区办学条件的总体情况、分析本地区高等教育资源的现状，包括数量分析和结构分析。二是根据本地区前期经济社会发展需要和今后高等教育发展的规划目标，在充分考虑现有高等教育资源尚可利用的剩余容量前提下，提出本地区今后高等教育发展的规划。此规划应包括高等教育的总体规划目标和各级各类分项目标。三是经费来源和财政保障。提出今后保证本地区高等教育经费预算内事业费年均水平比上一时期有增长的政策保障和具体措施，以此作为本地区本期间高等教育发展的前提。四是完成规划的具体步骤与措施。同时，地方高等教育规划受国家的指导和控制，国家为了保证各地方各地区高等教育的协调发展，在确定地方高等教育规划的时候，要提出审查意见，履行审批手续和程序，这体现了《高等教育法》中规定的国家对高等教育管理，是高等教育管理体制所决定的。

三、规划功能分析

既然规划功能是指规划的效用，那么，规划的实质内容主要表现在两个方面：一是规划中的目标的科学性，二是为达到目标所制定工作方案的可行性。规划是一种预期设计，结果也是预期的，实际上，真正的效用要通过结果来检验，我们讲规划中的目标的科学性和方案的可行性只是一种过去经验性的思想要求。目标的科学性主要指要求目标确定是通过一定的科学程序完成的，是通过各个层面以及专家系统的作用来实现的，是经过了科学的研究与论证确定的。方案的可行性也是指完成目标的工作步骤和措施是否客观，方案的设计是否考虑到了各工作要素和客观环境条件，是否与这些因素有太大的冲突等。综观一些教育的或者高等教育的事业发展规划的历史，对比过去我们感觉到，现在编制的规划越来越讲求实效，目标的确定越来越清晰，基本上通过定量与定性的指标反映出来，可定量可定性的时候一般是定量反映。而在这些量化指标的背后，在这些定性描述的背后是经过了许多人许多程序形成的。我们下面以高等学校事业发展规划来加以说明。

（一）规划的顶层设计功能

无论是宏观高等教育管理还是微观高等教育管理，规划是顶层设计。宏观高等教育管理中的规划对于高等教育的大政方针、发展方向和发展目标都进行了宏观的规划，给出了整个国家或地区的高等教育规划发展蓝图。

微观高等教育管理规划是学校组织发展的顶层设计。微观高等教育管理规划中确立的办学思想是学校发展的灵魂。从以上可以看出，学校准确把握当代高等教育发展趋势，紧紧围绕区域经济和社会发展需求，对当前和今后一个时期学校的发展进行了科学的定位。规划要反映以下六个方面的定位。

①发展目标定位。用数十年的时间，把学校建设成为优势突出、特色鲜明的高水平综合性大学。

②办学类型定位。经过不懈努力，使学校由目前的教学型大学发展成为教学研究型大学。

③办学层次定位。以本科教育为主，积极发展研究生教育，适度发展高等成人教育和职业技术教育，努力拓展国际合作教育。

④学科门类定位。以服务行业的优势学科为特色，以工、农、文、理学科为重点，多学科门类协调发展。

⑤培养目标定位。培养基础扎实、知识面宽、综合素质高的具有创新精神和创业能力的高级专门人才。

⑥服务面向定位。立足地方，面向全国，服务地方，服务行业。

（二）规划的战略功能

规划具有国家高等教育发展战略功能、地区高等教育发展战略功能、学校发展战略功能。它是一个战略谋划过程，这是由规划的性质所决定的。

国家和地区的宏观高等教育发展战略把高等教育的大政方针、目标措施等进行系统集成，成为中长期的发展战略蓝图。

第二节　控制与协调功能

高等教育管理的实施过程很重要的一部分就是控制与协调。控制就是对组织运作及组织活动进行规范性干预，大多是制度性的、行政性的甚至是强制性的干预。而协调除了有些是通过控制的手段外，更多的是用技术和软性的方法来解决管理活动中的问题和矛盾，包括通过管理艺术化解矛盾。这里我们也主要研究控制问题。

一、高等教育目标控制

（一）高等教育目标控制的必要性

高等教育目标的实现程度是衡量高等教育管理效能的重要基准，也是高等教育控制的主要依据。高等教育目标又是相对于一定社会对高等教育的需求而言的，是预设的推动预期高等教育目的实现的导向和标准，因此，具有预见性特征。随着时间的推移，高等教育活动主、客观条件的变化，不论是宏观高等教育管理还是微观高等教育管理，对高等教育目标适时进行控制和校正有其必然性。

同时，高等教育目标又深深地带有目标制定者对教育价值判断的印记（如对普通教育或学生个性应达到的结果的不同认识），而现实的教育目标的实行通常并不完全按照教育理论家或政治家们的设想去进行。对于高等教育目标操作中出现的与理想之间的偏差自然也需要控制。

各教学和行政管理部门在贯彻和实施高等教育战略目标以及和办学目的有关的计划、程序时，往往需要制定详尽的子目标，各子目标之间是相互关联的，它们之间的协调是重要的，也是困难的。人们往往会因各自不同的目的或利益而发生矛盾甚至冲突，尤其是在功利性色彩较为浓重的组织活动中，对各自目标的追求和竞争在很大程度上代替了对总目标的无条件服从。对于子目标执行过程中出现的种种偏离总目标的行为，需要有一定的制度和机制对其实行调控。

历史地看，高等教育发展要经历数量扩张与质量提高之间的矛盾。对数量目标或质量目标的侧重往往带有功利性目的，如服从于一定的政治目的（如教育机会均等），要以数量发展为保证；而从维护高等教育自身的学术地位来看，质量目标似乎应首先考虑。然而，数量发展并非没有限制。一方面，数量的过度扩张必然带来教育资源分配的紧张（尽管适当的数量规模有助于管理效益的提高）；

另一方面，数量的增长也可能损及局部的质量。对于高等教育质量控制，除了数量因素外，系统内部已有的制度、管理人员的素质、师生之间的互动、学生的成绩、毕业生的受欢迎程度等都是质量控制的重要内容。在此，我们拟从高等教育数量控制和质量控制两方面简约地探讨一下高等教育目标控制问题。

（二）高等教育数量目标控制

从世界的经验看，高等教育数量扩张的原因大致有：经济起飞阶段对专门人才需求的急速增长；政府对高等教育的政策倾斜和巨大投入；某些社会大变动后造成的对高等教育政策的变革等。就中国情形而言，招生问题上的主要矛盾在于：政府每年对招生规模的限制与地方和学校面向社会自主办学的需要（包括招生计划编制调控上享有的自主权）。目前我国普通高校招生计划管理的现状是：每年由教育部和国家计委根据国家经济和社会发展的总体规划，经过综合平衡，提出当年全国普通高校年度招生总量，各省市和中央各部门在国家宏观计划和方针政策的指导下，根据本地区、本部门的实际需求、生源情况及所属普通高校的实际办学条件，编制本地区、本部门的招生计划。但问题在于，地方高校是由省级政府部门管理的，中央部属高校由主管部委管理，地方高校和中央部属高校招生计划互不相通。这种条块分割状况，造成有些院校的专业因人才需求所限而无法保证一定的规模，而有些专业人才的培养一哄而上，专业重复设置现象严重。这两者都造成资源投入上的浪费。对于各高校来说，在激烈的生源市场竞争中谁也不甘落后，只要政策一有松动或有可变通之处，就有可能出现招生超计划的现象。所有这些都给国家对招生数量的有效控制带来了障碍。

在对高等教育数量目标进行控制的过程中，有必要分清政府主管部门与学校两者的不同职能、权利及义务。

政府宏观调控职能，应包括以下几方面。

①向学校及时、准确发布人才需求信息（包括数量、层次、规格、专业、学科、地区需求等）；

②制定长远发展规划，对学校进行总体指导；

③依据学校的办学条件，合理核定招生总量规模；

④制定扶植学校发展的方针、政策和措施，使学校的发展不致过分地受到市场的影响，保持学校发展的相对稳定性；

⑤对学校进行定期评估，并把评估结果作为学校改善办学条件、决定能否享有或继续享有一定程度招生计划自主调节权的重要手段。

学校方面若要实行招生计划自主调节的职能，则应有以下保障条件。

①研究、制定学校发展的中、长期发展方向、目标和总体规模，并经主管部

门核定；

②对学校的教学质量、科研水平、产业发展、学校管理、办学条件等应承担相应的责任；

③在政府宏观指导下，学校逐步建立自我发展、自我约束和自我调节的机制。

（三）高等教育质量目标控制

1. 高等教育的质量标准

将高等教育目标分解为数量目标和质量目标，是从高等教育增长方式角度来划分的。高等教育目标还可以从高等教育功能的角度来考察。如随着社会的进步，高等教育活动正呈现多元性；保存和传递人类已有文明成果，培养和提高公民的素质；探求未知领域，发展科学技术和文化；满足社会对人才开发及科技开发、应用等方面的要求；大学直接参与社会经济建设，服务于社区和国家建设等。这些活动同时也构成了高等教育的目标体系。由于现代高等教育具有多方面的目标与功能，因而，衡量高等教育质量的标准也不是单一的。学术标准是其中十分重要的一条，但绝非唯一。除学术标准外，还有一个高等教育的“适切性”问题，即是否适应社会发展的需要，是否切合受教育者身心发展及其就业就职的需要等。一般而言，高等教育系统内部往往倾向于强调教学、科研的学术标准，强调学科、专业的内在逻辑和科学性，而社会（包括用人单位、学生、学生家长等）更多地关注高等教育活动对现实的适切性、实用性。如学校课程设置、教学内容是否有利于日后就业；在缴费上学的条件下，对入学的投入能否保证更大的回报；高校的科研是否能向企业提供新产品、新工艺，从而给企业带来可观的经济效益。在理想状态下，高等教育质量应兼顾学术、社会需求、受教育者意愿和能力等多方面因素。

在实际操作中，诸因素兼顾是困难的。但是如果我们根据不同的质量标准（尤其是学术标准），将高等学校作适度分级，问题的思路可能会变得清晰些。同一课程在不同性质的学校的专业里，其学术性程度是不同的，衡量这门课程的质量标准自然也不同。如工科教育中的数学课和理科教育中的数学课是不一样的，前者强调数学作为一门工具性课程的实用价值，而后者十分注重数学课的逻辑性、探索性。推而广之，每所学校根据不同的功能定位，其学术水平的要求可以有差异，每一层次的学校可以在同类中进行竞争，并进一步进入更高层次的学校行列。高等学校的分级制度可以而且往往是质量控制的一种管理形式。它利用公众舆论和院校评议，根据觉察到的能力给各校以应有的地位、尊重和待遇。

截至目前，高等教育的质量标准没有统一之说，宏观的质量标准反映在适应度，主要是指高等教育与社会经济发展的适应度，科学技术与科学文化知识创新水平、培养的人力资源的数量与质量是高等教育适应度的主要内容。高等教育组织办学的质量标准正在探索和完善，特别是综合考察学校办学的质量、水平、效益等，已经逐步成为高等教育质量标准的主要内容。目前我国评价大学质量标准方面的研究有些进展，但主要是在教学与学术方面，还不完全是学校的整体质量。教育部关于本科教学工作水平评估的指标体系比较清楚地反映了教学质量标准的情况（见表 2-1）。

表2-1　教育部本科教学工作水平评估指标体系

一级指标	二级指标
1. 办学指导思想	1.1 学校定位
	1.2 办学思路
2. 师资队伍	2.1 师资队伍数量与结构
	2.2 主讲教师
3. 教学条件与利用	3.1 教学基本设施
	3.2 教学经费
4. 专业建设与教学改革	4.1 专业
	4.2 课程
	4.3 实践教学
5. 教学管理	5.1 管理队伍
	5.2 质量控制
6. 学风	6.1 教师风范
	6.2 学习风气
7. 教学效果	7.1 基本理论与基本技能
	7.2 毕业论文或毕业设计
	7.3 思想道德修养
	7.4 体育
	7.5 社会声誉
	7.6 就业
8. 特色项目	特色项目是指在长期办学过程中积淀形成的、本校特有的、区别于其他学校的独特优质风貌。特色应当对优化人才培养过程、提高教学质量作用大，效果显著。特色有一定的稳定性并应在社会上有一定影响、得到公认。特色可体现在不同方面：如治学方略、办学观念、办学思路；科学先进的教学管理制度、运行机制；教育模式、人才特点；课程体系、教学方法以及解决教改中的重点问题等方面

2. 高等教育质量控制手段

从时间上看，高等教育质量控制可分三类。

（1）前馈控制

前馈控制的主要内容是指对高等教育质量设置的过程进行控制，对高等教育质量运行的方案设计进行控制，尽量使将要出现的问题予以避免。

（2）过程控制

它关注高等教育质量活动过程与高等教育目标的契合程度。在高等教育运行中，不断地设置一些中期评价的行为，以对出现问题做出诊断调整，使运行过程不致在偏离目标太远的时候才去采取校正措施，最大限度地保证高等教育质量。

（3）反馈控制

反馈控制绝不是活动全部结束了，对活动的结果进行信息反馈来加以控制，这是一个误解。反馈控制仍然是在管理活动的过程中，对于某项活动的运行状况随时进行信息反馈和控制，当然，这一活动一定是指一个有结论的过程，对于没有按照规定的目标和要求而出现的情况进行调控。当然，终结反馈也是必要的，终结反馈的结果只能是对下一个循环进行调控。要注意反馈信息渠道的正常与多元，避免错误反馈。通过建立专业性鉴定委员会等方式加强反馈信息的权威性，不应将事后的质量评估视作工作的终了，而应积极地为新一轮工作、活动提供质量控制、工作改进的建议。

高等教育的质量控制还有评估、标准化质量管理等多种其他控制手段。

二、高等教育行为控制

规范高等教育的行为是高等教育管理控制功能的首要任务。高等教育行为主要在两个方面是必须得到控制的，一是高等教育的政治方向，二是高等教育的行为规范。

（一）高等教育的政治方向

根据教育的国家性和民族性，一个国家的高等教育不可能完全没有政治性。有些事关国家政治、军事、经济、文化安全的知识和技术是有国界的，这是不言而喻的。为国家服务是每一个受教育者的责任，从这一个角度讲是一个政治问题。

（二）高等教育的行为规范

任何的管理活动都是人的活动行为，不论是宏观管理还是微观管理，行为控制也许是管理活动中最复杂的课题。一则人的行为很难精确测量，因而很难判定它与目标究竟有多大程度的偏差，二则对人的行为规律的了解还很肤浅。近十多年来，随着心理学和行为科学的发展，不少学者对行为控制问题做了较深入的探讨。高等教育活动的人是由多个个体组成的人群，对于人群的行为规范就显得更为重要了。

1. 高等教育组织行为的管理

从微观高等教育管理来看，高等教育领域的教学与科研活动属于高智力型。高校的教师和学生致力于知识的探索与传播，他们在实现高等教育目标的活动中的各种行为有别于其他社会组织。不过，普通的组织行为管理技术对于高等教育系统中的行为控制仍然是很有价值的。它立足于人的行为和环境的相互作用，试图通过对环境条件的控制以实现对人的行为的控制，从而促使人的行为向预期的方向发展。根据强化满足条件后，得到的预期结果以改进行为的工作，根据具体的人处理各种预期的结果，及时提供程序性的行为规范。在高等教育管理中，要帮助高等教育系统的成员形成良好的职业行为，就需要为他们创造条件，也需要强化某些满足条件后才能得到预期的结果。比如，只有按照一名校长应做到的行为规范与行为要求来挑选校长，并为他完成校长职责创造各种条件，才有可能得到预期结果，达到这位校长在工作中良好的行为。

2. 组织行为的修正

组织行为的修正主要针对那些与完成工作任务不一致或不协调的行为，因为它们不仅会影响组织目标的实现，而且会导致组织的功能障碍，威胁到组织的生存。这种组织行为修正技术包括以下五个环节。

第一，鉴别与工作有关的行为事件。和组织行为管理技术一样，它特别重视外显的行为，而不重视态度之类不可直接观察的变量。它只鉴别与工作有关的事件，而不考虑与工作无关的事件。

第二，测量行为。它包括观察行为、记录行为，然后根据记录的结果描述各种行为，以引起人们对这种行为的注意。

第三，对行为进行功能分析。它包括将行为和各种环境变量分解成功能因素，找出行为和环境变量（事件）之间的关系。最后找出影响和控制行为的因素，为修正行为提供科学基础。

第四，寻找修正行为的途径和方法。其中包括 3 个步骤：在分析行为功能的基础上分析行为与环境事件的联系，找出因果关系链，并确定采用何种方法去修正行为；应用和实施修正技术，通常的手段有强化、惩罚、消退或这些手段的相互结合；采取适当的强化方案，维持期望的行为。

第五，对整个工作进行评价，以确定修正的方法是否妥当，为以后碰到类似的问题提供科学依据。

三、高等教育财务控制

高等教育财务控制是高等教育系统内部各组织借助于对货币资金的筹集、分配和使用采取的一整套管理和监督方法，从而使有限的教育经费得以最大限度地发挥效能，达到预期目标的过程。与其他社会系统的财务控制类似，高等教育财务控制大致也包括预算、会计、决算、审计几种活动。

（一）高等教育的财务预算

高等教育的财务预算主要是指对高等教育事业经费的编制、分配、执行、调整和分析等一系列的过程。高等教育预算过程的基本目的是确定从中央到地方主管部门、从大学到学院、从学院到系科、从系科到教学科研人员等的资源分配和调整。在确定预算拨款时，要对资源可选用的方案做出明确的抉择。因此，高等教育的预算的核心问题是根据什么要把X款项拨给A项活动而不拨给B项活动。

高等教育的财务预算工作具有计划性，可以看作计划工作的一部分，同时它也可被视为管理工作中的控制手段，一种典型的前馈控制。一般来说，它具有以下特点：第一，预算与价值计算的形式定期地进行；第二，预算按一定的组织系统自上而下有序地进行；第三，预算的目的是保证教育计划的顺利实施，促进教育效益的不断提高。

根据不同的方法，高等教育的财务预算可以有不同的种类。如按其编审程序可分为若干种。

概算：拟编下年度预算的估计数字。

拟定预算：未经一定程序核定的年度收入计划

法定预算：经过一定程序审批生效的正式预算。

分配预算：按法定预算确定的范围来分配实施的预算。

如按时间的先后顺序，则可分为四种。

经常预算：正式的常规预算。

临时预算：正式预算确立之前暂时实行的假定预算。

追加预算：在原核定的预算总额以外增加收入或支出的数字。

非常预算：为应付意外事变所做的特殊预算。

通过对高等教育的财务预算的实践和研究，我们介绍几种预算的编制方法。

1. 追加预算法

这种预算方法允许在学校预算中每一单项可以追加，其主要依据是，现时的拨款根据是适宜的，而当前的计划方案要以现有的形式持续下去。这种追加预算法被认为是利益群体已经赢得了一段时期支配权的标志。这种方法的优点在于其稳定性和可预期性，其弱点在于不能充分鼓励学校去鉴别现有计划是否完备或是否有必要取消现有无效的计划。

2. 非定额预算法

这一方法要求每个院校的财务计划部门在该单位领导认为适当的水平上提出计划所需的预算申请。通常由单位领导同主管预算的人员进行协商，调整预算额以便与可利用资金相吻合。其优点是单位参与预算制定的机会增加了，其缺点是申请额与实际到位资金通常不一致，对最后分配决策缺乏明确的准则。

3. 定额预算法

定额预算法也称为“一次总付性”预算。它同非定额预算法刚好相反，院校财务部门得到一定数量的拨款，并须按此拨款数额建立起单项预算。其优点是单项预算权分散，可以促进各单位计划的灵活性和有效性，其缺点是中央行政机构对原先预算额的静止或依赖与各单位实际情况的千变万化形成明显的反差，整体上缺乏灵活性。

4. 备用水平预算法

这种预算方法要求准备若干个不同水平的预算标准，如按通常水准上下各浮动 5%。中央行政机构则根据不同水平的预算方案，判别各单位业务人员的水平，对单位内项目优先次序和项目评价详情做大致分类。

5. 公式计算预算法

此方法通常以在校人数以及学时数为依据，总的事业费预算中分配到每个单位的相对份额会因公式变量的变化而变化。在此种方法下，具有同等要求的高校或项目可得到相似的资金。但也有人认为，如果在入学人数激增期间可以达到这项标准，那么在人数动荡不定或呈长期下降趋势时，它就难以维持了。另外，对于特殊的任务或短期需要，这种方法就显得无能为力。

6. 合理预算法

高等教育系统中，除了中央和省市级的预算外，最普遍的还是高校一级的预算。随着教育改革的深入，我国高等教育的体制正发生深刻的变化，高校经费的来源也由单一型向多元化方向发展，这无疑对高校的预算工作提出了新的课题。过去主要是支出预算，一般只要入学人数和国家财政收入持续增加，高等教育传统的预算方法大致可以满足大部分高校的需要。而现在需要进一步增加收入预算，对于预算的分配与调整，目前也面临许多棘手的问题。比如，供需矛盾更加突出，各校普遍感到经费不足；经费使用不合理，导致使用效益低下；另外还存在浪费现象严重等问题。

由于经费的使用权和审批权被人为地机械操作或死板的管理，以至于出现这样的现象：A 单位还不到年底经费就被用完了，而 B 单位到年底还剩一大笔钱，于是突击花钱。两个单位均导致经费使用效益的低下。

20 世纪 60 年代后期，世界上出现了建立在传统经济效率基础上的所谓“合理预算法”，其中有两种主要的模式，一是使用高度集中的宏观经济理论方法来制定预算的计划、程序和预算系统法；二是使用更微观的经济概念，以分散化为特点的零点预算法。

计划、程序和预算系统法试图通过将计划的目标结果作为高校执行预算的一个必要的组成部分，把预算和计划合二为一。美国审计总署对计划、程序和预算系统法下的定义是：制订计划包括对该组织的长期总目标进行选择与鉴定，以及根据费用、效益对各种实施过程做系统分析；程序上要求在贯彻执行计划之前决定具体的行动步骤；预算编制承担着将计划决策和程序决策转变成具体的财政计划的任务。传统的预算方法不以产出为指导，强调过去甚于强调将来，强调对资源的需求而不是其使用结果，不强调资源如何与目标联系。而计划、程序和预算系统对各项目标有明晰的考虑，着眼于多年而非仅仅一年的所需费用，对实现目标的各种手段加以分析，以及对各种预算选择的利益或效用进行评价等。

计划、程序和预算系统法主要涉及基本政策的制定以及高度集中的、自上而下的决策行为。而零点预算法是把目标转换成有效行动计划的一种微观经济学方法。它要求对每年的每项活动从零开始重新进行全面论证，以建立新的预算。具体而言，此种方法有以下四个步骤：一是每个预算单位要制定出描述一项活动、功能或目标的一系列决策方案，并阐明供选择的服务等级；二是预算申请要按递增顺序从低水平到高水平排列；三是对不同经费增加额的影响要进行论证；四是增值决策方案要按优先次序排列。决策方案应包括决策单位的目标、设想活动或其他方案的具体描述、活动的费用及效益、工作量及成绩的测定、不同水准上的工作及其收益。总之，零点预算模式的核心是对提供选择的支出方案进行规范化比较。

（二）高等教育的会计与决算

在高等学校，会计是以货币为主要计量单位对学校的经济活动和预算执行过程及其结果进行反映、监督和管理的一种财务控制方式，它包括三个部分：第一，会计核算。根据学校的经济活动和预算执行过程及其结果，连续地进行记录和计算，并根据记录和计算的资料编制报表；第二，会计分析。根据会计账簿、会计报表及其他资料，对财务情况进行分析研究；第三，会计检查。根据会计凭证、账簿、报表和其他资料，对有关单位业务活动的合法性、合理性、会计核算资料的正确性和财政政策及财经纪律的执行情况进行检查。

会计的基本职能在于反映和监督一定范围内的资金使用情况。会计的任务主要包括：第一，根据有关法令和规定来编制并执行预算；第二，进行经济核算，加强现金管理，做好结算和核算，提高资金使用效益；第三，对高校的所有经济活动进行正确、完整、及时的记录，编制凭证，登记入账，上报会计报表。

高校的决算是执行预算的总结，是反映全校年度预算结算的书面报告。预算年度结束时，学校的财务活动便进入决算编制阶段。决算的编制一般分六个步骤：第一，拟定和下达编制决算的规定；第二，进行年终收支清理；第三，制订和颁发决算表格；第四，进行年终结账；第五，编制决算；第六，上报。

（三）高等教育的审计

高等教育的财务审计分为国家审计和部门审计，在必要的情况下，还有司法审计。在高校，审计工作是对会计账目进行检查，对有关的财政或财务收支活动情况进行监督的一种财务控制活动。审计主要对财务活动的以下五方面作出判断。

①合理性。即指审核检查的经济活动是否符合有关规章制度的要求。

②合法性。即指审核检查的经济活动是否符合国家的法律、政策、法令或条例。

③合规性。即指审核检查的经济活动是否在正常或特定的情景下应该发生，是否符合学校管理的原则。

④有效性。即指审核检查的经济活动有无经济效益。

⑤真实性或公允性：即指审核检查经济活动的资料是否如实、适当地反映了它所要表现的经济活动。

审计按其内容和目的可分为以下两大类。

①财政财务审计与经济效益审计。前者是审核检查财政财务活动，目的是对这类活动的合规性、合法性做出判断；后者是以实现经济效益的程度和途径为审查内容，目的在于提高经济效益。

②按照审计主体与被审单位之间的关系，审计又可分为外部审计与内部审计。外部审计是指由被审单位以外的国家审计机关、上级审计部门或民间审计组织进行的审计。内部审计是由本校审计部门进行的审计。

国家对审计部门的各项任务做出了详尽的规定，其中主要有以下几方面。

①对财务收支计划、经费预算、经济合同等方面的执行情况进行监督。

②对内部控制制度的健全、有效与否及执行情况进行监督检查。

③对会计报表和决算的真实、正确、合规、合法情况进行审计并签署意见。

④对严重违反财经法纪的行为进行专案审计。

为了完成对高校财务的审计活动，审计部门拥有以下主要职权。

①检查有关的会计凭证、账簿、报表、决算、资金、财产。

②查阅有关的文件、资料；召开或参加有关会议。

③对有关人员或问题进行调查并索取有关材料。

④提出有关意见和建议。

⑤对各种不按规定、违反财经法纪的人员或做法提出处理措施，并向有关领导部门反映审计结果。

高校内部审计工作有以下几种组织实施方法。

①系统审计。根据学校办学特点，组织有关基层单位针对特定项目，系统开展审计活动的一种方法。

②专题审计。分别按各个职能部门所主管的业务，开展专题性内部审计工作的一种方法。

③同步审计。在同一时间内，对两个以上所属单位审查内部相同业务的一种内部审计工作的组织方法。

④轮回审计。把下属单位按邻近原则，划分成若干片区，成立片区审计小组。片区审计小组在内部审计部门的指导下，按规定审计内容，有计划地、轮回地对本片区各单位进行审计。

⑤审计调查。针对本单位经济活动中带有共性和倾向性的问题，对不同下属单位做内容相同的调查，以便摸清情况，及时为领导决策提供信息。

审计工作中还有一个重要的方面，就是以各项作业为对象，以审查各项作业财务上的合法性与经济上的合理性及有效性为目的的作业审计。比如，对引进某种仪器设备的作业，对进行某项教学改革的作业，都可以进行作业审计。作业审计不但要运用财务审计的一些方法，而且要运用一些技术分析方法，比如网络计划技术、线性规划技术、价值工程和价值分析技术等。作业审计不仅要审查与作业有关的财务问题，还要审查对作业的管理水平，它可在作业项目的事前、事中或事后进行。

审计工作中另一个重要方面就是合同审计。目前，随着高等教育的发展，高校与社会经济生活建立了越来越广泛的联系，与高校有关的各种类型的合同越来越多。合同是不同法人之间为实现一定目的，明确相互权利义务关系而订立的协议。它涉及有关法规、规定，需要就合同的合法性、有效性和完整性进行审计，因此，合同审计对于保障合同双方的合法权益非常重要。具体而言，合同审计的主要内容有以下几方面。

①检查合同管理制度是否健全。

②检查签约双方是否合格，是否具有执行合同的能力和诚意。

③检查合同内容是否符合有关法律、法令和条例。

④检查合同是否完备，措辞是否准确。

⑤检查合同内容是否可行。

四、高等教育的宏观调控

高等教育的控制不仅包括一些技术性的环节，而且在发展过程中与制度性的宏观调控水平高低有关。这种宏观调控对高等教育发展的影响力往往更为深远。这里所指的宏观调控手段包括高等教育立法、高等教育政策、高等教育财政拨款等。

（一）高等教育立法

长期以来，中国高等教育管理与计划经济相适应，高等教育接受中央集中统一领导，法律的效用实际并不明显，所颁布的有关法规大多以“暂行条例”“试行草案”“讨论稿”“纲领”“通知”“指示”“会议纪要”等形式出现。这些法规缺乏法律应用的稳定性和科学性。高等教育法规的变化频繁是高等教育平稳发展的又一大障碍，这体现在对管理制度规定的措辞经常性的变化。同时，对措辞本身的解释通常也模棱两可，不够准确，自然也就缺乏可操作性。另外，从法规的内容看，也有失全面。这表现在法规内容调整教育内部关系的多、调整教育与外部关系的少，规范学校的多、规范教育行政领导部门的少，法规的限制性条款多、保护性条款少，义务多、权利少，如很少具体明确学校、教师、学生的办学权、教学权和学习权。

20 世纪末我国第一部《高等教育法》正式施行。这部法律不仅高度总结概括了几十年在我国高等教育改革中取得的成功经验，而且明确了今后改革的原则与方向。

（二）高等教育政策

市场经济条件下，高等教育也将受制于市场这只“无形的手”的控制。高校以自己的办学特色多样、专业各异展开对生源市场的竞争；政府与高校之间通过科研成果的买卖关系，使后者从前者那里获取研究经费，促进学术水平的提高；学校通过对教师和行政人员的评聘，促进学校内部办学机制的改善，形成不同的学校类型、学科及教育层次。那么，在法律形成滞后时，政府的高等教育政策必须适时做出调整，以保证上述高等教育运作的顺利进行。实践表明，如何保持行政干预（以政策形式）和市场调节的平衡是一个重大而棘手的课题。对于习惯于计划经济思维模式的决策者来说，要真正具有适应并驾驭市场的能力，还有很长一段路要走。尤其是在当前形势下，对高等教育本质的认识在不断深化，很多人习以为常的观念将受到形势发展的强劲挑战。高等教育政策理应更有前瞻性，而不是滞后于形势的发展。高等教育的决策过程必须走向科学化、规范化。政策的实施过程必须有强有力的制度保障和监督，否则，政策实施过程中将避免不了长官意识、阳奉阴违，高等教育政策的宏观调控作用不但不能得到发挥反而有可能误导高等教育的发展，造成高等教育质量和效益的下降。

（三）高等教育财政拨款

高等教育财政以其拨款的原则和标准来引导、控制高等教育发展的方向。如在美国采取“卓越质量原则”，鼓励公平竞争，因而财政资助大部分集中到少数历史悠久、研究力量雄厚的著名大学，其中大多数为私立大学。此外，美国联邦政府还给高等院校其他形式的间接资助，如减少那些资助高等教育的个人或组织的税收等。中国科研经费的发放由国家科委及有关机构、各级政府设立的多种科学基金组织，以课题项目方式向社会招标，高校、研究机构均可提出申请。事实上，各校获得经费资助的机会并不均等，一般教育部属的重点大学往往获益较多。在“条（中央、地方）块（省、部委）分割”的管理体制下，部属和省属院校之间获得科研经费存在较大悬殊。在此种制度下，由于缺乏足够的公平竞争机制，通过财政资助方式去引导学校向质量卓越方向发展的愿望自然无法真正实现。过去几年，“211 工程”的实施较好地将财政资助中“点与面，中央与地方”结合起来，体现了效率优先的原则，考虑到国家对高等教育有重点发展的要求，各省均对自己管辖的重点大学积极投资，扶植重点学科、专业，使高等教育与地方建设的关系更为密切。当然，这种资助方式的实效有待更长时间的检验。就目前情形而言，高等教育资助中仍然存在如何公正、公平、公开配置有限资源的问题，一些地处较发达地区的高校因为新的资助政策，往往比那些处于落后地区的高校享受到更多的好处。在这种趋势下，高等教育必然只能走“非均衡”发展的道路，但问题的关键似乎已不仅在于资助方式本身，高校自主发展空间和权利将是决定性因素。

第三章　高等教育管理原则

第一节　高等教育管理原则确立的依据

根据中国教育管理的研究成果，可以将各种有关教育管理原则分成下述三大类。

①传统经验抽象型。这些是对中华人民共和国成立以来我国教育管理的实践经验进行总结、概括而成的管理原则。例如，方向性原则、坚持党的领导原则、思想政治工作是管理工作的核心原则等。

②领导方法抽象型。这些是从传统行政管理、领导方法中抽象而成的管理原则。如领导与群众相结合原则、民主集中制原则、制度化与规范化原则等。

③现代企业管理原则移植型。这些是将国内外现代企业的管理原则引申或移植至教育管理活动中，使其具有指导办学的价值。如整体化原则、封闭与开放原则、动态平衡原则、信息反馈原则、系统原则、整分合原则、能级原则、激励性原则、效益原则等。

此外，有的教育管理原则的表述是从自身的本质特性出发的，如教育性原则。还有的从一般管理特征的角度进行描述，如科学性原则、经济性原则等。确立高等教育管理原则必须充分考虑高等教育管理赖以进行的情景条件和客观依据，既要借鉴现代管理的一般理论，又要联系高等教育管理的特殊背景；既要追求理论上的相对完备性，又要强调对实际工作的指导意义。尤其要分析各条原则或原则体系是否涵盖，以及在多大程度上涵盖整个高等教育管理领域，从而给高等教育管理原则以科学、客观、合乎逻辑的定位。我们考虑从以下几个方面来分析确立高等教育管理原则的依据。

一、企业与行政管理借鉴

高等教育管理的思想和方法很多来自企业管理的启发，有的甚至是借用企业管理的方法。因此，研究企业管理就成了必然。在企业管理中，重视管理的目的和目标、管理的效益、管理思想和方法等是值得我们借鉴的。

（一）管理的目的

通过计划、组织、领导和控制，使得生产经营活动规范并取得最大的效益和最好的效果，创造更大的价值。

（二）管理的目标

严格来说，管理就是指活动，管理没有自己的目标，或者并不存在自己的独立的目标，而是依附于组织及其活动而存在的，不是为了管理而管理。管理的目标是与组织的目标联系在一起的。所以，我们研究管理的目标实际上是研究组织的目标，或者说，通过管理促进组织目标的实现。

（三）组织的产出目标

一个组织要开展活动，必须具有人、财、物和信息资源，组织所获得的这些人力资源、金融资源、物质资源和信息资源就构成了组织的投入。对资源或投入的运用就可以产生组织的成果。成果是组织活动过程的最终结果，通常称为组织的产出。不同类型的组织，其成果的具体表现形式可能各不相同，但从一般的规范角度看，任何成果都可以从几个方面加以考察和衡量，特别是企业管理。

（四）产量与期限

产量是从生产多少产品或者提供多少服务项目来反映产出水平的。生产的产品数量可以用实物指标（如制造了多少钢材、生产多少台机床等）也可以用货币指标（如产值、销售额等）来衡量。至于提供的服务数量，在实物指标上表现为处理了多少维修任务，接待了多少客户，答复了多少个电话等，这些在价值指标上的表现就是完成了多少营业额。另外，任何产出都必须在规定的时间里完成才有意义。交货有个最后的期限要求，对组织中各部门每个人的要求也必须规定每天、每星期、每个月或每年需要完成多少数量的任务。离开了时间的规定，任何数量标准都将失去意义。

（五）品种与质量

无论是产品还是服务项目都必须按照顾客对其需求的类别和特性来提供。电冰箱如果不能制冷，其质量自然是不合格的，而电冰箱的款式、颜色要是不符合顾客的预期，也难以适销对路。因此，质量和品种是对产出的更内在、更本质的规定。对质量的测定可以通过产品的次品率、退货率，服务中的差错率及顾客的投诉来反映。

（六）成本花费

企业要将资源转化为成果，最理想的要求是使产出的产量和质量控制在既定的成本花费之内。这种控制通常是建立在拨给一个单位的经费预算上的。典型的经费预算是直接依据所产出成果的产量和质量来规定该项活动成本花费标准。

以上是从产出目标角度对组织将资源转化为成果的活动过程水平的一种衡量。其总的要求是，管理工作要确保组织在活动过程中能按质、按量、按期、低成本地提供适销对路的产品或服务。

（七）组织的效率与效果

组织的绩效目标是对组织所取得的成果与所运用的资源之间转化关系的一种更全面的衡量。组织的绩效高低表现在效率和效果两个方面。所谓效率，是指投入与产出的比值。例如，设备利用率、工时利用率、劳动生产率、资金周转率及单位产品成本等，这些是对组织效率性的具体衡量。由于组织所拥有的资源通常是稀缺、有价的，所以，管理者必须关心这些资源的有效利用。对于给定的资源投入，如果能获得更多的成果产出，那么，就有了较高的效率。类似地，对于较少的资源投入，如果能够获得同样的甚至更多的成果产出，便也有了高效率。然而，管理者仅仅关心组织活动的效率还是不够的，管理工作的完整任务必须是使组织在高效率基础上实现正确的活动目标，这也就是要达到组织活动的效果。效果的具体衡量指标有销售收入、利润额、销售利润率、产品利润率、成本利润率、资金利润等。利润就是销售收入与所销售产品或服务的总成本差值。利润是经市场检验的衡量效果的一项客观的指标。效率和效果是两个有联系但并不相同的概念。效率涉及的是活动的方式，它与资源的利用相关，因而只有高低之分而无好坏之别。效果则涉及活动的目标和结果，不仅具有高低之分，而且可以在好和坏两个方向上表现出明显的差距。如果说高效率是追求“正确地做事”，那么，好效果则是保证“做正确的事”。在效果为好的情况下，高效率无疑会使组织的有效性增大，但从本质上说，效率性和有效性之间并没有直接的联系。有时，一个企业的效率可能比较高，但如果所产生的产品没有销路，或者说不能满足顾客的需要，这样效率越高反而会导致有效性越差，因为，此时产品生产的越多，库存积压也就越多，导致企业赔钱也就越多。所以，一个有效的管理者应该既能指出应当怎么做才能使组织保持高效率，又能指出应当怎么做才能取得好的效果，这样组织才具有最大的有效性。

（八）组织的终极目标

根据组织的性质不同，组织的终极目标可以有不同的表现形式。有一些组织以追求利润和资本保值增值为主要终极目标，这样的组织被称为营利性组织；另一些组织则以满足社会利益和履行社会责任为主要终极目标，称为非营利性组织。营利性组织终极目标的实现程度可以通过经市场检验的较为客观的绩效指标来衡量，对于非营利性组织来说，其终极目标的实现情况往往须依赖定性的和相对主观的指标加以衡量，但无论组织所要实现的终极目标有何差别，管理工作的使命基本上是一样的，即都要使组织以尽量少的资源而尽可能多地完成预期的合乎要求的目标。只有这样，才能称得上是有效的管理。

（九）管理思想与方法

管理的实质是权力的利用和利益的分配，没有任何不存在权力和利益的管理。管理的方法多种多样，目前，还没有谁能准确地归纳出究竟有多少种管理方法。只能大致地、根据各自的思维方式进行归纳。传统科学管理思想和方法是以提供劳动生产率为目的而实施的具体措施。现代科学管理思想和方法在传统管理思想和方法上增加了现代科学思想和现代技术的元素，特别是其他学科知识在管理学科知识中的运用，管理学科知识在其他学科中的交叉，使现代科学管理思想和方法更加丰富。因此，产生了许多新的管理思想和管理理论。管理思想经历了工业管理、人际关系、结构主义等发展时期。每一新的管理思想的出现都是对前人管理思想的修正和完善，而不是否定。如今，我们注意到，科学管理时期泰勒在管理方面的研究是同教育中测量活动（如智力和成就的标准化测验）的兴起密切相关的。人际关系理论将注意力集中于组织的心理与社会方面，员工的参与、满意、合作及士气与团体的凝聚力有可能使生产率得到提高，这种思想也影响到参与性的管理。组织行为时期把古典的及人际关系的思想合并在一起，并从社会科学和行为科学中吸取一些适合于系统管理的知识和思想，最终使各种管理知识系统化和一体化。

行政管理的核心是职能性管理，本质是权力的运用。传统行政管理思想和方法源于封建统治的管理方法，现代行政管理的思想和方法是在资产阶级革命以后出现的，特别是在资产阶级工业革命以后及第一次、第二次世界大战以后逐渐形成的。行政管理在计划经济和市场经济两种体制下的运行也各不相同。因此，我们讲现代行政管理的思想与方法要立足于市场经济管理体制下来进行研究和认识。

中国的高等教育管理受行政管理的思想和方法的影响最深，这是因为高等教育与社会政治、经济体制的紧密联系所引起的。截至目前，中国高等教育管理体制也好，中国大学的内部管理体制也好，与现行的中国行政管理体制在本质上没有太大的区别。行政组织级别、行政干部级别、行政工作职能、行政工作制度、施政程序等，无不打上政府行政管理的烙印。

中国高等教育管理借鉴企业管理不是太多，但是企业管理对大学内部管理的影响正在逐步加深。不过，企业管理对大学管理的影响最先反映在管理的方法上，主要是探讨借鉴企业管理的方法，如“目标管理”“绩效管理”“能级管理”“人本管理”等的思想和方法，在很多大学试行取得很好的效果。

随着中国体制改革的深化，必将影响到高等教育体制改革，改革的趋势与结果必将使高等教育行政管理越来越弱化，适应现代市场经济社会的高等教育管理思想和方法将会出现。

二、高等教育管理活动的特点

前面我们也提到过高等教育管理活动具有它的特殊性，我们再次强调，大学并不是企业，大学是事业性机构。以基本的利益原则来衡量，它们并没有被视为关心业主投资得到回报的企业组织，而是被视为学生或整个社会服务的事业性组织。这并不是说高等教育管理者不关心或不应该关心实现目标过程中的有效性和效率问题，相反，大学在行为方式上需要企业精神，但是，大学的管理者和领导者必须认识到这些组织与企业的区别，并在实现其目标的过程中把这些区别考虑进去。

任何高等教育管理活动都是围绕高等教育的目标这个中心来开展的。只有遵循高等教育管理的客观规律，才能顺利地实现既定目标。一般认为，高等教育的基本规律及其特殊性包括两个方面：一是高等教育与社会协调发展；二是高等教育与受教育者身心全面发展相适应。高等教育管理原则必须以这两个方面为前提才能避免高等教育管理与高等教育工作之间的对立和冲突，最终提高管理效益。与一般管理活动相比，高等教育管理活动存在一些特殊规律，它们构成了这门学科专门的研究领域。如经济效益与社会效益的关系、人才培养与科学研究的关系、学术自由与行政管理的关系、个人利益与集体利益的关系等。高等教育管理原则的制订与人们对这些特殊规律和矛盾的认同密切相关。

同其他管理一样，高等教育管理具有双重性，即既有超越阶级和政治的一面，又有服务于一定的政治目的，是一定社会集团的政治工具的另一面。高等教育管理的政治性突出体现在教育方针和教育法规中。教育方针规定了办学的指导思想、培养人才的基本规格和基本途径；教育法规是占统治地位的社会集团对这种指导思想的法律认可和保护，它代表整个社会政治制度、经济制度、文化制度对教育的要求和约束，同时也界定了教育事业的责、权、利的范围。随着我国教育法规，尤其是高等教育法规的进一步完善，高等教育管理必将真正纳入法治化轨道。同时，高等教育的指导思想、原则自然要受制于既定的教育方针和法规。

与高等教育系统相对应，高等教育管理原则也构成一个系统，它同样具有目的性、相关性和整体性。原则体系的目的性在于指导具体的管理实践，使管理工作更符合客观规律；原则体系的相关性则指涉及高等教育管理过程的每一条原则相互依存、相互补充；原则体系的整体性在于各原则围绕怎样提高高等教育管理效率这一目标结合为一个整体。一方面，高等教育管理作为整个行政管理系统的子系统，应充分体现现代管理科学的基本原则；另一方面，高等教育管理原则应能统领各层次管理的具体原则和工作方针。在确立高等教育管理原则之前，我们还有一项重要的工作要做，那就是对高等教育系统组织特征的分析。只有将一般的管理原则置于高等教育特殊的组织背景下，才能做出对高等教育管理原则的恰当概括，并在较深层面上理解和运用这些原则。

有了上述关于高等教育管理原则确立依据的分析，我们便有可能对现有的各种高等教育管理原则的表述做出评判。例如，“计划性”只是在高等教育管理领域的某一环节具有意义，却不能涵盖整个高等教育管理领域；“教育性”是强调环境的教育作用及各级管理人员以身作则的模范作用，属于广义的教育学要研究的范畴；“科学性”是一条具有普遍意义的原则，它与“方向性”属于同一层次的概念，是指导所有管理活动的基本原则，没有体现高等教育管理的特征；“规范性”属于更为具体的管理手段，是提高管理效益的前提，可以把这一要求作为“高效性”的一个方面来讨论；至于“民主性”“激励性”等，也是一般管理原则问题。总之，在现代社会的文明进入一个新的发展时期的情况下，我们把高等教育管理的基本原则确立的基础归纳为四句话，即和谐为先，法制为上，公平为本，效益为果。

第二节　高等教育管理的基本原则

一、高效性原则

高等教育管理的高效性原则是高等教育管理本质的直接体现和具体化。它要求以一定的高等教育资源投入培养和提供更多的合格高级专门人才和高水平的研究成果，或者说培养和提供一定数量的合格人才和研究成果，投入的高等教育资源要求最少，产出的数量与质量高，从而表明高等教育管理的活力越突出。

任何一种社会机构或组织的活动都需要进行效益管理，都需要提高其工作效率。高效性原则揭示了高等教育管理追求的目标，这就是良好的办学效益，它包括经济效益和社会效益。办学效益的评判标准应该是高等教育所培养的人才和提供的研究成果对社会进步、经济发展、文化进步是否起到最佳的促进作用，高等教育在实施过程中是否最大限度地利用了各种资源，最大限度地减少了浪费。高等教育在总体发展规划、具体专业设置、人员聘用、经费使用等方面必须具有充分的灵活性和活力，这是保证办学效益得到提高的前提条件。不过，虽然如其他领域一样，高等教育系统也关心管理的效益，但联系高等教育的组织特征（如总体目标的模糊性、利益联系机制的松散性等），在分析高等教育办学效益时，有两点需要注意：一是在一定的周期内，高等教育所花费的成本和实际获得的经济收益很难精确衡量；二是高等教育的社会效益更无法用数字量化。通常能够计算出来的只有某些资源的利用情况，如人员、经费、设备、时间、图书资料等的使用效率可以得到一个概算。过去几十年，人们越来越关注教育组织的效益很大程度上取决于其人力资源的质量和状况。人力资源计算作为一门技术正在形成，依靠这一技术，我们可以计算一个组织中人力资源的价值，并估计管理政策的影响。但教育管理活动的复杂性和多样性使现有的技术无法对一些无形的、间接的、综合的、退效性的教育管理效益做出客观、精确的测定。这就使我们难以回答如何才能促进高等教育管理效益的提高，或者说有哪些因素影响着高等教育管理效益的提高。

测量教育管理效率的五个方面。

①用人效益。指成员潜能的发挥程度，具体考察现有人力、在用人力、实际有效使用人力，计算有效人数与实际人数的比率。

②经济效益。指投资的实际经济价值，投入与产出、有用耗费与无用耗费、有用效果与无用效果。

③时间效益。指时间运筹的有效利用率，法定工作时间与实际有效利用的工作时间的比例。

④办事效率也指工作效率。管理机构处理公务的实际成效，已办的与应办的，正确处理的与处理不当的，未办公务中由客观因素导致的件数与由主观因素导致的件数的比例。

⑤整体综合效益。指教育管理的社会效果，社会承认、满足的程度等。

二、整体性原则

高等教育管理整体性原则既决定于高等教育系统的整体性，又受制于培养高级专门人才的高等教育目的。管理是一个为了达到同一目标而协调集体所做努力的过程。目标不但为管理指明了方向，而且是一种激励被管理者的力量源泉。特别是当组织的目标充分体现组织成员的共同利益，并使之与每一个成员的个人目标结合在一起时，就会极大地激发组织成员的热情、献身精神和创造力。在高等教育管理系统中，管理过程的各个环节及各个方面也是围绕一个统一的目标（培养人才和开展科学研究）而运转的。这个统一的目标使得高等教育的各项工作融为一个整体，高等教育就是要从这个整体出发，协调各环节和各方面的管理工作。系统的最大特点在于整体的功能大于各部分之和，这一系统原理为整体性原则提供了理论依据。系统的功能不仅体现在数量上，更重要的是体现在本质上。通常系统的整体功能相对于各组成部分的功能来说是一种质变。实际的管理工作中，经常遇到局部与全局的矛盾。从某个局部来看虽然能获得一定的效益，但如果整体的损失超过局部的效益，我们总是强调局部服从整体的全局观点。研究表明，人需要给予具体目标才能调动潜在能力，也只有在达到明确目标后，才会产生成就感和满足感。用以维系管理整体性原则的目标只有具体化，并渗透于整个管理过程，成为一种稳定的宗旨，才能真正发挥其统帅全局的功效。目标管理的核心是把组织的目的、任务转化为目标，并使组织的总目标与各个部门、个人的目标融为一体，形成组织、部门、个人方向一致，明确具体，切实可行的目标体系。它强调以目标指导行动，以成就和贡献作为管理活动的重点，特别强调目标实现的整体性。

同其他系统一样，高等教育系统中没有任何人或组织可以单独满足自身的需要，而不依赖与他人或组织的合作。没有基于管理目标的合作行为就没有管理的整体性，事实上，也就没有管理本身。高等教育系统中存在各种不同的工作目标，这是社会与组织分工的产物，它们有赖于高等教育总体目标指导下的相互配合。在具有不同功能的组织中，整体性原则的体现方式是各不相同的。一般而言，在功利性为主的经济组织内强调竞争，在以强制性为主的军事组织内强调服从。

和谐、团结、协作对于高等教育管理的整体性原则的贯彻是需要的，但在高等教育组织的实际运作中，存在着多种形式、不同强度的冲突。及时诊断并将冲突带来的破坏减少到最小限度也是维护高等教育管理整体性原则的一个重要方面。所谓冲突，是指人们为了某种目标或价值观而相互争斗的状态。高等学校领域内的冲突多表现为成员心理、角色、地位的冲突和学术观点的冲突。前者的例子如职称晋升，往往同一年龄层的教师越多，水平越接近，冲突就越激烈；一定程度的学术思想冲突、辩论，可以促进学术研究的深入和发展。可见，冲突的功能具有双重性。经常的、强有力的冲突对组织中成员的心理和行为有破坏性的影响，疏远、冷淡、漠不关心、极端的对立情绪和进攻性行为等，这些显然会导致组织的涣散和管理效能的低下。在高等教育管理领域运用冲突原理，一方面把冲突破坏的可能性减小到最低水平；另一方面使冲突产生有效的、积极的效果，保证管理的连续性和整体性。

三、民主性原则

高等教育管理的民主性原则主要由高等教育管理的学术性所决定。要办好一所既封闭又开放的高等学校，不发扬民主，不充分调动师生员工的积极性和创造性是不可能的，所以，高等教育和高等学校在进行重大决策过程中都必须发扬民主。高等教育领域人才荟萃，学术思想活跃。高等教育管理工作必须注意高等学校开展的学术活动要充分体现学术自由的特点。高等学校的教学和科研活动从其本质而言是学术性活动，而离开民主与自由，学术性活动便无法开展。由前面的论述可知，高等教育系统是一个充满利益和权力冲突的系统，决策的制定和实施往往是各种力量协商或妥协的结果。这里任何独裁式的“一言堂”都有可能损害高等教育的学术价值。民主的基础是对个人价值的承认，学校如同其他社会组织（或机构）一样，要求一切受到决策影响的因素（法律、纪律、规章、决定、计划、标准等）都要反映出民主的精神和原则。学校的民主主要体现在学校重大事件的决策中，每个人都有权发表自己的意见，领导和组织必须在听取师生员工意见的基础上，按照科学的程序作出决定。在我国实行的是民主集中制，所以，在民主原则的运用中，国家、集体的利益始终是第一位的，应在此基础上正确处理好国家、集体、个人三者的关系。民主与公正是紧密联系的，在高等教育管理中，公正意味着建立严格透明的规章制度，人们享受公平的同时享受民主。公正要求做到平等、正大光明，不允许营私舞弊，而且要受到民主的监督。民主性原则要求在高等教育管理中制定决策的民主化、执行决策的民主化、检查决策执行情况的民主化、评定决策执行结果的民主化。

（一）制定决策的民主化

高等教育管理中计划与决策工作要充分发扬民主精神，这种民主精神体现在让被管理者，更确切地说让决策的具体执行者民主的参与决策的过程。这样可以集思广益，提高决策的科学性，使之更切合实际。个人希望自己被吸收参与决策，个人必然要花费自己的时间和精力参与决策，一些事情刚好是个人的“冷漠区”，如校长只在一些低层次问题上让教师参与，教师可能会不感兴趣。有些涉及个人切身利益的所谓“敏感区”必须提高职工的参与程度，领导正好借此类活动的成功来提高自己的威信。有些问题虽与教师利益有关，但不足以让教师将它们作为个人问题给予特别的关心，即所谓的“矛盾心理区”。这时可有选择地（如组成代表小组）让教师参与。

（二）执行决策的民主化

管理者要随时了解和掌握决策的执行情况，在此基础上调整和改进决策的执行方案和方法，以保证决策的顺利实行。在这一过程中，无论是了解执行情况还是调整、改进执行的方案和方法，都离不开民主的过程。管理者要尊重下属，要虚心向他们求教，及时而合理地对方案与方法的执行进行调整和改进。

（三）检查决策执行情况的民主化

检查决策执行情况时，管理者不能凭主观臆断，而要根据决策的目标、决策执行的实际情况，结合管理者的实践经验，实事求是地进行判断。在这一过程中，让决策执行者民主地参与检查工作是非常重要的。

（四）评定决策执行结果的民主化

决策执行结果的评定不仅关系到对本决策的制定者和执行者工作的评价，而且关系到下一个决策的制定与执行。评定工作也要贯彻民主原则，以有利于激发和强化决策者与执行者的工作热情，有利于发挥和发展他们的创造性，最终有利于高等教育管理效益的提高。

四、动态性原则

高等教育作为一种社会系统，与外部环境处于动态的相互作用之中。开放系统的一个特点是能够影响其内部子系统，以便对各种环境中的偶然事件做出反应。管理活动与管理对象、管理环境之间有着本质的、必然的联系。根据对高等教育组织特征的分析，高等教育管理过程中要完成的任务、组织的结构、用来完成任务的技术和参与的人员都处于动态之中。这样，一方面，高等教育活动须按照管理的基本原理和原则来进行，保持管理的相对稳定和应有秩序；另一方面，高等教育管理的对象、内容、方式、手段等都在变化之中，要求运用高等教育管理原则时具有灵活性。

管理学中的权变理论为把普通的组织管理原则与各组织独特的、具体的情况联系起来提供了一条途径，有三个基本观点。一是对学校的组织和管理不存在一种最好的通用方法；二是在一个特定的情景中，并不是所有的组织和管理的方法都是同样有效的，组织效率的结构设计或方式是否适合一定的情景；三是组织设计和管理方式的选择必须建立在对情景中的重大事件进行细致分析的基础上。权变理论要求从有效实现组织目标的角度出发，灵活、动态地选择处理偶然事件的方法。如“民主型”领导和“专制型”领导哪一个更好呢？用权变的方法分析，首先要弄清“好”意味着什么，“好”也是相对的。因为管理者的意图是最大限度地实现组织目标，“好”可能解释为“有效的”，这时候问题就变为哪一种领导类型对实现学校系统的目标可能做出更大的贡献，这就要权衡组织运作的动态性和有效性。

在动态性原则下，高等教育管理必然重视改革旧体制、旧办法。恩旺克沃在提出教育管理改革的原则时认为，教育中有无数的力量在要求变革，教育管理改革要在基本不打乱教育稳定性的前提下确定和实现各种必要的改革。但是，任何改革不可能绝对稳定。从这个意义上来讲，稳定也是相对的。不过，各项必要的改革应符合几条标准，即改革必须切合实际，适应社会的需要；变革的顺利进行要求学校的目标、政策、计划、程序具有灵活性；变革的成功要求变革循序渐进，以保持组织和管理系统的稳定性。

五、导向性原则

高等教育管理的导向性原则主要是指通过管理手段引导所有的组织成员向着既定的目标努力。我们制定的方针政策、提出并采取的工作措施、营造的工作环境等都具有这种引导作用。

从政治导向的角度讲，高等教育管理导向性原则主要是根据高等教育管理的两重性规律提出来的。高等教育管理的自然属性使我国高等教育能按照对外开放政策，向国外学习先进的科技和管理经验；高等教育管理的社会属性则决定各国间的高等教育管理不能全部照搬，必然考虑不同的社会形态。一个国家的政治制度必然影响这个国家的高等教育，并且也必然地反映在管理上。在阶级社会中，国家与国家之间的社会活动无不打上阶级的烙印，高等教育活动从培养人的角度出发，国家的教育方针就十分明确地规定，是培养国家及民族传承和发展的建设者和接班人。从这个意义上来讲，它是形而上的，是上层建筑意识形态领域里的范畴，这是不可忽视和否定的。至于高等教育传播的知识，高等教育管理的具体方法，一般管理知识、技术、原则与方法层面上的内容，不是形而上的，不要把任何内容都政治化，这是我们要充分认识清楚的。但是，也不能不重视，作为高等教育的宏观管理也好，微观管理也好，对于一个国家、一个民族，育人的方向性应该放在首位，这是阶级社会的政治性决定的。

从管理工作导向来讲，主要是措施和条件导向，管理的手段、方法、环境等。组织成员在管理者的旗帜下，自觉或不自觉地努力工作，这里还存在利益导向、心理导向的问题。这是从不同的角度看导向，运用导向性原则的问题。

六、依法管理原则

《中华人民共和国高等教育法》（以下简称《高等教育法》）是指导和约束中国高等教育活动的根本大法。《高等教育法》从总则、高等教育基本制度、高等学校的设立、高等学校的组织和活动、高等学校教师和其他教育工作者、高等学校的学生、高等教育投入和条件保障、附则全面规范了高等教育的活动，做到有法可依。有些方面是我们应该特别注意的。

总则中，《高等教育法》准确地界定了高等教育的定义，什么是高等教育，就是指在完成高级中等教育基础上实施的教育，使我们对高等教育的基本概念有一个统一的认识。

高等教育必须贯彻国家的教育方针，为社会主义现代化建设服务，与生产劳动相结合，使受教育者成为德、智、体等方面全面发展的社会主义事业的建设者和接班人。

《高等教育法》规定了高等教育的任务是培养具有创新精神和实践能力的高级专门人才，发展科学技术文化，促进社会主义现代化建设。规定了国家主办高等教育的目的和任务，就是要根据经济建设和社会发展的需要，制定高等教育发展规划，举办高等学校，并采取多种形式积极发展高等教育事业。鼓励企业事业组织、社会团体及其他社会组织和公民等社会力量依法举办高等学校，参与和支持高等教育事业的改革和发展。按照社会主义现代化建设和发展社会主义市场经济的需要，根据不同类型、不同层次高等学校的实际，推进高等教育体制改革和高等教育教学改革，优化高等教育结构和资源配置，提高高等教育的质量和效益。

《高等教育法》规定高等学校应当面向社会，依法自主办学，实行民主管理。

在管理体制上，国务院统一领导和管理全国高等教育事业。省、自治区、直辖市人民政府统筹协调本行政区域内的高等教育事业，管理主要为地方培养人才的高等学校和国务院授权管理的高等学校。国务院教育行政部门主管全国高等教育工作，管理由国务院确定的主要为全国培养人才的高等学校。国务院其他有关部门在国务院规定的职责范围内，负责有关的高等教育工作。

在高等教育管理的实践活动中，我们已经感受到了依法办事的重要性。这是因为，中国正在逐步向法治化国家的轨道迈进，高等教育活动中的矛盾只有通过法律法规的程序才能得到妥善处理。特别是国家与国家之间的矛盾，高等教育内部与社会其他部门之间的矛盾，高等教育组织法人与其他法人主体之间的矛盾，高等教育组织内部法人与法人之间的矛盾，高等教育内部成员之间的矛盾等，由于人们法律意识的增强，一般都会通过法律的程序解决高等教育活动中的矛盾。因此，依法管理的原则也显得越来越重要。

在高等教育基本制度中，规定高等教育的办学形式是：高等教育采用全日制和非全日制教育形式，同时，支持采用广播、电视、函授及其他远程教育方式实施高等教育。规定高等教育的教育层次是：高等学历教育分为专科教育、本科教育和研究生教育，以及各类教育层次的修业年限、基本规格、学位管理、证书管理等。规定了高等学校设立的标准：具备教育法规定的基本条件，学科专业等科类的设置标准，高等学校的章程。规定了高等学校的组织和活动：领导和管理体制，法人资格，依法享有民事权利，承担民事责任，自主办学的权利与义务。规定了高等学校的性质、义务、功能及服务：应当以培养人才为中心，开展教学、科学研究和社会服务，保证教育教学质量达到国家规定的标准。规定了大学生的权利与义务。明确了高等教育的投入和条件保障制度。

依法管理的原则，就是要依据这些法律，还有教育行政主管部门规定的法规，来规范高等教育活动。从微观高等教育管理来讲，要依法治校，建立健全各种规章制度，依法行政，通过制度来规范管理者的行为。

七、公平公正原则

公平公正原则是市场经济体制下高等教育管理活动的基础，是调动各方积极性，有效地完成高等教育任务，达到高等教育目标的前提。任何高等教育活动都是由人来完成的，公平公正是对人的教育心理活动的基本保证，否则，缺乏公平公正，设计再好的管理活动，也难以达到满意的效果，因为，它挫伤了人的积极性，阻碍了人的主观能动性的发挥，影响了生产力。长期以来，许多管理者不太重视公平公正的原则，不注重管理活动中人的感受，把自己的意志强加于别人之上，通过权力来贯彻自己的意志，甚至打击了正义，鼓励错误，最终导致管理失败。在管理的实践中不乏这样的例子，由于有失公平，使得很好的管理活动和方案流于形式，最终流产或者效果十分糟糕。

除了上述这些原则外，我们还可以总结出其他的如权威性原则、可操作性原则等，这里不一一列举了。

第三节　高等教育管理原则的应用

我们研究高等教育管理原则的目的最主要的是将这种原则思想贯穿在具体的管理活动中，指导我们实施的管理方法和管理措施。目前，高等教育管理方式可以归纳为四种，即组织能级管理、目标绩效管理、标准量化管理、多种组合管理。在这些管理中，规划、组织、领导和协调可以考虑遵循某些主要的、最基本的原则。

一、组织能级管理

组织能级管理是一种较为传统的高等教育管理方式，它是通过一级一级的行政组织及其权力来实施对高等教育的管理的。这种管理方式中最主要的是强调计划性管理，强调上下级组织及管理者的服从管理。这种管理的终端组织的自主性差，管理链长，行政力度稍差，就容易造成“尾大不掉”。

这种管理方式对管理者的素质要求高，特别是管理组织中的各级首长要遵循管理的民主性原则。在管理抉择的活动中，在制订计划中，不仅要听取同级组织中成员的意见，而且要听取下级组织中成员的意见，充分发挥民主参与的作用，把成员的智慧为我所用。同时，要让各级组织的成员充分理解领导者的意图，认同领导者的意图，只有这样，组织的目标才能很好地完成。

此外，依法管理的原则在组织能级管理中尤为重要。能级管理中强调的是以首长为中心，管理者依靠行政权力进行管理，往往会造成个人说了算，而依法管理是对管理者的无序和独断专行的制约。

二、目标绩效管理

目标绩效管理是当前许多高等学校尝试的一种新的管理模式。教育目的与任务的不同，教育行政或教育组织目标绩效管理的内容也不同，但是，都是以体现教育价值的结果为目标的。事先要确立一个客观的目标，然后，通过一个阶段管理活动的实施，评价管理活动实施的最终业绩和效果，体现管理的价值。因此，这种管理要遵循正确的导向性原则、目标与考核挂钩适度的原则、公平公正的原则。

一般来讲，目标绩效管理是一种完成中短期、阶段性任务的管理活动，是为中长期的规划和目标服务的，正确的导向性原则是指制订目标的指导思想导向应该十分明确，这种措施的导向就是为达到中长期的发展目标和工作目标服务的。目标的导向性对于组织的管理，特别是组织成员的心理目标的实现是很重要的，因为管理者确定的目标本身就是一种导向，是通过具体目标的实现达到促进某方面工作的推进，某项事业的发展。这是管理者在推进这种管理模式的时候必须要考虑到的最根本性的问题。同时，体现在目标的具体指标任务上，要有导向促进作用。目标与考核挂钩适度是一个比较难把握的原则，因为，它的核心是与集团组织或者个人的利益挂钩，是一种心理刺激最敏感、最有力度的方面，它要考虑很多客观的情况。第一，它与组织内部的人事分配制度有直接的联系；第二，它与组织外部的利益分配环境有很大的联系；第三，它与管理者的期望值、组织成员的期望值有很大的关系。这种度把握得好，导向的功能就强，导向就是成功的，反之导向就是失败的。

在目标绩效管理中，一般来讲，管理的对象是多个组织、多个群体，因此，管理活动特别注重公平公正的原则。管理活动的公平公正原则主要有三个方面：一是指标体系确定的公平性；二是过程管理的公平性；三是考核评价的公平性。指标体系的确立，公平公正地获取真实的考核信息，严格执法，在最终的结果处理上不搞双重标准。不考虑组织及其成员中的差异性，不规范管理者自己考核过程的行为，价值信息结果提取不公平，矛盾处理中决断不公正，必将会导致价值的扭曲，影响管理的效果，甚至会导致管理活动的失败。

三、标准量化管理

标准量化管理模式与目标管理在某些方面有共同之处，是高等教育行政和高等教育组织管理今后发展的方向之一。目前，国内的高等教育行政管理和一些高等教育组织已经开始探索和实施标准量化管理。例如，国家实施的高等学校教学工作水平评估就是典型的标准量化管理方式。同时，有些教育组织内部在某些方面推进国家质量论证标准的管理，特别是可量化管理的活动实施标准量化管理，如教学活动的过程管理，对于某些教师教学行为的规范要求、实验室实验教学的规范要求、教学管理的规范要求等是可以量化的，在这些领域实施标准量化管理是一种有益的尝试。那么，这种管理方式要遵循标准的权威性原则，实施办法的简洁性原则和运行过程中的可操作性原则。

其一，标准量化管理一定要有定量标准的权威性，无论是国家的、社会的，还是团体组织的，必须由权威部门组织权威专家制定质量论证标准，与目标管理一样，也同样存在标准的高低问题。缺乏权威性的标准量化管理往往达不到好的效果，搞不好会适得其反。

其二，标准量化管理最主要的问题之一是实施和操作过程中的简洁性及可操作性，这也是必须遵循的原则。标准量化管理本来是一种非常明确的管理方式，但是，如果把标准搞得很复杂，结果将会事倍功半。

四、多种组合管理

目前，不论是高等教育的宏观管理还是微观管理，特别是有一定组织规模的管理，还不能说只是某一种专一模式的管理，可能是一种组合模式的管理。这是由于社会形态的多样性决定了管理模式的多样化。因此，推进两个及以上的多种管理模式必须要遵循整体的原则、高效的原则。

作为一个团体及组织，总的目标是一致的，多种组合管理模式只是方法的不同，那么，在具体实施这些方法中要考虑整体性，否则，A 模式和 B 模式不从整体性考虑，各自为政，结果会出现许多矛盾冲突，产生组织内部的不平衡，这种不平衡产生投入与产出、付出与所得的差异，可能会影响最终的效果。可以容许不平衡，因为没有绝对的平衡，这种不平衡是一种积极行为的话，那么，应该是正面的效应，但是，要从整体考虑这种不平衡，因为，不同模式的实施是有成本的，不同模式的成本要考虑整体的成本，最后达到共同的管理目标与效果。

在一个组织内部，多种组合管理模式是容许的，但是，这里存在一个效率的问题。一个组织内部的多种模式管理不同于单一的模式管理，牵扯到管理者的许多精力，另外，管理的组织机构运转起来也稍感复杂，势必影响管理的效率。所以，实施多种组合模式的管理要遵循效益性原则就显得尤为重要。

第四章　高等教育管理现状及改革

第一节　我国高校管理的现状分析

一、高校组织结构的调整

高校是一个相对独立，且具有自身运行规律的社会组织。在我国高校组织的二维结构——高校行政管理组织结构和高校学科组织结构中，处于核心和主体地位的学科组织机构，是我国高等学校组织结构内部改革的重中之重。

（一）我国高校学科组织结构的调整

就组织特性而言，目前我国高校是建立在以学科为基础的学术组织结构，应该通过激活学术的细胞提高我国学术生产力、增强我国学科发展的活力，建立和变革我国高等学校的组织结构。随着高等教育内涵与功能的不断拓宽以及高校规模的扩大发展，高校的学科分化、高校内部的组织结构更是日趋复杂化。纵观我国高校的发展历史，高校内部的学科组织机构始终遵循的是校—院（系）—教研室单一化的纵向管理模式。改革开放以后，特别是最近十几年，随着我国的高等学校内部的管理体制的改革，高校内部学科组织结构由于规模的不断扩大和学科的逐步分化，已被分成多种模式，大致形成了以“校—院—系”为主要结构的五种代表模式：①校（学院）—系—教研室；②校—学院—学系；③校—学院—系、所；④校—学院—学科；⑤校—学院—学系与校—学系、所、部、中心并存的模式。

改革开放前，我国高校的管理体制是在仿效苏联高校办学的基础上发展起来的，长期以来沿用的是计划经济体制下所形成的“三级管理体制”。即对高校而言，就是校、系、教研室三级管理。我国高校长期实行的校、系、教研室三级管理，在系下面建立教研室或在研究所下设研究室，作为基层的教学、科研和行政单位的组织实施都是围绕本科生教育开展教学活动。在行政职能上，基层教研室过多强调教研室或系的独立性、完整性而导致各自为政现象比较突出：在校、系、专业教研室的管理体制下，高校的教学科研力量薄弱，教育资源的配置不够合理，不利于高校的自我约束、自我发展、自主办学机制的形成，也不利于造就复合型人才；同时限制了学科专业的跳跃发展，导致二级院系办学没有活力，办学的积极性受到了限制，进而影响高校整体办学水平、办学效益的提高。高校学术管理的重点在基层，如果基层组织缺乏学术活力，过分强调行政权力，忽视学术权力在高校内部占主导地位则必然制约学科水平的提高。

我国改革开放后，高校组织结构呈现出多样化，但是，我国现阶段的高校学科组织结构主要是建立在传统组织结构基础之上稍加改进形成的，此种组织结构实际上并没有脱离以本科教学过程作为目标的组织特点，更不适应当前我国社会发展变化的需要和对现代大学制度要求的需要。在西方一些国家，高校管理同时存在着欧洲的研究所体制和讲座制、美国的学系制与系科制，他们的共同特点是以环境的变化、社会的发展为依据，对高等学校进行组织上的创新和变革，并且保证基础学术组织的发展，教授们享受学术上民主与自治的权利。近年来，我国的高等学校借鉴了公司企业的“业务流程再造”的思想，将高校学科组织结构向“扁平化”的组织结构、灵活化的方向进行转变。权变组织理论提出，世界上不存在万能的组织结构模式适用所有的组织结构，组织结构只有适应组织内部与外部环境，才可以使组织高效有效地运转，因此，组织创新和变革不可以仅依靠传统的模式，而是应建立在对组织结构特殊的内部环境和外部环境进行辨识的基础之上。我国高等学校学术上的组织结构与创新，照搬或模仿是不可行的，应该根据组织的内部环境及外部环境的特点设计组织结构，充分发挥高等学校的自主权力，同时，国家要加大对高等学校分类指导的力度。我国的教学科研型大学及研究型大学应依据自身的组织目标和规范，依照组织的矩阵式和事业部的形态，打破“系所为一”的局面，在现行的“校—院—系”管理模式基础上，组建并调整一批研究机构，修整以本科教学为重点的学术组织结构，从而高效地开展高水平的研究工作，壮大并促进新学科的兴起，激发高等学校的学术研究活力，从而真正实现以学科为重、以学术为基本的组织结构。

从管理层次上看，20 世纪 90 年代以前我国高校是校、院、系三级管理和校、系两级管理并存。但是，从 20 世纪 90 年代末到 21 世纪初，我国为了与国际接轨，同时也是高校自我优化结构、强化功能的现实选择，学院制成为我国高校院系管理模式的主流。目前高校学院的组建类型大体有以下几种：①由系升格为学院（系级院）；②以学科群组建学院（学科性）；③按照产业或行业设置产业学院；④高校与地方政府或企事业联合、共建学院。其中，由系升格的学院。这种模式可称为校院二级管理模式或称为校院系三级建制二级管理模式。在我国研究型综合大学中，根据一级学科建学院的高校不在少数。实行学院制是优化校内资源配置的需要，由于学院建制比系级建制大，使学院可以对人、财、物等进行综合调配，能充分利用各种资源，适应了现代大学科学管理的需要。

综上所述，改革高校的管理模式，尤其是高校组织结构模式，已成必然趋势。大学的重要组成部分——学科，也是有别于其他组织机构的高等教育组织机构。学科是我国高校教学、科研和社会服务工作的基本组织单元，学科水平的高低是反映高校核心竞争力的集中体现。学科建设，特别是学科组织结构的设置，是影响我国高校办学水平及发展的关键因素。

（二）我国高校行政组织结构的调整

目前，我国高校行政管理机构设置就是典型的校级、处级、科级三级管理。这种组织管理架构模式重心偏上、权力主要集中在学校，管理的权力上是以行政权力为主、是高度集权的管理体制。在高校行政管理方面，学校管理机构的设置基本上是参照政府的行政模式设置的，并实行与政府相同或相类似的运行机制，即高校不仅是个小社会，而且是典型政府的微缩版。这种行政管理组织结构弊端逐步显露：在机构设置上是机构重叠、庞大；在职能划分上职能不清、职能不顺及职能不配套的现象屡屡发生，在权责体系的分配上也出现了权责不明、权责错位的现象；在人事制度上，更是出现了人浮于事、人与人脱节的问题；在领导体制上，层级间的不连接，部门间的不配合更是十分明显等。这些弊端必然造成在管理决策中行政意志、部门意识的过分突出而忽视了高校的学术特点，在管理重心上，造成了本末倒置，行政地位和部门的作用高于教学、科研，也造成学校各行政部门不能更好地为教师、科研、教学进行服务的主客体关系的倒置。

我国原有的高校行政管理机构的改革一般都是从精简机构入手，其着眼点只是从数量上减少几个机构，而在层次减少方面，未有实质性的改变，办事程序依然是由科级—处级—校级层层审批。这种改革未从体制上跳出计划经济体制的弊端。20 世纪 80 年代中期，高校开始了行政组织结构的新一轮改革，改革中学校给了中层职能部门较多的自主权，特别在劳动分配方面，各单位经济上相对独立，转变部处职能，学校由过程管理转变为目标管理，增强了活力。20 世纪 90 年代中期，由于高校合并，扩招等原因，我国高校的规模扩大使党政机构及管理人员大幅度增加，高校除了传统的教学科研外，还创办了颇具规模的校办产业，这使高校的行政组织结构更为复杂。高校党政管理系统在 20 世纪 90 年代迅速膨胀，内部机构臃肿，各部门职责不清，办事效率低下，由于这些原因的出现，这一时期各高校都进行了以机构编制改革为主的组织机构改革。

二、高校教师人事制度的改革

从某种意义上讲，高校办学水平与教育质量的高低，主要取决于人力资源管理制度及其运行的效果。改革开放以来，我国高校的改革重点一直围绕着改革人事制度、优化人力资源的配置、提高人力资源的利用效率和质量。我国高校经过了多年教育体制改革，在劳动制度、用人制度和分配制度为核心的高校人事制度改革上取得了成效。梳理改革开放后高校教师职称制度、用人制度、分配制度这三种人事制度重大改革的历史变迁，用以说明我国高校教师人事制度的变革的历史进程。

我国高校人事制度变迁是由政府主导的，是自上而下的强制性变迁。高校人事制度的变迁过程完全融进了国家对高等教育的强制性改造中，在强制性变迁过程中，政府不仅是制度唯一的供给者，而且也是制度的主要需求者，整个高校人事制度变迁和改革的过程都以政治的行政意志为主导，这种强制性变迁集中体现在两个方面：一是自上而下的理性建构。国家和行政管理部门是改革的权力主体，无论是对制度的制定、颁布都由国家来统一执行；其中，高校最突出的就是院系的调整，通过对院系的改革调整，使原有的人事制度被打破。二是新制度形式的统一仿效。我国高校通过向国外现代大学学习高等教育人事制度的学习，将我国高校强制纳入统一计划管理体系，确立党对高校和教师的绝对领导。

我国今后将要进一步加大高校教师在职称制度、用人制度、分配制度等方面的自主权，促进各高校从我国发展的角度出发，科学合理地设置教师岗位、优化教师资源、提高教师教育质量。同时，要建立健全我国高校教师职业准入制度，形成严格的教师选拔机制和程序，将高校同行评议的机制引入教师聘任制度中。形成全新的我国教师聘任管理模式，科学、公正地考核教师的绩效，建立教师职业发展制度促进教师的职业发展。

三、高校后勤制度的改革

后勤是高校办学的重要辅助活动，与教学、科研等功能活动和行政管理等构成了高校有效运行机制的必不可少的重要组成部分。改革开放以来，我国高校后勤制度的改革历程实际上就是制度变迁的过程。近几十年，在高校后勤制度改革进程中，在探讨后勤制度变迁方面，我国学者普遍认为，后勤制度变迁是诱致性的制度变迁过程，而本书却认为后勤改革的变迁实际还是一个强制性的制度变迁过程。从高校后勤制度变迁的主体看，是高校后勤职工，但是，改革始终是在高校后勤主管部门的领导及指导下进行的。高校后勤制度的变迁离不开主管部门的强制性推动，高校后勤社会化的改革实际上是后勤职工追求“外部利益利润最大化”的诱致性的制度变迁，但其表现形式却是一种推动性的强制性变迁。因此，高校后勤主管部门的推动仍然对改革起着关键性作用。

第二节　我国高校管理的问题

一、管理边界问题

指导我国高校管理体制的文件绝大部分都是以国家或者是教育部的文件下发到各高校。由于所颁布的相关法律有些规定不清晰，或者某一表述太模糊以及颁布的条例不完善，造成了各高校对职责表述的界定不清晰或是关系之间表述的不确定。

在《中华人民共和国高等教育法》(以下简称《高等教育法》)中关于高校自主权的规定，高校与政府关系的法律关系界定不清晰。有些高校在执行这一政策时，高校与政府关系上行政领导关系占据了主导关系，高校办学依然把执行政府的行政指令作为其必须。这种状况的出现与规定中有关高校自主办学的要求是不相符合的。应考虑相关法律法规将政府与高校两者之间的关系表述更清晰，应更清楚的明确政府对高校的管辖权限范围和职能，真正赋予高校作为社会法人所应享有的自主办学权力，并在法律法规中清晰表述政府和高校出现越权违法的责任，明确高校与政府两者关系上的法律化。因此，我国应该有针对性地解决并完善指导我国高校内部管理体制改革中颁布的一些法律法规中有可能会出现的问题。

二、权力结构问题

(一)政治权力、行政权力、学术权力三者存在冲突与矛盾

权力的核心是对资源的占有、支配和控制，由于这三种权力在主客体、价值趋向以及职责范围、运行机制各有所不同，因为，在实际实施过程中往往存在着矛盾与冲突，这些矛盾和冲突在我国高校表现如下。①权力主体的冲突和矛盾。谁来控制高校的权力，学术权力还是政治权力？这是一个值得人们深思的问题。高等学校作为一个学术研究机构，知识是其基础，身为知识的所有者、传递者以及学术创新人员和学术机构都有资格控制高等学校。可是高等学校是由社会共同建立，应为社会服务，因此，又应是一个正规的社会组织。既然是组织，就应该

有一定的专业人员对其控制与管理，否则极易出现杂乱无章、无秩序、无组织的局面。对于上述的情况，这三种权力对于高校的控制权，处于博弈与争持的状态之中。②权力客体的冲突和矛盾。存在于高校内部的事务含混不清，错综复杂。各个权力的客体在固定的工作范围中，很难明确地划分出负责的项目，无明显的工作界限。因此，通过对使用性质、使用的范围的确定与划分，从而使这三个权力主体遵守学术管理活动中的规范秩序。到目前为止，我国高等学校的管理运行机制尚不健全，与其发展相适应的实施细则和法律制度仍然缺乏。对于权力使用的范围没有明显的定位，因此会出现分工不明确，主体与客体间的权力相互越位。矛盾与冲突激化严重时会导致高校的各项工作处于瘫痪停止，长此以往会使高校内部管理体制改革举步维艰、停滞不前，甚至出现倒退。

（二）忽视学术权力，重视政治权力与行政权力

我国高等学校的内部仍然存在着官僚化、机关化以及等级制倾向严重，以政治权力、行政权力干预或者用以取代学术权力的现象仍然比较普遍，最显著的特点是政治权力、行政权力对学术事务过多地介入而忽视高校教授、学者对高校学术事务的管理。学术权力在我国高校没有得到应有的重视，其作用也没有得到应有的发挥。政治权力、行政权力强化的结果就是引起官本位意识的进一步强化，使高校中更多的人关心政治、行政权力而不关心其学术水平。具体的表现为：高校中的教授、专家、博士都希望担任官职，高校中也把给教授、专家、博士官职作为引进人才的主要措施，在高校中没有任职当官的教授、专家、博士离开高校的现象比比皆是；各高校中党政管理人员占据学术委员会一席之地的也比比皆是，学术权力运行的结果仍然与政治权力、行政权力分不开；学术权力成了政治权力、行政权力的附庸，以此代替执行某些政治权力和行政权力。由于我国高校长期受计划经济体制、高度集权管理的管理体制和官本位的影响，我国高校内部的行政权力与学术权力在三者关系中更为失衡，主要表现为行政权力与学术权力界定不明，定位不清，行政权力强化，学术权力下降，甚至出现了学术管理行政化的倾向。无论在高校还是在学院一级，权力仍然过于集中在党政领导手中，学术权力孱弱。根据《高等教育法》规定成立的学术委员会并没有被赋予过多的权力，而是仅限于教学与科学的研究计划方案，评定教学和科学的研究成果等相关学术事宜，审查并评议学科及专业的设置，事实上，在高等学校中没有实在的决策权。许多情况下高校的学术委员会成了一个摆设。

三、组织结构问题

我国高等学校管理的改革，从实质上说，它体现了在高校不同领导层及不同

结构的利益分配，也表现了它们之间相互作用的关系。

高校组织的结构改革的核心即学院制的改革。在学院制的改革中，高校的各个部门更需要切实加强校、院、系三者的职能转变，同时，应对校、院、系三者的权力相应地做出调整，这个问题的解决是高校学院制改革顺利推行的关键所在。在高校中，学校作为独立的法人，学院是办学主体，系（教研室）是办学的基本单元。但在长期的实际管理运作中，高校的决策权和管理权往往都集中在学校这个层面，而院（系）中的许多具体事务的决策权、人事权、专业设置权以及经费分配与使用等多种权力，并不取决于院（系），而主要是由学校层面决定，院（系）只能按学校的指令办事。这种情况与院（系）所承担的任务及责任极不相称，这势必会造成学校和院系之间的责、权、利三者关系的不清晰。我国高校中由于偏重行政权力，忽视学术权力的影响，强调学术权力和权力下移给学院制只是一个改革的说法，并没有真正落到实处。学院的建立并没有随着高校权力的下移而真正地下移，学院的权力和我国高校内部组织结构中改革前系的权力并没有什么本质的不同。而目前改革高校内部组织结构，全面推行学院制首先要解决的问题就是理顺学校和院、系的责、权、利三者之间的关系，并赋予学院更多更大的权力。因此，下放权力，使管理重心下移，实现由学校集中统一管理向以学院（系）为中心的两级管理的转变，是当前内部管理体制改革中组织结构调整的关键。

四、人事考核问题

考核评估工作是高校人事制度改革中的重要内容，是建立现代大学制度、进行人事制度改革必须关注的重要问题。高等学校特殊的性质，决定了高等学校人事制度的管理形式多样化及复杂化，从而导致在人事制度改革中考察评估难的问题。通常表现为以下几点：第一，行政、教辅、科研及教学的工作对象、工作的方式及工作的方法都不尽相同。由于高等学校人员的职责落实困难，影响并制约了岗位责任制的实行。第二，难以量化高校的岗位工作，考核的标准很难做到科学化及易操作化。第三，高校不同，所录用人才的标准也不尽相同。在职称评定、升级、升职等方面的考核，缺乏科学性和可比性。在录用后，要坚定地落实岗位责任制度，探索并制订适合高等学校特点的考核方法及办法。现在很多高等学校对分配制度都进行了改革。在学校内部的分配方面，整体性地拉大了距离，倾向于高学历、高职称、高贡献的人员，为的是调动专业技术人才的积极性。可是就目前来看，仍然有不少问题需要解决。例如，考核标准的不同影响了分配的合理性；行政管理人员的工作性质不易量化，分配不能刚性化、固定化，从而显现出许多矛盾。

就目前教师工作的实际看，应建立定量评价与定性评价相结合、以绩效评价为核心的评价机制，以期达到人性化、科学化的考核目的。

五、后勤管理问题

后勤的形式社会化多于实质社会化，这是我国的高等学校管理体制改革的重要成果，大大推动了高校的调整与发展，也创造了各种各样的经验和模式。但直到现在为止，各高校的后勤社会化改革仍然形式高于实质，真正能够符合各高校的现代企业制度的后勤改革并不多，大多是仿效一个模式或几个模式进行改革，实际上，一些高校后勤社会化的改革仍然没有超越出高等学校的范畴，依然是依靠高校的发展而发展。目前，高校后勤社会化仍处于单向的社会化，高校自内而外的社会化，是高校自身向社会化方向发展，但社会参与的程度明显不够。许多高校名义上在学校成立了后勤集团或是后勤实体，只是把原有后勤机构的名称换成了后勤集团，后勤领导也只是换个称谓而已，后勤机构的管理仍然是按照高校事业单位的建制而运行，后勤社会化改革中的人事制度仍存在老人老办法这个缺陷。另外，大多数高校的后勤管理领导缺乏企业化管理的实践，对企业管理方法缺乏经验，往往都是按着社会的改革步伐调整高校的后勤改革，并不能把改革立足于高校后勤所拥有的特殊性上。在后勤社会化改革中，众多高校的后勤依然是高校所部属的一个机关部门，很多的高校甚至进行各种形式的补贴增加学校的开支。由于高校在后勤社会化的主体定位不明确，主导思想含糊不清，宏观扶持政策不到位，导致高校社会化改革难以立竿见影。到目前为止，高校的后勤社会化改革依然有漫长的探索与摸索过程。

第三节 我国高校管理的改革策略

一、加强高校管理制度体系建设

管理制度建设是提高我国高校管理水平的重要内容之一。推进我国高校管理制度体系建设规范化工作，才能实现科学治校、民主治校、依法治校。高校管理制度体系建设要本着科学规划、整体设计、注重效益、规范建设的原则，以此构建高校管理制度体系的系统。可依据各高校的具体工作内容以及属性进行横向制度建设，如高校的法人制度、组织制度、人事制度、教学制度、学科制度、学术保障制度、资源配置管理制度等；也可按照各高校各管理层级进行纵向制度建设，如学校层面的制度建设、院（系）二级单位的制度建设等。高校管理制度体系建设的内容应当包括对理念、目的、内容、依据，体系结构、功能及作用的高校制度建设。

我国高校制度体系建设的首要任务，就是要根据国家的规章制度、规范文件建立并且健全我国高校的各项管理的规章与制度，从而使我国高校的管理制度切切实实地实现有法可依。我国高校的管理制度在建设的过程中，首先，应该制定学校的章程。完整并完善学校的章程不仅是高校内部所谓的“宪法”，也是学校进行管理的依据，更是界定学校同政府之间关系的重要文件，并以此为统领，来制定和完善高校内部的教学科研、学科建设、干部人事、学生管理、后勤保障等各个方面与之相配套的规章制度。在制定学校章程时，应注意体现：一是要具备其合法性，即高校所制定的各项制度必须符合法律、法规的要求；二是要具备民主性，即制定各项制度必须充分听取和采纳高校内部各方面的意见；三是制度要具有程序性，即制定各项制度必须经过四个程序：起草、审议、表决、公布等；四是要有针对性，即所制定的各项制度都必须针对目前高校所迫切需要解决的具体问题以及具体行为；五是要有可操作性，即所制定的高校管理的各项制度必须是具体可行的。其次，要一步完善并完备党委领导下的校长负责制，促进民主管理、教授治学及校长负责的学校内部管理体制。再次，应该深入地对我国高校的基层学术组织结构进行改革。应从全局出发，对研究所、中心、系、学院等学术组织机构的资源配置、目标定位、功能确立进行设计。最后，要推行教师岗位分类管理和公开招聘制度，要逐渐地建立起通过岗位绩效的工资制度为首的高等学校薪酬制度，加强加大对人才的分配力度，成立并建设适合我国国情和我国的市场经济体制发展的高校人事制度改革的制度体系建设。

二、正确调整权力结构，强化学术权力

学术性是我国高校的基本特征之一，我国高校的主要活动领域都是与学术相关的。同时，我国高校属于国家人事编制单位，教师兼具人事干部身份和教学科研职能，并且资源分配方式主要实行从上到下的行政培植模式，大学行政管理直接决定大学的学术秩序。因此，如何在高校中平衡学术权力和行政权力的关系，这是我国当前高校内部管理体制改革的基本问题。我国高校目前的权力配置模式以行政权力为主导，行政权力泛化，权力的重心偏上，各种学术组织都受制于行政机构，学术权力变得越来越弱。这种模式虽然有可取的优点，但其局限性在改革的现阶段越来越突出，因此，正确认识和区分行政权力和学术权力的关系，充分尊重和强化学术权力，在高校内部中确立以学术权力为主导的权力机制是当前

我国高校目前亟待改革和解决的问题。

（二）行政权力和学术权力要适当分离

在党委领导下的校长负责制下，我国高校内部基本存在着党委代表政治权力，行政组织代表行政权力以及学术人员、组织等代表学术权力这三种力量。由于高校体制长期以来党政不分，人们还是在传统概念下把党委、行政组织作为一种力量来对待，故而对学术人员来说这二者并没有更多的区别。对于高校中这三种权力的界定，需要有明确的划分，要做到党政分开、责任明确。在高校中要明确在政治权力、行政权力中要把本不属于管辖内的高校的学术事务交还给学术权力机构来进行管理。党委要行使政治权力，把握学校的总体发展方向以及大政方针政策，但切忌包办高校的一切；而高校以校长为核心的行政组织，则应偏向于对学校的行政事务工作，把学术的权力留给以教授、专家为代表的学术力量，对学术事务进行管理。

（二）厘清行政性事务与学术性事务

一般而言，凡是在高校中涉及党建、思想政治等工作，组织机构的设置与教师人事的任免、学校的改革总体规划以及高校制度体系的制定则应完全交由政治权力机构来完成；凡是涉及教学、人事、财务、后勤等事务管理的应交由熟悉教育规律和学校管理的人员组成的行政权力机构来实施；凡是涉及学科建设、专业设置、教学计划、科研方向等学术领域的决策和管理，应交由专家、教授所组成的学术委员会等学术权力机构来负责。

（三）强化学术管理机构以及学术人员在高校管理中的地位和作用

我国高校必须加强学术委员会、教授委员会等机构和组织的职能作用，使他们能够各自发挥其独特的职能，赋予学术委员会、教授委员会在有关学术性事务上的决策功能和在行政事务上的咨询和建议功能。

高校应充分发挥这三类权力组织的长处。从未来高校的改革要求和发展趋势上看，行政管理与学术管理都应该向知识管理的方向发展。一方面，要求在组织体制上尽可能实现学术权力与行政权力的最佳结合；另一方面，高校的各级领导和管理人员，需要同时具有学术与管理的两重文化背景。

三、推进我国高校学院制建设，扩大学院的自主权

学科和院校二者以一种特殊方式决定了高校的学术组织。就系统本身而言是以知识任务为中心，有关系统运行的一项重要保证是学科和院校的联系都会聚集在基层操作单位，即学术组织的基本工作群体。学系、讲座或研究所既是学科组成的一部分，也是院校组成的一部分，只有将二者合一，从结合中汲取力量，才

能使操作部门获得有效的利益，使之成为系统的核心。学院制的核心是提升学院的自主发展权力，即学院能够在学术方向建设、学科资源开发及分配、学院人事制度安排等方面实现权力自主。

实行学院制的竞争优势主要源于：一是促进资源基础的多元化和生态化。学院制在资源开发方面，具有参与成员的多元化和资源开发路径的多元化，使有关教职员工能够从传统的向学校争取资源，调整为向外部的更多资源机构争取合作与竞争。二是促进基层学术组织的能力提升。学院开发资源的过程实际上需要对教职员工进行能力提升与整合，教职员工与其他组织进行资源开发的合作与竞争的过程，是进行更广泛的信息交流与合作沟通的过程，也是有关成员在产学研合作方面的能力提升过程。三是促进基层学术组织形式的健全与完善。学院制使高等院校管理重心下移，突破了传统大学行政化模式下，学院主要作为教学科研执行单位的管理模式。重心下移使学院层级的基层学术组织能够建立更加快速与灵活的组织响应机制，也更加便于教职员工主动参与学院管理模式及其运行的治理过程，有助于扩大学院民主制度及其管理创新，从而提高学院自身的发展能力。

实行学院制的关键在于合理划定校、院、系的权责关系，重点在于学术管理权力和行政管理权力的层级划分。我国高校实行学院制管理，势必要将管理重心下放给学院，实现由学校集中统一管理向以学院为中心的两级管理的转变。学校要发挥其宏观管理的职能，主要应定位在宏观的统筹规划与资源调控、重大人事任免、对共性的事务进行有效的整合和管理，以及其他涉及全局性的对内对外重大事务的处理上，以保证学校整体的发展方向和办学效益。第一，学院制的核心在于获得在学科建设、教育创新、科学研究、资源开发和师资管理方面的自主发展权力，尤其是获得对自主资金和资源使用的决定权。学院是最贴近教职员工的基层学术组织，只有在学院这个层面上才能充分认识和挖掘个体潜力，也只有学院对相关权利的自主性才能推动资源开发与配置的最优化。第二，学院制的关键在于改进和完善学院决策机制，尤其是决策权、行政权和监督权的组织设计与程序设计。学院获得相应权力的基础应当是建立起响应的民主决策与监督的体制机制，建立在相应的学院教职员工集体决议制度之上，并且接受学院监督组织和学校监督考核机构的监督和评价。只有在决策权、行政权和监督权形成校院两级的组织监督与程序设计，才能推动学院制实现民主参与和民主决策，才能稳定基层学术组织并且推动学院发展。第三，学校指导模式是学院制发展的重要内容。学院制模式下学校主要承担着组织者与监管人的角色，主要任务是制定发展规则、维持管理程序、平衡组织冲突，协调学校、学院、职能部门之间的利益关系。学校在管理方式上应改进校级职能部门设计，促进校级职能部门从行政资源配置型组织向服务指导型组织转变，从学校相关事务决策与执行部门向学院相关事务指导与监督部门的职能转变。

从目前的学院制实践情况看，学院制有助于转变和理顺校院之间的关系，解决权力过于集中在学校层面所导致的管理僵化和适应不足的问题，推动高等院校的管理模式从资源分配式的行政决策模式向服务指导式的管理咨询模式转变；有助于进一步调动学院教职员工的主动性和创造力，尤其是在开发资源和发展科研方面调动起全员积极性；有助于提高教职员工对教学科研和管理创新等方面的参与意识和创新意识。

四、构建高校新的组织运行模式——“去行政化”管理模式

我国高校在行政化管理体制下建立的是党政共治的二元管理组织，党委组织履行对高校的政治领导与管理，而行政组织在高校中履行对学校的行政领导与管理。党务组织行使的是政治权力，行政组织行使的是行政权力。因此，在行政化管理体制下，政治权力与行政权力相互交织、相互交融。随着我国高校政治组织的行政机构化、行政事务化、行政身份化，更加剧了高校的行政化程度。各高校的学术事务大体也采取的都是行政管理的方式，学术人员的学术权力其所发挥的影响是微乎其微的，行政权力主导了高校的学术事务。因此，从权力类型及其影响方式上看，高校的权力结构呈现出一元化特征，政治权力充其量是一种行政化的权力，其所发挥的作用方式及所作用的对象与行政权力并无不同。只不过是在一定意义上，表现出一种更大的行政权力罢了。行政权力控制了高校的运行。一元化的高校权力结构使学校管理表现出了高度集权的特征，这与现代大学制度所倡导的教授治学、学术自由是不相匹配的。因此，我国高校应坚持“分权平衡性、强化民主性、突出学术性”的原则，设计并构建能够适合高校新的组织运行模式——“去行政化”管理模式。

我国高校在“去行政化”的实践过程中，应该借鉴国外已取得的优秀经验，根据我国高等学校现存状况，制订出适合我国国情的高等学校运营方式。国家不同，国情不同，高等学校的运行方式也必然不同。目前，我国高等教育的发展水平肯定了我国高等学校走具有中国特色的“管理运营模式”。我国高等学校的组织运行模式大多是根据国家政府等机关的管理方法与模式仿效而成的。“党委领导下的校长负责制”是我国高等学校的领导体制。高校广大师生权益服务的机构则是党群工团组织。对于行政权力主导型的体制改革，也必须考虑新老交替问题。

在我国构建“去行政化”的高校组织管理运行模式下，各高校应积极发挥党

群工团组织的服务职能，发挥新时代中国特色。建设具有新时代中国特色的高等学校“去行政化”的管理运行方式，可以概括为以下几点。

（一）应该建设具有高水平、高素质的领导团队

若想改变我国目前的高校管理现状，对我国高等学校的行政组织的机构改革，关键是分离决策组织、执行组织及监督组织。对于我国当前实施的党委领导下的校长责任制度，虽然对高等学校的政治趋向与国家一致性提供了保障，但在实际中仍难以避免在管理中所谓的“服从上级”，因此，在高等学校的内部，建立行政决策之团队的同时，确立由我国党委领导的理事会负责制度。而党委领导的机构成员由政府分管教育的部门选派，学校内的代表教师所组成。机构的定员为 3 ～ 5 名。

（二）建立学术委员会、教授委员会，实行教授治学

随着高等教育改革的深化，高校学术组织的作用得到进一步发挥。《高等教育法》规定：高校设立学术委员会，审议学科、专业、科学研究计划方案，评定教学、科学研究成果等有关学术事务。我国高校应当建立健全学术委员会、教授委员会等机构和组织，并充分发挥学术委员会、教授委员会在校院事务中的建设性作用，使他们能够各自发挥其独特的职能，并赋予学术委员会、教授委员会在有关学术性事务的决策功能和在行政事务的咨询和建议功能。只有学术委员会、教授委员会制度不断健全和改善，学术委员会、教授委员会的地位与作用才能更加巩固，学术权力的影响才能不断增加，才能提高广大教师参与学术管理的积极性。

（三）明晰我国高等学校的部门间的管理权利与责任范围

高等学校的党委组织，其责任主要是领导我国高等学校发展路线问题、学校的重大决策问题、干部权责问题、政策如何制定，怎样制定等。除了高校党委书记兼任理事会主席一职且负责高校的政治领导外，党委的其他成员不允许参加并参与管理学校的行政事宜。

我国的党群工团组织是为我国高校的师生服务的，具有中国特色的机构。党委和工会共同组建了党群工团组织。在我国的高等学校中全权负责团员管理工作、党务工作和工会的具体工作计划和安排，并且对各个学院直接服务。

我国《高等教育法》规定：高校通过以教师为主体的教职工代表大会等组织形式，依法保障教职工参与民主管理和监督，维护教职工合法权益。高校教代会以学校的教职工及群众民主地对学校进行管理，是使用民主的权利的重要表现形式。然而，实际上高等学校的教代会没有实质的意义，只是流于形式，在高校中只是听取学校领导的工作总结，然后用形式的手段来通过学校的未来计划和各类

高校将要实施的方案。我国目前高校中的教代会演变成了学校为教职工设立的福利机构，并没能对学校的大政方针实施必要的监督。

因此，除了真正地让这个监督机构发挥必要的作用外，还必须有其他的途径实现高校的监督机制的完善，而校务公开就是高校新的制约制衡机制的体现。管理者接受群众监督的重要途径"校务公开"，这一机制是继"村务公开""厂务公开""政务公开"后的被教育领域延伸的一项监督机制的新举措。我国高校校务公开应采取：①重大决策公开；②财务公开；③热点问题公开。只有这三个公开才有利于高校和教职工的政令畅通，可以促进上情下达、下情上传，有利于高校领导和教职工的双向知情权，以减少矛盾冲突，有利于促进高校民主决策和科学决策。

在我国的高等学校中，最高的行政负责人是校长。他对理事会及党委直接负责。校长直接领导并管理学校内的各个行政部门、研究机构、各个学院。为了提高院系的办学积极性，应该尊重其自主的权力，确立主体的地位。因此，我国的高等院校在"去行政化"的过程中，应以政策有效性为前提进行试行，同时要处理好新老交替的问题与关系，在必要之时，也可以灵活化处理问题。

五、加强高校人事制度改革的制度重构

我国高校的人事制度改革应以更高效率的人事制度替代传统的人事制度，其中制度重构是制度变迁的一种方式。目前，高校人事制度改革中以聘任制为人事制度改革的突破点。并且对其加以学术评价制度和分配支队相辅。在我国高等学校教师聘任制的实行方面，高校的几次人事制度改革都将其作为重点。根据目前我国高校的现状，应该并必须引入竞争的机制，丢弃平均主义与大锅饭的价值观。非终身聘任制和终身聘任制应该清晰地分辨。依据过程指向理论和制度变迁理论，我国从以下几点加强我国高等学校的教师聘任制度的实施。

（一）学校拥有自主聘任的权力

据目前高校人事制度改革来看，可在高校中试行取消职称评审制，进而以聘任制来代替。其中高校中的职员、相应专业技术人员、助教、讲师、副教授、教授、应实施宽松化的自主聘任的权力，政府只负责监督与立法。

（二）设置终身教职制

终身教职制是我国高校试行人事制度改革中所提出的新方案，促进了骨干教师发挥积极的作用，保障了学术的自由。为此，我国应予以立法，从法律上使其得以被保证。除此以外，还要设立终身的教职评估相关制度，如副教授三年一次，教授五年一次，在设置终身教职的同时，各高校应考虑激励的连续性问题。

（三）试行“非升即走（转）制度”

由于我国高校的类型、层次和办学任务都不尽相同，因此制度改革与创新不宜一刀切，不能一概而论。对于地域较好、学校层次较高的高校，改革的力度可以大一些，除了对新人采取非升即走、聘任制和终身制相结合的较为全面的一体性的聘任制度，可以尝试针对部分“老人”也采取过渡性的“非升即走”制度。对于地域本身没有吸引力、学校层次不高的学校，为了稳定和吸引优秀人才，可以采取尝试“老人”老办法，“新人”新办法，“老人”即原来的教师暂时不参加改革，对于部分“新人”采取聘任制度和终身制度相结合的聘任制度。

（四）完备并完善相关考核制度

我国的高等学校中的教师考察考核制度，主要设立在教学成绩、科研成果的考察考核基础上，也可以说是在学术评价方面。如何设置考核标准才合理，采用什么的考核方式、手段才能避免考核结果失真，如何避免考核过程主观随意且又适应教师工作难以量化的特点，考核的信息如何反馈利用才能充分发挥激励作用等。因此，各所高等学校应急以积极的态度建立具有合理性、易操作性、科学性、完备性特点的学术评估评价制度，这是我国目前关于人事制度改革的重中之重。我国高等学校大致使用的是量化考核制度。它的宗旨是提高效率，它是效率主义的产物并与当前改革相适应。

六、加快后勤现代企业制度建设

现代企业制度是适应社会化大生产并符合我国市场经济发展的要求，以产权制度为核心，以有限责任制度为保证，以现代公司制度为主要形式的，产权明晰、权责明确、政企分开、管理科学的新型企业制度。要构建新型的高校后勤现代企业制度，就必然要按照现代企业制度的要求，首先，要理顺高校与后勤的产权关系，即要做到产权清晰。现代企业制度当中，最显著的特征之一就是企业必须要有明晰的产权，其中，最基本的经济关系是产权关系，而产权制度是现代企业制度的基础。明晰产权的具体措施主要有：第一，界定产权，要实现学校资产所有权与后勤法人财产权相分离；第二，要明确界定产权边界，即明确划分学校和后勤各自所拥有的资产数量和分配比例；第三，评估原有的后勤资产，剔除不良资产，剥离经营性资产和非经营性资产。

其次，要做到高校与后勤权责明确。高校后勤要建立适应自身的现代企业制度，首先就是要明确划分学校和后勤的权利与责任范围。作为对资产投资者的权责明确：其权利是按出资者投入后勤企业资本额享有资产受益权，学校有权对其享有重大决策权；有权选择管理经营者；有权干预和防止集体资产的贬值与流失。学校应赋予后勤的经营活动权利，应当在资金划拨、人员建设、配套条件、设施等各个方面给予扶持以及大力支持等；当后勤经营出现破产时，也应按其出资额对其债务承担相应比例的有限责任，而不负无限责任。后勤企业应完全面向市场，按照市场需求组织生产和从事经营，以经济效益最大化为主要目标，在市场中平等竞争，优胜劣汰。作为资产经营者的义务，后勤企业要作为其独立法人应依法进行自主经营、自负盈亏，并以高质量、高水平的服务为学校的教学、科研以及教师提供好后勤基础保障，后勤企业应依照国家法律以及对学校负责的情况下，承担起对集体资产的增值和保值的责任。

最后，建立科学完备的后勤管理制度。高校后勤要适应当今国家与社会的要求，要以现代企业制度为标准制定出一整套行之有效的科学完备的后勤管理制度，以此促进高校后勤的发展。现代企业的制度倡导科学管理，其实质就是指企业通过价值、竞争、供求、社会化大生产等规律组织和管理市场。为此，高等学校的科学后勤制度应该涵盖以下六点：第一，后勤的组织制度科学化。依法建立后勤党组织的政治核心的制度、民主管理的制度及组织结构和责权关系。第二，后勤的领导制度科学化。现代企业领导制度必须坚持企业领导专家化、集体化和民主化的管理原则。第三，后勤的分配制度科学化。第四，后勤的人事制度科学化。第五，后勤的财务制度科学化。第六，后勤的监督制度科学化。

高校后勤企业必须加快建立与完善现代企业制度，并且要把握好企业产权制度、企业组织制度与管理制度这三者之间的关系。从高校、高校后勤企业的实际情况出发，吸收和借鉴社会其他企业的有益经验，真正加快建立起既符合国情、校情、企情，又能与国际惯例接轨的具有中国特色的现代社会主义高校后勤企业制度。

第五章　我国高等教育管理的创新理念及措施

第一节　坚持创新理念

一、统筹理念

统筹作为一个由数学衍生出的系统科学概念，主要强调的是针对一个事物发展或行为执行过程中涵盖的规划、引导、服务和扶持的完整的过程体系。政府统筹就是站在事物全局的角度统筹思考，洞察事物，工作谋划、整合协调和创造性思维，服务全局的能力。不顾此失彼，不因小失大，兼顾和协调全局各方面利益。使整体协调，布局合理，利益得当，人文和谐，思想协同，工作得力。那么政府对高等教育的统筹也就可以围绕这一概念展开，即政府统筹规划、统筹引导、统筹服务和统筹扶持。

①统筹规划方面：对高等教育发展的速度、规模、质量、结构进行宏观管理，促进管、办、评分离，形成政事分开、权责明确、统筹协调、规范有序的管理体制。对学校布局、学科专业设置、学位授予点和继续教育进行发展规划；统筹研究生教育、本科教育、高等职业教育和高等继续教育；构建层次分明、类型多样、特色鲜明、充满活力的高等教育体系。

②统筹引导方面。建立高校学科分类建设体系，实行学术发展分类管理；创新高校人才培养模式，提高高校人才培养质量和深度；加大对高校学术的监督和审查；统筹推进各级各类高等教育协调发展；统筹高等教育城乡、不同区域间教育协调发展；统筹编制符合要求和国情的高等教育办学资质、教师引进、招生质量等多项标准。

③统筹服务方面：深化高等教育综合创新，推动教育事业科学发展，必须以“三个满意”为出发点和落脚点，在关心国家命运、服务国家战略上有所作为，让党和国家满意；在勇担社会责任、满足社会对创新高等教育不断提高的要求上有所进步，让广大人民群众满意；在坚持以人为本、实现好维护好发展好学校广

大师生员工根本利益上有所建树，让广大师生员工满意。引进国际创新教育资源，提高中外合作办学水平。

④统筹扶持方面：落实扩大高等教育办学自主权，完善我国特色现代大学制度，完善高等教育惩治和预防腐败体系；统筹健全以政府财政支持为主、社会捐助资助教育经费、有限度自主探索高等教育市场化稳定增长的机制；建立地方政府所属高校的教育职责评价制度；探索建立政府督导高校机构职责运转的机制。

管理体制和运行机制的重大变革涉及法律制度、组织架构、权责划分、运行规则和利益调整等诸多方面，内涵十分丰富，是一个系统的制度安排。这都需政府统筹来部署和实施。其次需要政府统筹协调政治体制创新和市场经济体制创新，使我国高等教育管理创新与政事分开、管办分离和转变政府职能等其他政治、经济、文化、社会创新密切联系，相互影响，逐步推进。深化教育管理创新，探索政校分开、管办分离实现形式。

二、参与理念

我国高等教育从中华人民共和国成立初期的“精英”教育走向“大众”教育，是随着我国政治、经济、文化和社会环境变化不断适应的发展历程，是我国政治体制创新不断深入的体现，是社会主义市场经济创新深入人心的要求，是社会开放文明的自我需求，是我国文化传承自我提升的动力源泉。

社会参与高等教育管理创新的必要性主要有以下几方面：首先，从高校的系统性和开放性来看，高等教育作为一个系统要生存和发展，不可能封闭自我。高校需要汲取自身生存发展所需要的物质资源、人力资源和财务资源，无法忽视与社会普遍联系的客观事实。高校应立足于扩大高校的开放性，融入我国国情的现实社会中，建立社会参与高校管理的机制。其次，经济和社会生活方式的重大变革使高等教育的大众化普及程度在不断加大，继续教育、职业教育等终身学习教育制度的不断深入人心，极大地刺激了社会参与高等教育的意识。再次，激烈的市场竞争环境下，对人才的需求和竞争成为市场生存的不二法则。市场竞争主体例如企业已经以极大的热情加强与高校的合作，参与到高校教育的具体实践中，寻求满足自身需要的合格人才。最后，高校自主化办学带来的就业压力和经费支出以及后勤社会化等创新也需要得到社会的支持和帮助。总之，高校接纳来自社会各方面参与自身管理是必要的且可行的。

社会参与高校管理的内容主要包括：一是社会参与高校决策，高校管理创新需要吸纳更多智慧和力量，确保高校的决策体制、运行方式、机构设置等内部事宜得到民主、科学的监督、反馈和建议，社会参与的重要性不言而喻。二是市场权力对高校权力的影响和制约使社会参与高校管理的具体事务越来越深入。高校的专业、课程设置不断重视市场需求，高校毕业生就业市场要求高校教育管理贴近社会现实，高校内部事务信息公开等。三是高校的社会服务功能使社会参与到高校教学科研等高端领域。高校与企业的合作正是社会参与的表现。我国高等教育创新是系统工程，能否在市场经济大潮中接受社会检验是创新成败的关键。我国高校要认清现实发展要求，提高社会服务功能，树立社会服务意识，把社会参与作为自身管理创新的重要内容，实现科技成果转化，提高社会知名度和权威性，满足社会需要的创新目标。高等教育的需求多样性、高等教育走向社会中心以及高等教育经费来源的渠道多元化要求社会参与，这不仅是高等教育发展的共同趋势，还是实现高等教育内部管理善治的重要保证。

三、公共利益理念

公共利益是指公众的、与公众有关的或为公众的、公用的需要的利益。

公共利益是指国家和社会占绝对地位的集体利益而不是某个狭隘或专门行业的利益。公共利益产生于人与人之间的社会联系，是公民个人利益最终的价值取向，代表着长远的、共同的、整体的个人利益。高等教育的利益主体可以分为国家利益、团体利益和个人利益。国家利益是指国家从高等教育的发展中获得的人才培养、科技技能输出的政治利益。团体利益是指高等教育的大学的各种权力主体在博弈过程中获得的权力利益。个人利益是指参与高等教育过程和活动中的个体获得的参与权、保障权和结果权的权利利益。这三种利益主体只是基本利益和直接利益，如何协调利益冲突和分歧，寻求整体利益最大化，这就是公共利益取向的理念所在。

公共利益正当性的基础是以一定社会群体存在和发展为前提，公民的受教育权是公民权利的基本权利之一。因此，保障公民的受教育权利成为公共利益取向的共性特征。高等教育的社会服务职能是公共利益至上理念的具体体现，这需要由国家法律作为保障。高等教育作为公众受教育权利的组成部分，已经从“精英”教育转变为“大众”教育，受教育群体的数量、受教育群体的文化程度已经具有社会普及性和公民自主性走向，因此，高等教育创新的公共利益取向能够满足国家利益和个人利益的诉求。高等教育的受教群体不因年龄、性别、民族、肤色、国籍、经济状况、家庭出身等因素而影响到高等教育知识的获取和传播，享受机会均等无差异。

高等教育需要在生产知识、科技和人力资本过程中增效，实现教育产业化，进一步改善教学环境，增加教育奖学金的投入和贫困生补贴力度，促进高等教育事业的公平和正义。

高等教育管理创新涉及社会公共资源和经费的使用和调配，影响到社会成员的共同利益，创新的成果需要全社会共享。高等教育创新的公益性具有公共性、社会性和整体性，包含国家层面的经济利益、政治利益、文化利益、文明利益，也包括社会层面的经济利益、文化利益、政治利益，还包括个人层面的物质利益和精神利益。追求公共利益是高等教育管理创新的核心价值理念，是我国特色社会主义高校创新的前提和出发点，是调和权力主体追求共同目标的指导原则。

四、质量至上理念

高等教育创新理念是与时俱进的时代产物，其中质量至上的学习理念是源于首次世界高等教育大会的两份重要文件，作为其中的核心理念，联合国教科文组织认为高等教育质量是多层面的概念。概念涵盖了两方面内容，一方面是“层次”的问题，指的是高等教育质量是多层次的质量的统一体；另一方面是“方面”的问题，指的是高等教育质量是多方面的质量的综合体。

高等教育的系统类型通常被划分为研究型高校、教学研究型高校、教学型高校和高职高专高校。每个层次的高校所追求的质量标准和人才培养方式以及学习理念都是有差别的，这种差别本来是基于学科、专业、学术自身特点而形成的不同的质量要求。随着高校社会资源的有限性分配和政府资源集中性支配的模式演变，我国高校分门别类的层次出现了雷同化和趋同化特征，高校教育质量的层次差异化被高校自身建设发展所消弭。但社会发展过程中的社会分工和资源专属性越来越明显，对高校教育质量层次的需求面被极大地拓宽，高校教育质量层次化不明朗造成了高校就业环境恶化。解决高等教育质量层次化发展的途径除了政府统筹外，最重要的是高校自身定位。高校历史积淀文化内涵，文化内涵塑造高校人文，高校人文成就高校精神即校训。高等教育创新中的按教育规律办学就是对高校文化传承和高校人文环境自主办学的认可。高等教育多方面质量包括学生的质量、师资水平，还包括图书馆的利用率、学术讲座的质量水平、学校后勤质量服务状况以及学术环境的自由民主氛围等。

这就需要高校树立质量至上的学习理念，从教学目的、师生角色、教学内容、教学模式、教学方法、考试方法、教学观等多方面进行改进。例如提升学生的社会责任层次，注重决策观念和技能培养；以学生为本，重视知识的接受和应用及主观能动性发挥；发挥学生主体学习地位，主动探索学习兴趣和努力方向；加强教学内容的基础性，提高教学内容的深度和广度；发展学生个性，激发学生的发散性思维和创造性思维；激励合理竞争，活化教学方法，注重社会实践；拓宽学科的社会研究对象，关注科学前沿知识，拓展学生眼界，提高学生驾驭知识的能力，用知识质的提高应对量的增加。

第二节 把握职能定位

一、突出育人

推动高等教育内涵式发展首先需要处理好人才培养与科学研究的关系。人才培养是高等教育的根本使命，在四大职能中居于核心地位，包括科学研究在内的高校一切工作都要服从和服务于学生的成长成才。人才培养的是人才素质，包括人格、知识、能力和体质，即“德智体美”。大学的核心功能是培养全面而自由发展的人才，塑造符合我国发展的合格社会主义建设人才，这是我国高校现代化建设的社会使命和至上原则。实现核心功能的途径便是知识传授，因此二者归纳为教书育人。“大学之道，在明明德，在亲民，在止于至善。”培养专门人才是高等教育的本质特征，突出创新能力培养，进行科学素养和人文素养的融合，造就全面发展的人才。

首先，建立以学生为服务之本的高等教育质量评价体系，把高等教育的传授重心放在学生身上，从关注学生成长和体验出发，通过学生自主学习知识和全方位考察评价授课质量等确定为高等教育教学评估考核的重要内容。培养学生的开拓精神、竞争能力，具备复合型知识，满足市场经济发展的需要。其次，高校教师有必要参与社会实践，加深自身与社会需要的亲身体验，打破高校教育内部自我封闭的认识局限。高校教师学者的社会需求体验和实践一方面可以提高学者解决实际问题的能力，丰富教学素材，将社会急需技能传授给学生；另一方面可以使学者和学生对社会需求的认知更为切合实际，注重学生创新能力观念的培养、终身教育观念的培养、基本学习能力观念的培养，以学生为本的教学创新。最后，高校必须研究社会需要的各级、各类、各层次人才的素质结构和能力需要，为人才的社会输出提供品德培养、技能服务、智力保障、素质完善，以实现知识价值的社会转化效能，实现科学技术是第一生产力的理论与实践的无缝对接。

二、注重科研

高等教育的职能是在社会发展需要的基础上形成的，是社会赋予高等教育的任务和职责，是高等教育与社会之间关系的集中体现。科研工作指导方针：自主创新，重点跨越，支撑发展，引领未来，高校作为我国科技创新的主力军，是科研竞争的前沿阵地和国家综合实力展示的重要内容，高校科研输出时确保高校人才培养、社会服务和文化传承职能的重要保证。

高校科研输出的最大化取决于高校科研管理人员的自身素质建设，涵盖知识素质、管理素质、伦理素质和服务素质等，这都需要高校完善的科研培养培训机制为保障，赋予科研管理成果转化享有权，激励科研输出的主动性。科研管理职能在通过社会输出实现科技转化的过程中需要努力实现四个能动，即能动策划、能动组织、能动跟踪和能动管理。强化科研课题设计和项目申报策划，强化科技成果转化和报奖的策划意识，强化科研部门跨学科的创新团队组建，强化社会合作企业的技术成果转化平台推广，强化科技推广的跟踪机制，强化基础研究与应用研究的有效融合。高校需要牢固树立人才培养必须以高水平科学研究为支撑的观念，鼓励教师重点开展有利于提高教学质量、推动理论创新、服务经济社会发展的科学研究，并将研究成果及时转化为教学内容。还要正确处理好科研与教学的关系，树立科研为教学服务，科研和教学为社会服务的意识，提高高校的科研实力，提升学校的知名度和学术的名誉度。

三、坚持个性发展

从本质上讲，大学管理是知识和科技的创造性组织，尤其是在我国高等教育管理创新的社会环境形势下，大学管理需要开拓进取的创新精神。只有创新精神才能塑造和铸就具有内涵式发展的高校，从而培育出个性发展的个体和团体。

从个体层面来讲，学生乃至学者，需要保持个人的思想独立、学术自由、民主平等。个性既是个体的整体精神面貌还是个体独有的心理特征，个性发展是个体独特性、创新性和主体性的实现过程。首先，高校个体培养理想、健全人格。在个体的短期目标、中长期目标和远大理想树立和实现过程中，将个人价值、社会价值融于一体，通过高校文化载体和高校学术载体输入和输出，经过高校个体的努力奋斗和高校平台的支撑，致力于服务国家和社会的目的。培养集体荣誉感、团结合作精神、努力拼搏意识、热爱生活态度、严谨求知志向、无畏探索倾向、全面发展思路等个性心理特征，培养人文素养、社会责任、道德良知、兴趣爱好、体育活动等社会人格要素。其次，高校个体培养创新意识和创新能力。个性发展是创新精神的基础，创新精神的目的是以人为本，以人为本的核心是个性发展。经过对高等教育知识的接触、传授、探索和考究，高校个体结合个体兴趣和喜好，通过对知识真理的探求，势必带来创新活力和创新意识及能力的注入，高校个体的事业心、责任感和使命感便在个性的培养过程中自然而然形成。再次，高校个体拓宽眼界、开阔思域。高校个体借助高校知识平台和高等教育交流计划，能够把握世界最先进知识的前沿，了解人类发展困境中的障碍，接受国内外先进思想知识的洗礼，总结归纳个体立志追求的方向，树立个体人生崇高理想的目标。最后，高校个体活力四射、自我约束。高校个体在身心健康发展的同时，抵御社会思潮的诱惑，完善自我约束，注入时间和精力，运用年轻活力和创新精神，争取个人价值的实现和社会价值的体现。

从学校层面来讲，高校需要树立自身的教育特色和人文底蕴。一是丰富高校自我精神。挖掘高校的历史文化传统，吸收现代大学的办学理念和思想精华，传承高校精神，明晰高校使命。二是树立高校独特观念。秉承高校校训，加强每届师生的校史教育，学习高校学术大师、学术大家的人格魅力和开创精神，尊重师德，传承高校先辈的奉献精神和学术追求，强化本校的责任感、荣誉感。三是健全高校文化制度。完善高校大学章程，推行制度创新，将高校精神和高校行为文化融入制度设计中，体现到师生行动中，用制度督导高校文化的自我渗透。四是完善高校标识建设。充分利用高校的校旗、校歌、校徽等文化符号的视觉效果，制订高校标识使用规范，开发设计高校独特的文化产品，如高校信笺、邮票、台历、纪念品、纪念册、公文样本模板、校务公示样板、高校录取通知书、成绩单和奖励证书等。五是创新高校文化载体。运用高校事务如校庆、运动会、毕业典礼、新生入学等仪式，弘扬和传播高校独特文化内容。创建高校品牌的学术讲座和高校名家论坛，丰富高校文化内涵建设，通过高校文化载体如BBS、图书馆、教学楼、校舍、校内微信、学生社团等营造高校全面丰富而又个性鲜明的文化氛围。

四、着眼服务行政

“服务行政”一词源于德国行政法学家厄斯特。服务行政是由原来的计划经济向市场经济转变过程中关于行政法的定位和作用的指导理念。学者张成福认为我国行政现代化的目标取向在于建立市场或亲市场的政府行政，使公共行政国家权力的载体过渡为公众提供服务的实体。高校“服务行政”是指高校行政权力以高校全体师生员工等高校利益相关者的真实需求为服务风向标，为其提供创新满意服务为首要职能，通过不断完善服务保障制度和服务体系的管理模式。

高校服务行政必须从“以权力和政治为中心”转变为“以大学章程为中心”，从“管制行政”转变为“服务行政”。遵循有限性、法治性、民主性和有效性原则，树立以人为本的理念，重视高校学术权力的诉求，增强服务意识；通过沟通与协调的民主平等对话机制，致力于高校教育质量发展，推动高校学生的全面发展，紧密联系高校与其他社会组织的交流与合作；设计符合现实需要的行政服务管理制度，将高校自由发展权力归还于高校权力各主体，最终实现行政权力与学术权力关系的有效融合、行政权力与学术权力的相互信任、行政权力与市场权力走向良性互动。

高校服务行政必须协调学术权力与行政权力的相互关系。首先，二者的合理性需要兼顾。学术权力的独立行使是高校学术自由、民主管理、公平公正的建校根基；行政权力的管理履行是高校管理效率和运行秩序的基本保障。二者只有实现动态平衡和互助共享才能实现我国高校自主发展的目的。其次，二者权力边界需要明确。根据大学章程，建立相互分工、互相合作、相互制约的关系。再次，二者作为高校权力系统的内部构成要件，学术权力作为高校权力的基础，行政权力必须为学术权力服务。最后，高校的政治权力创造组织体制保障和构架，行政权力是“制度性权力”，学术权力是“权威性权力”，行政权力需要通过制度设计确保学术权力应有的地位和权威，实现政治权力的问责协调定位，发挥高等教育内部权力运转的畅通与高校。

第三节　构建权力结构

我国高校拥有的权力主要归纳为以党委书记为首的校政党组织掌握的政治权力，以校长为首的行政组织掌握的行政权力，以高校学术委员会掌握的学术权力，以社会需求为代表的市场权力。高等教育管理创新作为一个系统工程，相互制衡的权力结构的构建是该工程不可或缺的子系统之一。对于整个高等教育管理的大系统来讲，内部与外部两个环境相互作用。外部环境包含诸多因素，比如国家和政府调控、人民和社会需求等，但在这诸多因素之中，市场是核心和关键。经济体制创新是全面深化创新的重点，核心问题是处理好政府和市场的关系，使市场在资源配置中起决定性作用和更好地发挥政府作用。让市场行使参与权是抓住外部环境中市场的关键、是发挥市场在高等教育资源配置中起决定性作用的重要举措。

一、参与权

从历史发展过程来看，市场权力在我国高校发展过程中处于遮蔽状态，主要通过学生报考志愿、报考专业、大学生就业等途径展示市场权力对高校发展的影响力，相对乏力。从历史发展趋势来看，市场权力在我国高校管理创新过程中发挥越来越大的软实力，持续走强。改革开放以后，市场就开始逐步渗透到我国高校发展中，经过多年的发展壮大，市场力量已经明显显现。比如，逐渐形成了以公办高校为主、社会各界广泛参与、公办学校和民办学校共同发展的我国高校办学体制，实行市场机制的学费制度、就业环境和人才竞争；我国高校的专业、课程设置不断重视市场需求，公办高校与私立高校的竞争也风生水起。市场经济发展大潮中的经济意识、主权观念、竞争意识、自由精神、宽容态度、平等观念和共赢博弈正在我国高校不断上演。市场权力的构成主体宽泛且多元，是我国高校自我体系外的多因素综合体全方位展示，有国家需要、社会需求、市场刺激，也有国际化和全球化过程中的不断要求。市场权力的参与权主要通过以下三方面行使。

首先，市场权力要求高校教育服务质量贴近现实需求。我国高校毕业生数量在不断增加，近两年增速略有下降，但总量也创历年新高，毕业生就业压力大已成为不争的事实。学生就业情况严峻，高校的教育质量需要更加适应市场的需求和变化，重视学生参与市场经济活动的能力和条件，摒弃盲目以我为主的办学理念和不求思进的教育观念，需要发挥政治权力在我国高校发展中的调控权。

其次，市场权力要求打破创新高等教育服务。随着我国经济发展的不断进步和我国居民家庭支付能力的不断提高，高等教育资源作为最有潜力和最有回报的市场，对外交流的范围和深度正在我国不断增大。根据教育部发布的数据显示，我国高等教育资源的人才流失情况正在不断加剧，而我国高等教育创新服务主要还是由“211”和“985”高校所垄断。如何破除教育资源的垄断，实现全社会高等教育资源的广泛交流，提高我国高等教育的世界影响力显得非常重要，这就需要发挥学术权力在我国高校发展中的专业权。

最后，市场权力要求大学信息透明公开。信息公开是把知情权、参与权和监督权结合在一起。伴随着我国政治体制创新的步伐，“更充分的信息不仅服务于保护消费者的目的，而且也可以提高生产者的效益。产品的质量信心可以激励生产者投资于质量改进，进而更好地在市场上进行竞争。我国近年来陆续有单位或团体发布我国大学排行榜，这种全面丰富的“消费者导向”排行信息公布，需要我国高校的学校声誉、学生保持率、学术研究成果、专业排名等多维度和多指标的权重展示，这些事关高校教育质量信息的大量公开需要我国高校行政权力发挥管理权和政治权力发挥调控作用。

二、问责权

高等教育所倡导的机会公平和社会公正既符合当代社会的发展趋势，也体现了高校所具有的政治性特点。

首先，明确党对高校的领导地位。高校的政治权力是国家权力在高校中的具体展示，决定着高校发展的基本性质，决定着高校人才的培养目标以及高校人才培养标准等重大课题。政治权力是我国特色社会主义高校的本质要求。党委领导下的校长负责制是我国高校的管理特色，确保培养合格的社会主义事业人才，更好地贯彻党的教育方针。这也是明确规定的高校内部管理体制。其次，确保高校相对独立的办学自主权。高校政治权力实际是政府权力在高校的延伸和扩展，改变全能政府的管理理念和态势，向服务型和有限型的职能转变，赋予高校办学自主权，坚守政治权力应尽的权利和义务不越界。最后，创新高校政治权力观念。在公共管理理念盛行的当下，我国高校的政治权力主体校党委也应顺应时代要求，勇敢迈向宏观调控理念。校党委由事无巨细的微观管理转变为关注所有权力和权力主体的利益，鼓励教师、管理者、行政人员、学生、学生家长、社会用人单位、校友等人士有权参与高校治理，建立广泛吸纳各方利益的代表参与治理机构，使这些利益相关者平等参与高校治理。

三、管理权

行政权力是确保高校运行效率和运行秩序的必要机制。高校行政权力管理权划定是为行政权力在高校运行过程中设置合理的权力边界，即通过以校长为首的行政管理人员的管理工作，提高学校履行职责的效率。高校的行政权力以校长为代表，主要体现在行政组织协调工作，其管理目的、管理运行方式及管理结果反馈都要求校长为代表的行政权力具有高校大局观，保证整个高校的运行有序，正确发挥高校“办学者”作用。高校行政权具有一元性特征，一所大学只能有一个行政权力系统，权力的运行是自上而下逐级实施，最后实现行政权力的目标。高校办学规模的不断扩大和内部管理的日益复杂都对行政权力的发挥带来了挑战。

高校的行政权力致力于实现人才培养、科技进步、社会服务、文化传承创新四大职能，可以通过两个方面来实现。一方面，代表国家和政府管理学校，发挥管理者职能，主要通过科研、教学来实现合格人才培育、人才智力发挥、研究型与实践型科技成果孵化等社会价值实现过程输出；另一方面履行高校内部自我管理的掌控者形象，主要通过协调组织机构运行、完善自我管理模式、提高高校内部资源配置、构建高校特色文化底蕴等自我价值实现过程流转。上述行政权力管理职责活动原则必须以高校政治权力为依托，以学术权力为基础，以市场权力为标杆，实现高校的内涵式发展。高校行政权力履行要解除高校行政化中不利因素，坚守高校管理章程所限定的管理权限，强化高校行政权力的服务意识，创造高校学术权力充分发挥的制度环境和人文环境，实现高校与政府、社会、市场的和谐共处。

四、专业权

学术权力是大学精神的体现，是大学内在逻辑的客观要求，是大学本质特征的外化，也是建立现代大学制度的核心。学术权力是以高校学术委员会为代表，参与主体是高校教师，主要依靠学者自身的权威、采用自上而下的运行方式是高校权力的基础。学术权力意味着决定招生、考试、毕业和科研等方面拥有不可动摇的地位，就是让最有资格学习的人进入高校，了解他们是否掌握了知识，是否应该获得学位，是否有资格服务社会。行使专业权至少包括高校的课程设置、教学自主权、教育评价权和文凭认定权，这就需要高校成立学术委员会、学位评定委员会和教学工作委员会等高校内部团体组织来实现学术权力的独立行使。

（一）学术委员会

学术委员会由科技处和研究生部负责人以及各学院和重点实验室具有正高级专业技术职称的代表组成，承担学术决策作用，包括学术水平评价、科研项目申报、科研项目评审、学术道德评审、学术规范教育、学术诚信教育、学术不端行为审查等职责。

（二）学位评定委员会

以学科分布为主，由科技处和研究生部负责人、分委会主席及具有正高级专业技术职务的代表组成。承担学科学位评定作用，包括审议学位点申报、学位授予、学位撤销、指导教师审查等职责。

（三）教学工作委员会

审议学校教学工作规划和重大教学创新方案，指导全校教学工作；审议学校专业建设、课程规划、教材编订、实验室及实践教学基地建设；审议教学奖项评审，推荐各类奖学金；审议学校教学管理规章制度；审议学校教育教学研究及项目课题申报；开展教学调研等职责。

学术权力肩负高校生态系统中的特定组织使命，力求实现教学自由、学习自由、研究自由，与行政权力一并主导高校内部事务的决策，尤其对行政权力干扰学术自由权的行为活动必须坚守持之以恒的学术理性和自由平等的学术资格，重视学术权力的基础建设和学术人才的自我权益保护。

第四节　健全机构设置

一、决策机构

由于我国高校的政治权力与行政权力被统一为行政权力，政治权和行政权的权力制衡使决策机构和行政机构必须相互独立。实际上，我国公办高校目前还没有成立专门的决策机构，即大学决策联席委员会。大学决策联席委员会包括：高校党委、教育机构代表、教师代表、学生代表、校友代表和社会知名人士代表等。大学决策联席委员会的组成首先是高校内外构成主体和外部联系紧密者，决策联席委员会的成立和职能行使依据大学章程的具体规定，其常设机构是高校党委办公室，下设三个处：共青团、国有资产处和组织处。大学决策联席委员会不介入高校具体管理过程，根据大学章程对行政权力的越界行使阻止和学术权力的违章问责以及二者权力冲突的调和。大学决策联席委员会融合了行政权力、学术权力、市场权力和政治权力的代表，进行高校内部自我控制与管理、自我决策、自我审视自身发展过程中的问题和重大事项。大学决策联席委员会的召开程序和成员构成及决策制订和实施均由高校章程规定，是高校总体决策和方向性、政治性的决策机构。

二、行政机构

高校的行政执行发起人是校长。校长办公会包括校长、行政各处处长，主要针对高校内部事务进行行政执行，召开的频率更高，参与执行的人数更多，执行的效率更高，关注的对象更细，主旨是服务高校、服务师生、提供保障。校长办公会的常设机构是校长办公室，组织、安排和协调校长办公会的召开、高校事宜以及对外事项发布。在大学章程的制度安排下和政治权力的委托代理关系下，成立以校长为首的行政执行机构。下设人事处、财务处、医务处、总务处、就业处、保卫处、外联处等校级层面行政服务保障机构和各学院里设置的院级层面行政服务机构，学院办公室包括辅导员、学院行政主任等行政人员。

三、学术机构

在大学章程的制度设计和保障下，成立学术委员会、学位委员会和教学委员会三大学术自治机构。分别设有机构为学术工作部、学生工作部和教学工作部，管理高校的图书馆、电教中心、实验室和出版社，涵盖高校学生的招生、录取、选课、学术活动、学生活动、学习安排等。高校各学院也分别成立以上学术工作部、学生工作部和教学工作部的下属机构，自主管理高校师生的学习、活动、学术、科研和对外交流。高校各学院院长是学术型人才和管理才能的选择，是学术权力的代表，不依附于行政权力而自主实施管理，按照三会的内部宽松的学术氛围和松散的组织形式来满足本院学生的德智体美等各种技能的需求。

四、监督机构

在大学章程的制度设计和权力制衡体系中，成立校友会、校企联合会、工会、纪律检查委员会和审计监察处等监督反馈机构。监督反馈不受行政权力和学术权力的影响和制约，有向高校政治权力，即高校决策联席委员会提请重大事项审核和问责的权利义务。监督反馈机构既要监督反馈行政执行机构的机构设置和职责行使，也要监督反馈学术自治机构的机构设置和职能监督，配合高校决策治理机构做好高校自主发展的协同作用。

第五节　保障运行机制

一、优化机制设计

决策体制是决定运行机制是否高效的前提和基础，优化机制高效运行的顶层设计，就是要探索大学决策体制的范围、决策内容以及决策实施等活动，决策体制要服务高校办学定位和大学精神，决策内容要针对大学办学自主权和办学风格等宏观层面，决策实施要配合管理制度和大学章程的具体规定，决策机制要结合高校内部权力运行机制而布置安排。其中学校办学模式和办学水平的确立是决策的核心与前提。

行政化高校管理模式下，大学决策体制是高校政治权力与行政权力统一成高校党委领导下的校长负责制，完全听命于所属政府机构，不论是学校创办、校长任命、高校经费来源还是高校教学科研等具体决策内容。同时高校内部决策系统主导高校发展，也是基于科层制的管理模式，实行“校—院—系—室”四层管理，部门负责人实施行政长官负责制，隶属关系明显，实施行政权力运行的组织结构。政府主导的高校决策体制，高校内部运行来自政治权力意志，高校内部评价标准和依据也是政治权力价值标准和权力价值依据的再现。我国高等教育创新正是基于创新行政化高校管理决策体制和建立现代大学制度的出发点进行，“探索建立符合学校特点的管理制度和配套政策，逐步取消实际存在的行政级别和行政管理模式。”为了解决党委领导下的校长负责制决策体制带来的政治权力和行政权力泛化，规范权力运行，推行专家治学，鼓励决策参与，需要重构高校内部决策体制。

首先，完善高校党委领导下的校长负责制，深化为高校决策联席委员会和校长负责制两个决策体制。高校党委和校长的民主集中制决策体制可以深化为高校决策联席委员会和校长负责制两个决策体制以避免政治权力和行政权力的混淆和结合。高校党委作为学校政治权力的核心，其权力来源于国家，在高校中处于统治地位。我国高校党委肩负重任，总揽全局，协调各方，统一领导，主要是把握正确的高校办学思路，确定高校办学目标，明确高校办学任务，体现出我国高校的四大职能，实现高校的内涵式发展。高校决策联席委员会以高校党委为主导，由高校内部各团体和部门的党员构成，职责很清晰：遵守大学章程，把握高校方向、抓好大事、做好协调沟通。该委员会不设实体机构，仅设高校党委作为实体组织，负责委员会的召开、组织、成员资格审核、会议发布等具体工作为高校决策联席委员会服务。不参与、不干涉、不过问高校内部管理，只负责行政权力越权纠正（大学章程）、学术权力与行政权力调和、政治权力问责权行使。我国高校校长作为高校的法定代表人，在高校章程的明确界定下，积极行使行政职权，全面负责高校的内部管理和组织建设。

其次，提升学术权力，体现大学精神。我国高校决策体制的健全与否最重要的课题是培育学术权力的权力地位，成为行政权力的平等制衡权力。学术权力的主体是学者，按照大学章程，保护学者个体学术权力的学术自由，使学者成为自身学术工作的主导者和发起者，不依赖于行政指导，靠市场权力奠定自身学术权威。根据高校章程，建立自我评价和选拔机制，实施扁平化、非集权、松散的自主管理模式，通过学术机构（三会）即学术委员会、学位委员会和教学委员会来主导和行使高校学术权威，实现学术自由。

最后，推动制度创新，树立大学章程的崇高地位。民主和法治是时代进步的标志更是大学发展的基础，建立现代大学制度就是要保证大学的学术自由，营造学术氛围、兼容并蓄、和而不同的学术环境。大学章程是高校的最高法则标准和权力界定规范，是现代大学制度的最重要载体，还是高校政治权力、行政权力和学术权力的关系和纽带，涵盖信息公开制度、质询制度、人事罢免制度、问责制度、激励制度。针对高校校长负责制下的决策体制，需要遵守依法治校、民主管理，这是社会主义政治文明在大学的集中体现。具体表现为：第一，行政决策主体参与多元化。广泛鼓励高校师生参与学校的发展和建设，使决策科学化、规范化和专业化。扩大高校教师的权利，教师拥有自主治学权和参与决策权等相关权利；要提升学生在高校内部管理中的地位。学生是大学决策的相关利益者，学生应该而且有能力参与决策；适当削弱行政人员的权力。充分吸收校外各界人士参与高校决策，实现大学管理民主化和治理多元化。第二，决策过程参与民主化。推行校务公开，既要公开决策过程还要公开决策结果。根据大学章程管理办法对凡涉及师生员工切身利益、需要师生知晓以及高校管理规章制度等事项，均应通过高校的网页、BBS、校报、公示栏、微信等媒体媒介及时准确公开。第三，决策反馈沟通协调。建立决策事前意见征集、决策流程沟通、决策意见诉求归集、决策结果反馈改进等机制。保持信息流沟通顺畅和回应解答及时。

二、营造机制外部环境

机制高效运行环境的构建主要着眼于两个关系的处理，一是与政府的关系，二是与社会的关系。和谐外部关系的营造一方面要弱化政府与高校的关系。首先，从高校的本质属性来看，政府与高校的监管与被监管的角色定位需要重新审视。高校是国家教育发展的重要组织，基于高等教育事业的公益属性，政府作为国家的管理机构必须对高校进行监管活动。政府监管权与高校自主权是我国高等教育管理中的一对矛盾体，过多监管势必扼杀高校自主权，过分放权也将难以保证高校发展的正确走向。为了实现政府监管权与高校自主权之间的适度平衡和职责定位，需要弱化政府在高校发展过程中的直接监管权力，转换成契约形式的制衡监管较为合理。

现代政府理念主张有限政府、法治政府和服务型政府，目前我国正处于事业单位创新的攻坚阶段，我国高校按照事业单位类别划分，承担高等教育等公益服务，划入公益二类。这就意味着高校的公益属性和市场属性需要被同等重视，要发挥市场配置资源在高等教育发展中的作用。在市场经济条件下，我国高校不可能脱离市场而存在，高校中的市场因素已经开始显现，如教授聘用的费用标准已经远远超过政府对高校教授事业单位编制工资的限制。同时，高校也不能被市场所掌控，不能完全推向市场，不能失去作为培养高素质人才的公益目的性。为了保证高校发展不背离社会发展的初衷，最终实现国家人才培养计划的国家利益，政府对高校的监管是必要监管。必要监管即由政府直接管理转为间接管理，由微观管理转为宏观调控管理，由严格从属地位管理转为平等契约制衡管理。政府通过明确的权利和义务内容来监督约束高校，就可以达到政府与高校的适度平衡。

为了确立高校学术权力本位，实现高校行政权、学术权和民主管理权相互制衡和监督，改变高校作为政府附属机构的历史地位，需要转变教育行政管理职能。政府不能将其行政权力触及高校的内部管理事务中，政府需要充分尊重高校的独立主体地位。政府只需要在高校自主权的约束方面进行教育目标、教育质量、人才培养、教育经费等方面进行详细约定。允许高校自主制订教育计划、自主开展科学研究、自主确定内部机构设置和人员、自主管理和使用财产。政府对高校的管理主要职能是制订高校教育发展规划、进行宏观调控、提出指导建议等，不干涉高校内部事务，从而形成合作关系。有的学者认为市场经济环境下国家对高等教育的干预和调控活动是市场调节机制的一个必要补充手段，其目的是完善高等教育的管理体制和运行机制，其性质是属于宏观性的第二次调节。

营造和谐外部关系的另一方面是要密切高校与社会的关系。高校作为知识组织，其职能在于通过教学传承知识，通过科研创新知识，通过社会服务应用知识。传承知识、创新知识、应用知识都是服务于学生和社会。塑造学生人性、完善学生人格、培养学生技能从而为社会发展提供智力支持保障是大学的崇高使命。高校的外部运行机制包括政府、家长、社区、教育机构和就业市场等多因素对高校发展和决策的资源交换和流通，在独立政府作为高校产权代理者的身份属性前提下，弱化政府与高校的关系，高校通过何种方式和办法加强其他社会资源的获得和输出成为高校发展的集中指向。

高校与社会的关系在不同的社会发展过程中呈现不同的表征，从农业时代的社会体系之外到工业时代的社会体系边缘再到知识经济时代的社会中心，高校与社会互动发展、渗透结合、共赢共存是源于二者的交集。高校的科技创新和人才优势能够形成产业化和信息化，这恰恰满足了社会自身需求，在社会区域经济发展、产业科技进步和谋求发展的基础上产生互动。互动的内涵包括合作项目、教育基地、继续教育工程、工程研究中心、远程教育、科技园、绩效技术和管理理念等多方面。高等教育不断适应社会发展的要求是二者互动的动力基础，合作共建联合机构是二者互动的运行保证，通过政治、经济和法律手段进行调控落实。现代社会与高校的关系概括为社会需要和资源输送来满足高校内部发展，高校秉持开放自由民主的精神充当社会前进的精神导师。

但是高校与社会的密切联系是建立在高校独立自主办学的前提下，即高校是为社会服务的教学科研中心，不是社会中企业的一分子，高校办学自主权、财政自主权是基于政府投入和问责调控，不会用市场规律来主导高校发展。高校对国家和社会的文化和精神等无形资产以及基础知识研发和社会公共利益至上的教学理念是大学所必须坚守的阵地。与此同时，社会对大学的认同和资源投入是有条件的，要求更多的社会参与和决策反馈。

高校与社会的这种“若即若离”的良性互动关系可以表述为：若即是高校与社会密切联系，互融互洽；若离是思想、理智活动的独立和对高校外部运行机制保持相对独立。高校与社会的良性互动主要表现为，一方面，社会是高校的外部环境和基础，高校以社会为存在前提，汲取社会文化和社会资源完善自身；高校的人才培养和科技输出对象是社会，以满足社会需要和人类发展为社会价值追求。另一方面，高校作为社会的中心力量，指导社会体系的健全和完善，同时接受社会体系的适度介入和环境影响。

我国高等教育管理创新中的运行方式需要接纳高校与社会的“若即若离”的良性互动关系。高校毕业生要在生源市场、教师市场和院校市场中保持竞争力，必然要提高学术质量，采用最有效的学术管理办法，否则就会面临生存的危机。考虑到学术知识的复杂性和动态变化性，我们认为在竞争性的学术市场中专业的自我管制仍可能是最有效的保证学术标准的方式。同时社会融合到高校教育的知情选择权、参与权，能够从多层面和多角度参加高校决策和高校管理的具体工作完成平等地位的参与权，使个人和社会利益与高校团体利益形成利益共同体，促进高校与社会的和谐发展，形成开放、负责、宽容和平衡的互动状态。

三、建构机制内部设计

在高等教育管理创新运行方式中的关系理顺中，高校内部关系是创新成功的重要保证。大学管理根本上是以学术为中心的管理，其目的是促进学术的发展。学术管理的基础是学术思想的自由和探索的自由，发挥学术权力的主导作用，贯彻学术自由、民主管理的原则，在大学内部营造民主的宽松的学术氛围，为科学创造提供良好的学术环境。理顺大学内部关系主要是协调行政权力和学术权力的关系，落实高校办学自主权，遵照大学章程，依赖高校内部合理的机构设置，实现高校善治。从本质上来讲，理顺高校内部关系是多中心化治理过程。

首先，健全和完善大学章程。大学章程是高校内部权力运行的法制基础，既是大学内部权益相关者制度化规范文件，也是大学管理运行纲领性指导。大学章程必须对高校内部政治权力的问责权的行使、行政权力行使管理权的界定、学术权力行使专业权和市场权力行使参与权等相关制度性规定落实，为高校管理创新提供法律依据。其次，优化高校内部决策权力结构，确保学术权力在学术管理的主导作用。明确三会（学术委员会、学位委员会和教学委员会）的具体职责，行使学术范围内的决策、管理、监督、实施和咨询职能，加强三会组织建设、人才建设、制度设计，依据大学章程坚守学术道义、大学精神以及校训。建立质量为上的学术评价制度，建立公开、透明、公正、严格的聘任、晋升、科研激励制度，让学术管理回归学术本位。凸显严谨求实的学术态度和风气，确保学术评价活动的独立自主评议。最后，完善大学校长负责制，提高行政管理水平。依据大学章程，完善规范大学校长行政权力的行使范围和权限，使其专注于服务学术、服务学生和服务学校的目的。大学校长具有教育管理能力和现代管理能力行使对大学行政事务的全权处理，接纳吸收市场权力的决策参与咨询、意见反馈，公平处理校务与学术的从属与主体定位纠纷，尊重学术、尊重教授、重视人文建设。促进高校内部组织机构设置扁平化，提升行政管理人员的服务意识和业务技能水平。完善高校人事制度、后勤管理制度、财务管理制度、信息管理制度等行政管理具体制度。

第六节　鼓励创新措施

一、中央政府宏观管理与服务是创新的关键

（一）中央政府宏观管理的必要性

当市场在高等教育中发挥着越来越大的作用时，政府也在高等教育的发展中承担着越来越大的责任。政府应该管理高等教育，而不是高等学校；政府要由划桨者转为掌舵者，由运动员变为裁判员，而且随着运动员水平的提高、比赛级别的提高和范围的扩大，裁判规则也要做适当的修改和调整。

我国高等教育发展不平衡的需要。对我国来说，高等教育发展极不平衡是我国高等教育管理中的最大实际问题。首先，是区域发展不平衡。因为我国的高等教育是按大区分布的，北京、上海、西安等区域的大学是分布比较密集的地区。公共经济理论认为由于地方公共或准公共产品具有溢出效应，教育聚集的地区，经济就会发展很快，而经济繁荣又会吸引更多的高层次人才，使教育与经济相互促进，协调发展。但经济不发达的西部地区就会输于教育起点的不平衡，越来越落后。其次，是学校层次发展不平衡。我国的高等教育存在分层的现象，对于不同层次的高等教育，中央政府要采取不同的管理方法和手段，才能发挥它们的积极性，提高办学效益和教育质量，满足我国不同层次的高等教育需求。最后，是学科层次发展不平衡。第一、第二层次的大学拥有国际或世界一流的学科，它们

在我国有很高的竞争力，但在国际竞争中就不一定有这种优势，所以中央政府要在财政上给以资助，政策上给以优惠，让它们发展壮大以后参与国际竞争。

（二）中央政府宏观管理的主要手段

高等教育立法，是国家对高等教育干预的显性方式。通过立法使国家对高校自主办学的干预规范化、制度化、系统化和制衡化。制订“游戏规则”，维护市场竞争的正常秩序，包括制订最低教育标准并监督实施，以避免竞争对教育质量的负面冲击。凭借立法来实现国家对高等教育的管理是1945年以来各国高等教育发展的一个重要标志。在我国，通过立法手段，政府打开了长期关闭的高等学府的铁门，新的投资主体进入高等教育，新的学科进入大学的课程，使高等教育与社会、经济发展的关系真正紧密地联系起来，也为高等教育的国际化和我国高等教育竞争创造良好的制度条件。因此，不仅是要建立各种高等教育法规，使法规具有一定的稳定性的问题，而且要有法必依，以保证法律的权威性，使权力分配的各方在法律的实施上有保障。

高等教育拨款，是国家对高等教育干预的隐性方式。随着近年来我国高等教育经费资源紧张，高等学校对政府的经济依赖性日益严重，于是，中央政府有时反而成为高等教育事业最大的投资者和消费者，经济手段成为国家政府向高等教育施加权力、渗透意志、获取利益的最有效手段。我国可以借鉴其他国家的做法：接受中央政府投资的大学，在经费投入范围内的行为必须服从中央政府的要求和利益，这一制度既保持了大学的自主性，又实现了政府对大学的管理目的。如政府要发展某一科学领域，就通过合同招标的方式，由多所学校来竞争，使更高效率和效益的高等学校获得科研经费，这样既提高了高等学校的积极性，又使国家的宏观调控更加有力和有效。在引导大学的发展方向上，通过经费资助的投向，促使大学向政府所要求的方面发展。政府通过协调高等教育，使之在整体上系统化，使高等学校的功能整体最优。另外是转变政府投入方式、方法。在相对减少的政府投入中，其投入方式也要不同于以往，应该是以合同式的投入或第三者代理式等投入，引入竞争式拨款，一个大学获得经费的多少，要靠其实际工作行为的多少与绩效高低来决定。这样就会提高教育资金的利用效率、促进教育资源的优化，使好钢用在刀刃上。

高等教育服务是国家对高等教育的支持方式。高等教育要健康发展，离不开良好的社会环境，如规范有序的市场、完整全面的法律体系、畅通灵敏的物资、信息交流网络等。这些既是大学发展必不可少的保障条件，又是大学本身无法解决的。而政府正是为保障大多数人的利益而存在的，它有义务也有能力为社会各主体的发展提供它们自身无能力解决的外部条件，促进高等教育服务体系的发展。要建设教育信息化工程，要把教育信息化工程列入国家重点建设工程，以信息化带动教育现代化。重点支持并加快以我国教育科研网和卫星视频系统为基础的现代远程教育网络建设。建成一批网络学校。完善高等学校的计算机网络建设，加快数字图书馆等公共服务体系建设，进一步改善高等教育的信息环境。还要为我国的高等教育参与国际竞争创造良好的服务环境。

除此之外，制定和实施与国家现代化进程相配套的高等教育发展战略和规划，包括国家重点支持项目的设计和实施，提升国家高等教育的水平；提高政府的利益整合能力，以解决高等教育发展的地区差距，协调利益冲突，维护全社会的教育公平，其重点是扶持落后地区的高等教育发展，特别是西部贫困地区的高等教育的发展；传统体制下中央政府过于集中的权力要进行分解，一部分属于高校的办学自主权要还给高校，另一部分权力下放给地方政府，还有一部分职能转移给社会中介组织。实现管理方式的宏观、间接管理；管理手段的竞争激励与竞争约束相结合；优化高等教育的社会环境等，这些都是中央政府宏观管理的重要方面。

二、地方政府统筹管理与服务是创新的重点

当中央政府把高等教育的地区统筹权交给地方政府时，地方政府对高等教育的发展就承担了更大的责任。统筹权是指政府为实现最佳的整体效益，在一定范围内综合协调各办学主体之间及各种管理要素之间相互关系的权限，如对招生规模、毕业生就业、经费投入、资源配置、专业布局及教师人事等进行的统筹和协调。加强地方政府的高等教育统筹权，就是在管理过程中，协调高等教育各管理要素之间的关系以达到管理的权力，就是要加强省级政府对本地区高等教育的统一筹划、综合考虑、全面安排的权力，而不必严格划分这些高等学校的隶属关系。通俗地说，就是不管高等学校是否属于省属高等学校，只要它地处本辖区，就应该纳入本省高等教育统筹的范畴。由此可见，加强省级政府高等教育的统筹权，实际上是指省（自治区、直辖市）政府对地处本地区内的中央部委所属的高等学校的统一筹划与协调权。所以，省级政府对高等教育的统筹，其基本含义应该是对本辖区的高等教育事业的改革与发展、结构与规模、速度与效益、教育教学与科学研究及社会服务、政策法规与管理规划，中外合作与交流等高等教育发展的重大问题进行筹划、综合考虑，以力求建立一个与地区经济及社会发展相适应的区域高等教育体系。加强省政府高等教育的统筹权，并不仅仅是加强省政府对部属高等院校的协调权，而是指省政府应该将本地区所有高等教育机构视为一个整体系统，根据本地区经济与社会发展的客观需求，对本地区高等教育事业的

改革和发展进行统一规划和全面部署、政策导引与执法监督、资源配置与检查评估、协调关系与信息服务，就是充分发挥省级政府在高等教育领导与管理中的主导作用。加强省级政府的统筹是区域经济发展的要求，也是中央机构改革和政府职能转变的客观需要。加强省级政府对高等教育的统筹决策权，是同世界上高等教育地方化发展趋势相一致的。美国的州政府管理高等教育的经验是值得我们借鉴的。要继续坚持在保证全国大政方针统一的前提下，对高等教育事业实行分区规划、分类指导的原则。这一点对地区间高等教育发展极不平衡的我国来讲，显得更为必要。

（一）规划是实施统筹管理的有效途径

高等教育发达的美国十分重视规划在高等教育协调和管理中的作用。我国的高等教育实行省级政府的整体统筹后，已很难再采用过去的行政命令的方式进行管理，最好的办法就是通过高等教育中介咨询机构和高等学校共同研制地方教育规划：高等学校的数量、高等学校地点的布局、各级各类的高等学校的定位、不同层次的高等教育体系等都要统筹协调安排，从各省经济和社会发展要求出发，从本地方高等教育发展的实际和规律出发，提出优化发展目标，以确保高等教育资源的有效利用，发挥当地优质高等教育资源的辐射作用，提高区域高等教育的综合竞争能力，实现高等教育短期效益和长期效益的协调发展。

（二）拨款是实现统筹管理的必要手段

没有有效的拨款制度和机制，地方政府要充分、有效地履行对本地区高等教育的管理职能是很困难的。在高校面向社会自主办学之后，拨款权就成了政府进行调控的一根灵活有效的指挥棒。地方政府要改革现有的高等教育事业费拨款模式，拨款应以高等教育评估结果为主要依据，考虑高校办学效益和对本地区经济发展的贡献进行动态调控，并做到拨款程序依法、科学、透明、公开、有效。地方政府可以根据学校的师资力量对重点学科或政府认为重要的学科和专业进行追加资助。对在教学、科研等方面取得重大成果的项目和学科，政府可以给予经费奖励或资助。对国家或地方支持的重大、关键科研项目，要给予重点照顾或优惠。在其他方面，如精神文明建设、校园环境建设等方面，地方政府也可按照不同的水平和标准，给予相应的选择性投资或拨款。

（三）竞争是实现统筹管理的内在动力

地方各高等院校的发展水平和实力是不相同的，况且层次也不一样，所以地方政府为高等教育创造公平的竞争环境是地方政府的重要责任。再加上由于国际交流的加强，外国学生和外国学校都要在地方“落户”，所以地方政府要对它们采取公平、公正的政策，这对学术交流和学科的发展，传统和特色文化的发扬，特别是促进区域经济的发展，提高我国的国际声誉等，都有着无形的影响力。随着我国改革开放的不断深入，高等教育的国际交流与合作变得越来越不可或缺。地方级政府应该在扩大本地区高等教育的对外开放、加强本地区高等院校的国际交流与合作方面发挥重要作用。地方政府在国家有关法规和政策的指导下，可以制定一些地方性的法规或政策：加强地方与地方之间的高等院校开展互派学者和留学生、进行科研合作与共同商讨、联合办学等国际交流与合作的活动；鼓励本地区高等院校依法自主开展与境外高等学校之间的科学文化交流与合作。从而促进本地区高等教育的国际交流与合作活动的广泛深入开展，进一步促进本地区高等教育的国际化。

三、社会参与管理与服务是创新的趋向

社会为什么要参与高等教育的管理，管理制度经济学用公共角度对此进行了阐述：公共理论是 20 世纪 60 年代后兴起的政治经济学思想，这一思想认为，让广大民众有公共决策最终决定的权利。公共理论反对官僚主义，强调服务的顾客导向；反对政府的强化干预，强调权利与自由；要求从重投入、重规章转到重产出、重结果转到重视服务提供的质量与效率。总之，他们喜好群众参与的高效率运作机制。也有人认为：在政府的决策活动中存在大量损害选民利益的问题，当高等教育的管理权全部委托给政府的时候，可能不仅不能维护社会的整体利益，还会使教育事业沦落为政治活动，制造了学术腐败，而远离了学术和社会公平。尽管这话有些片面，但建国初期我国的高等教育管理体制改革强调的就是教育要为政治服务，所以使高等教育发展大起大落，没有收到预期的效果。因此，为了能真正维护人民群众在教育中的利益，真正体现民主和公平，就必须吸收与高等教育相关的社会各个阶层、团体和个人参与高等教育管理。社会不仅对高等教育的情况和运作十分敏感，而且能够影响高等教育的决策，并能在高等教育管理中发出自己的声音。也就是说，社会参与高等教育管理是高等教育发展的必然趋势。

我国在高等教育管理创新中，由于改变了中央政府和地方政府管理高等教育的一些传统职能，加上高等教育在大众化发展进程中竞争的加剧，高等教育的发展与社会发展的联系日益紧密，所以政府有限的管理职能已经不能满足高等教育发展的需要，这就要求社会参与高等教育的管理，体现高等教育的民主管理倾向。

在我国的高等教育管理创新实践中，社会参与管理的确存在，而且参与的方式和内容越来越多，特别是在民办学校这块发展很快，例如，企业界的代表参与

高等教育的宏观决策，以便使有关决策更好地适应社会的需要；组成社会各界代表参加的高校董事会，为学校办学筹措资金，参与高校决策，为学校管理提供咨询，对学校进行监督“产—学—研”联合体；对高等学校办学水平和质量的评估等。社会参与管理作为一种重要模式和一项重要措施，对我国高等教育的管理起到很大的推动和完善作用。但由于我国高等教育管理的社会参与还处于起步阶段，还存在一些问题需要解决；由于政府管理高等教育的职能转换不彻底，高等教育的管理权也一直在政府和高校之间进行分配，所以社会管理高等教育的权力缺乏，特别是公办高校的社会参与管理几乎还是空白；社会、企业参与管理的渠道单一，参与面不广且深度不够，企业一般是着重于科研和生产，对教学质量的反馈参与不够，缺乏长久的合作与沟通；社会个人参与高等教育管理还远远不够。

高等教育管理的国际经验表明，社会力量参与高等教育已经成为高等教育健康发展的不可或缺的力量。纵观世界各国的高等教育，可以看到，市场经济越发达，越要求加强高等学校和企业的联系，这是因为：从学校方面讲，是为了自身的生存和发展；从企业方面讲，是为了在激烈的市场竞争中求得立足之地。而且，为了在就业竞争中取得优势地位，学生和家长们也越来越关心高等教育，社会的全面进步也越来越依靠高等教育。这些因素都推动着包括企业在内的社会各方面的力量以多种形式在各种程度上参与高等教育的管理，社会的呼声和要求对高等教育的发展和改革也正在起着越来越大的作用。所以，在我国当前的高等教育管理现状下，为了能让社会力量真正地成为高等教育管理中的重要方面，政府和高校务必让出权力空间，社会力量积极发展、完善，况且要用法律来规范和保护社会力量参与高等教育管理的权力，方能实现高等教育管理的社会参与。

四、发展高等教育中介组织是创新的重要措施

建立有效的中介机构和组织并充分发挥其作用，是健康社会发展的标志之一，也是实现高等教育管理科学化、民主化和决策结构得以优化的重要途径。中介机构一般通过研究、咨询、信息、拨款、评估、考试、督导等功能的发挥，沟通高校与政府、高校与社会之间的联系，起到重要的缓冲和润滑作用。一方面有效传递政府和社会各个层面的意图和思想，另一方面，及时反馈高校的要求和愿望，既可以约束政府违背办学规律、脱离实际的强制性干预，也可以在一定程度上制约高校有悖于政府方针和社会发展趋势的盲目倾向。当然，前提是这种中介必须是真正意义上的中立机构，而不能是行政部门的代言人或附属机关。

中介性质的教育组织可以向社会提供高校办学情况的信息，促进社会对高校的理解和支持；它还可以从不同方面对高等教育的发展施加影响，以促进大学适

应社会的需要。同时由于中介机构具有独立性、权威性，所以它在社会参与高等教育管理中发挥着其他社会组织不可替代的作用。为了能够反映社会各方面的需求和利益，发挥它们在高等教育管理中的社会监督作用，有必要借鉴发达国家行之有效的中介运作模式，尽快建成具有我国特色的、与现代大学制度相适应的中介制衡系统，使其评估结果成为高等学校教育评估系统中最具权威性、最具科学性和最具特色的评估组织。

首先，要建立各种类型和性质的中介机构。使它有十分广泛的社会参与度和社会代表性，各个社会阶层和团体，都有反映自己呼声的组织，如召集社会各界人士协商组成权威的中介组织，使它能在高等教育评估、科学研究、提供顾问咨询服务、探讨教育改革等方面做出不随政府意向而亦步亦趋的，比较客观可信的成果。应打破那种与行政级别对应设置教育中介组织的单一思路，建立跨区域、跨部门、性质多样的综合或专业教育中介组织。如教育咨询、审议机构，教育指导、服务机构，教育评估机构、教育资格认定机构，教育会计、审计机构，教育仲裁、法律机构等。它既可以承担政府职能转变后的一部分职能，也可以成为高等学校参与市场运作的中介。其次，就是规范中介组织的运作。用法律来规范和保护其参与高等教育的管理权力，并相应确定其连带责任或有限责任；认真对其进行资格认定、登记、监督和检查；维护良好的市场秩序，并为其自主开展活动提供一些优惠政策。例如，明确中介组织的性质，在行政上、经费上与原行政部门脱钩，对原有的办公用房、注册资金等可采用投资入股或其他方式划归为中介组织；多渠道、多形式地吸收发展资金，增强社会中介组织的经济实力，实现兴办主体的多元化和社会化，从根本上打破“官办”或“半官办”的性质。最后，高等教育中介组织要办出自己的特色。围绕自己的目标和使命开展活动，要有严格的质量意识，注重职业道德建设，遵守协会的各种制度和章程，自重自律，为会员提供自己所承诺的高质量的服务，通过实践工作树立自己的品牌和声誉。熟悉国际市场的国际惯例，学习国外最新的中介服务知识。

目前，围绕我国高等教育的发展，高等教育中介组织就如下一些问题开展研究、咨询、服务等工作显得尤为重要。开展高水平大学领导和管理的成功要素及其基本特征的研究；开展新世纪大学发展的目标定位和战略选择的咨询服务；开展现代大学的管理体制、运行机制和组织构架研究；配合教育部开展人才培养模式、师资队伍建设与教学质量保障的研究；推进大学的资源开发与配置。这对我国高等教育中介组织的行为提出了更高的要求：不仅提供中介服务，还要为政府做好高等教育改革和发展方面的各种科研论证，更要进行高等教育管理、科学和学术方面的研究工作。

第六章　我国高等教育教学管理改革

第一节　我国高校教学管理的现状分析

一、教学管理在高校的管理工作中居于重要的地位

教学管理在高校管理工作中主要有以下作用。

（一）学校的基本任务是培养人才

学校的各项工作都必须围绕培养人才这个中心展开，而人才培养在一定时期内仍将通过教学活动进行，学校的各个方面都离不开教学这一教育形式。

（二）教学管理受教学过程规律的制约

教学过程是方向不确定的动态系统，因为教学过程的随机因素复杂，其效果的不确定性非常显著，即教师教了以后，学生不一定就懂。要使教师教好，学生学会并且学好，就要有一定的措施加以保证，这就需要教学管理规范教学活动，形成教育合力，提高教育效果。

（三）教学管理担负着对学校全体教师和学生的管理

学校管理最重要的是人的管理，教师和学生都是活动中最重要的因素，也是学校的主体。教学质量的高低，学习效果的好坏取决于教师工作的主动性、积极性、学生学习的态度和方法，因此，对教师和学生的管理对于学校整个管理具有非常重要的意义。

二、高校教学管理的职能分析

在教学管理活动中，必须正确、恰如其分地发挥管理职能，才能形成有效、系统的管理过程。通过对教学管理活动的实践和理论研究，决策—计划—组织—实施—指挥—协调—监督—检查—总结，既是教学管理过程中相互联系的环节，也是其发挥的职能，大致可以做如下划分。

（一）决策与计划的职能

1. 决策与计划是教学管理的首要职能

决策就是人们对未来实践的方向、目标、原则、方法和手段所做出的选择和决定。计划是根据决策和目标的要求，进行统筹安排，拟订实施方法和程序，制定相应的策略、政策等。决策是计划的前提，计划使决策具体化，决策与计划是整个管理工作的基础。

2. 教学管理决策包括目标预测和目标决策

高等学校作为培养国家高级人才的基地，对人才培养的目标有明确的规定。教学系统自身发展的目标是指与教育目标相适应的办学规模、办学条件、师资队伍等方面的发展目标。目标决策主要是对教学目标和教学管理目标的决策，教学目标包括教学总体目标和教学过程各个阶段的具体目标等，教学管理目标包括教学管理总目标和教学思想管理、课程管理、教学质量管理、教师管理、学生管理等子系统的具体目标。

3. 教学管理计划

包括教学规划、教学计划、教学政策法规和教学管理工作计划等。教学规划是学校教学工作整体的、较长远的发展设想和计划，包括规模、方式、方法等总体目标和总的方向。教学计划是学校组织实施教学的总体设计，包括培养目标、规格、课程设置和要求、学时和教学环节分配等方面。

教学政策法规包括国家依据教育目的而发布的规定、条例、规则和学校为了完成培养人才的任务而制定的规章制度等。教学管理工作计划包括组织和管理教学的各类工作计划，如招生工作计划、毕业工作计划、师资培训计划等。因此，教学管理计划是一个内容广泛的计划体系，计划功能对于教学管理系统具有特别重要的意义。

（二）组织与实施的职能

组织与实施是教学管理系统的一项重要职能，指按照决策目标要求，把系统中的各种要素组织起来，执行管理计划，使教学管理计划能够付诸实施。组织与实施功能具体包括两个方面，组织设计的功能和组织行为的功能。

1. 组织设计的功能

组织设计指按照目标要求，设计任务结构和权力关系，建立一个合理而有效的管理组织结构。

它的基本内容包括：为实现教育教学总目标把教学总任务分解成若干具体任务；把具体任务合并归类，划分部门，建立职权机构，如按年级设立年级组，按学科设立教研组等；选择和配备教师和管理人员，明确职责，并授予他们组织和管理教学的相应权力；为协调组织机构的职权关系和信息沟通关系而拟定各种规定，如教师工作职责，教学管理规章制度等。

当然，并非对每项任务的管理都要有建立组织机构的过程，经常性的组织工作是根据各个时期的任务所规定的目标组织力量、明确分工、授予权力和协调关系。

2. 组织行为的功能

即组织实施，是组织力量执行计划的行为和过程，其目的是使管理计划能够付诸实施。

组织实施的基本内容包括：统一目标，使全体教职工目标一致；统一组织指挥，使系统内的一切工作都有人按时、按量、按质完成；人各有责，人尽其才，实行职、权、责相统一，使全体教师和管理人员明确自己的职责、工作范围、工作质量要求和协作关系；统一步骤，按计划步骤统一行动，保证计划的步步落实。

（三）指挥与协调的职能

指挥与协调也是教学管理系统的重要职能。指挥是指领导者依靠行政权威，指示下属从事某种活动，使系统按指令运行。协调是指消除管理过程中各环节、各要素之间的不和谐现象。因此，指挥与协调是从不同的侧面对管理过程的干预和控制，两者之间相互补充、相互完善。

1. 指挥功能

指挥功能是指通过下达命令、指标等形式，使系统内部个人服从于一个权威的统一意志，将计划和领导者的决心变成全体成员的统一行动，使全体成员履行自己的职责，全力以赴地完成所负担的任务。教学管理的指挥功能有以下几点。

①实行专家治校，保证领导权威，保证领导的督促、率领和引导作用有效发挥。

②运用各级教学管理组织权责和规章制度，规范全体人员的行动。

③严格按计划、大纲组织教学，统一标准，统一要求。

④建立教学指挥机构，一般由领导、职能部门工作人员，借助先进的设备手段，建立教学指挥中心等形式的教学指挥系统。

2. 协调功能

是指对系统运行过程中各环节、各要素之间的不和谐现象进行处理和调整，以消除和减少各种矛盾，保证目标的实现。协调功能带有综合性、整体性特征，它是管理本质的体现。从某种意义上说，管理就是协调。

教学管理协调的主要内容是通过计划、沟通、调整等方法，协调教学管理系统与外部环境，如学校教育与社会系统的关系；协调教学管理系统内部各类成员之间，各组织、各部门之间，管理过程各环节、各项工作之间的关系；协调教学系统内部课内与课外之间，教、学、管诸要素之间，教学内容、方法、手段之间，各章节教学内容之间的关系等。

（四）监督与检查的职能

1. 监督就是察看并督促

监督与检查是实施教学管理过程的重要职能，检查是对预测的科学性、决策的正确性、目标的完整性、计划方案的可行性以及实施计划的有效性的全面考评。从本质上讲，检查就是一种监督和控制，是一种信息反馈活动。通过检查既可以发现管理过程中的缺点和问题，又可以发现优点和经验，进而克服缺点，推广经验，把工作向前推进。

2. 检查职能的类型

按检查时间划分有平时检查和阶段检查。平时检查及时不使问题成堆，阶段检查则是比较集中、全面的检查。两种检查互为补充，不可缺少。按范围划分有全面检查和专题检查。全面检查是德、智、体、行政、总务诸方面，目的在于了解和掌握工作的全面情况。专题检查是有针对性地发现问题和解决问题，专题检查的内容决定于检查的目的，教学管理要专题检查和全面检查交替进行。

按检查方式划分有自上而下的检查、互相检查和个人检查。自上而下的检查是学校领导者对下属的检查，这种检查有监督、考核的作用；互相检查是学校成员之间互相进行的一种方式，如教师之间的互相听课、互相检查教案和学生作业；个人检查是学校成员的自我检查。这种检查有两种，一是按学校布置的提纲进行。二是自觉的自我回顾。个人自查是具有强烈责任感的表现。

3. 监督与检查具有双重功能

监督与考核下属人员的工作，能及时对成绩突出者给予肯定，对工作平平甚至失职行为者给予纠正；检查和考核领导人员本身的管理水平，计划、措施、执行是否符合规范和要求，明确管理者的责任。

（五）评价与控制的职能

1. 评价与控制是教学管理系统最重要的功能之一

评价与控制是教学管理，特别是现代教学管理的重要职能。评价包括科学分析和价值判断，指通过教学评价和系统分析方法，判断教学效果与教学目标的差距，为决策和控制提供有用信息。控制即根据评价分析的结果，纠正计划执行中的偏差，保证教学目标的实现。

2. 教学评价和分析的主要内容

教学评价和分析的具体功能是根据教学目标和计划，运用各种科学手段，对教学过程和效果进行价值判断和系统分析，为教育教学决策和控制提供信息。包括课程教学评价分析，课堂教学质量评价分析，教师评价分析，学生评价分析，课外活动评价分析等。

3. 教学管理的控制功能

包括教学前馈控制、教学过程控制和教学事后控制三种类型。

①教学前馈控制是预防偏差的一种控制，即预先采取有效措施，使偏差得到预先控制，防患于未然。前馈控制对于教学管理是十分重要的，教学系统是以育人为目的的，教学过程的任何偏差所造成的后果都是十分严重的、不能允许的，前馈控制可以防止这种情况的发生。

②教学过程控制也称教学现场控制，是在教学计划执行过程中的控制行为。通过对教学计划执行过程的现场观察、监督和指导，对教学过程进行评价、分析和建议，及时纠正任何不符合教学计划要求的偏差，保证教学计划的实施。

③教学事后控制，又称教学成果控制，是建立在终结性评价分析的基础上的控制行为，即在计划基本完成之后，把实际取得的工作成果与计划目标相比较，发现仍然存在的差距，以作为将来工作的借鉴。

（六）总结的职能

总结是教学管理活动一个周期的终止，预示着下一个周期的开始，起着承前启后的作用。总结是教育管理活动不可忽视的一环，它要求用科学的方法，对工作进行全面系统的总结，肯定成绩，找出缺点，总结经验教训，探索管理规律，并指出未来的努力方向。总结对于积累管理经验，提高学校管理人员的管理水平，促使教学管理科学化，提高学校的工作效率和管理效能具有十分积极的意义。教学管理过程中的总结通常在一个学期或一个学年结束时进行，一般分为全面总结和专题总结两类。做好总结工作必须遵循以下几点基本要求。

1. 以计划目标作为评估绩效的标准

总结是对计划执行情况进行的综合分析和评估。原定的计划目标不仅是执行和检查计划的依据和中心，还是评估工作绩效的重要标准。

2. 以检查为基础

总结是检查的后继阶段，也是在检查的基础上进行的。没有有效的检查，就不可能有真正符合客观实际的总结。检查可为总结提供各种可靠的信息，如典型的事例、人员的言行表现、科学的数据材料等，但检查并不等于总结，也不能代替总结。检查是感性的，而总结是理性的，是发现原则和规律的过程。

3. 要有激励作用

回顾过去是为了推动未来，总结使组织成员进一步增强前进的信心和决心，成为前进过程中的“加油站”。一份优秀的总结报告应具有强大的激励作用，肯定的成绩能增强人们的信心，指出的不足能增强人们的责任感，从而振奋人们精神，提高教学管理水平。特别是在行使教学管理的总结职能过程中，通常要建立奖优罚懒、赏罚分明的奖罚机制，以促进教学工作朝着积极、健康的方向发展。

三、高校教学管理制度的内涵与结构分析

（一）高校教学管理制度的内涵

根据《现代汉语词典》的解释，制度一词有这样两层意思：一是要求大家共同遵守的办事规程或行动准则；二是在一定历史条件下形成的政治、经济、文化等方面的体系。

1. 高校教学管理制度

高校教学管理制度还是一个多层次、多序列、多职能的完整体系，从不同的角度有不同的划分和理解。

从广义上讲，高校的教学管理制度就是在一定教育发展条件下形成的教学管理体系，是由诸多元素或部件构成的、完整的、具有特定目的和功能的整体，各个元素或部件在构成上的变化直接影响高等教育功能的发挥和高等教育目的的实现。这个整体或者系统总是随着时代和社会的变化而变化，变化可以是主动的也可以是被动的，可以是宏观方面的也可以是微观方面的。每当高等教育教学不适应时代和社会的变化时，高等教育就要通过制度上的改革与发展适应变化。高校教学管理制度本身就是在不断适应社会的需要的过程中形成和发展起来的。

从狭义上讲，高校教学管理制度就是特指在高等学校的教学过程中，为了规范教学活动和实现学校的教学目标，而制订的系统的教学管理方法。

2. 学分制与学年制

为提高高等教育的教学质量，各国的实践探索无不加强教学管理，从制度上提供保障。从世界范围来看，学分制和学年制是高校教学管理中采用的最为广泛的两种制度。选择学分制还是学年制与国家的社会制度无关，而更多地与一个国家的社会文化和传统相联系。

由此可见，学分制与学年制只是两种不同的教学管理制度而已。它们的共性是学生必须修习一定数量的科目才能毕业，它们的差异则是学年制注重统一性，有显著的强制特点，学分制的自由度和选择范围则比较大，有显著的弹性特点。因此，两者并无绝对的优劣之分，大学的成功与高质量和采用哪种教学管理制度

也无绝对的关系，关键是大学所采用的制度是否适应学校教学管理的需要。制度是一把“双刃剑”，只有通过不断地完善教学管理制度，才能促进学校的发展进步。

（二）高校教学管理系统的结构分析

结构是系统中要素相互联系、相互作用的方式，是要素在系统内的秩序。由于教学管理内部复杂的联系，根据不同的需要，从不同的角度研究就有不同的层次和形式的系统结构。

从组织结构分析，目前高校的教学管理可分为教与学两个系列，各为六个层次。在教的方面，由主管校长—教务处—学院—系（部）—教研室—教师，形成一个完整的教学工作系列；在学的方面，由主管校长—教务处—学院—系（部）—年级—每个学生，组成学习系列。这两个系列既相互交融、相互影响，又有其自身的独立性。教学管理系统六个结构层次的具体构成如下。

1. 由学校主管教学工作的校长主持召开行政会议

这是学校教学管理的决策层。决策层的职责是通过调查研究，进行科学决策，实现宏观调控，校长要对整个学校的教学质量全面负责，从学校的定位、总任务、总目标出发，把提高教育教学质量、培养高级人才作为教学管理的中心任务。

2. 教务处

它是教学管理的职能部门，是在校长的领导下，对全校的教学工作进行具体计划、组织和调度的职能机构。教务处的工作主要是确定具体的学科、制定教学目标、编制教学计划、安排教学任务，对学校的教学工作进行检查和评估，对各专业的教学实行管理并对质量负责，负责全校的教务行政工作，是高等教育中十分重要的组织机构。

3. 学院

学院是近年来高等教育改革过程中产生的结构层。由相关学科、系、部组成的学院，更有利于学科交融、资源共享，同时，也便于学校教学工作的管理和开展。学院主要是根据教务处制订的宏观计划，结合本院的学科特点，组织教学工作的开展。对系、部的工作进行安排部署，对本学院的教学做具体、细致和全面的管理。

4. 系（部）

这一层次的主要任务是组织各专业教师进行教学工作的实施，经常性地组织教师进行教学研究工作，总结交流教学经验，提高教师的思想水平、业务水平和教学能力，对教师进行师德、教风和学风的建设，建立良好的教师集体，改进教学工作，提高教学质量。

5. 教研室和年级组

教研室是根据学科和专业特性组织起来的教学科研组织，它是教师的直接管理部门，对教师的教学、科研工作进行最直接的安排和管理。在高校，年级的主要工作是由辅导员进行管理的，年级的不同，教学安排、学生的思想状况以及课程的设置就不同。因此，教学要根据年级的特点和大学生的心理、思想来组织管理，实施阶段性的教学检测、年级学科竞赛、教师教学状况调查等。

6. 教师和学生个体

任课教师是教学工作的具体实施者，对本专业课程的教学质量负责，同时，还肩负着对本专业知识进行拓展和深入研究的责任，教师也要不断地研究和学习，努力提高自身素质和教学能力。

学生是接受教学的主体，每个学生要对自己的学习实行自我管理，对自己的学习进行自觉、合理的安排，选择适合自己的学习方法，对教师的教学给予支持，向教师提出合理化的建议，并与其他同学进行学业上的交流和探讨。

在以上两个系列的 6 个层次中，还存在着反馈系统。反馈系统是教学管理中的必要元素，为保证教学工作在各个阶段的顺不利实施，学校必须建立顺畅贯通的教学信息反馈系统，以便及时了解教学过程中的实际情况，并将反馈的意见进行总结归纳，决策层和实施层根据反馈的信息对教学工作进行调整，保证教学工作正常运转，形成反馈机制，提高教学质量。

四、高校教学管理制度与教育质量的关系研究

作为继承、传播和创造知识的高等教育，在知识经济时代从社会的边缘走向了社会的中心。提高国民素质、储备科技人才，已经成为世界各国关注的焦点，把发展高等教育作为提高综合国力、增强国际竞争力的重要措施。高校教学管理制度的优劣是教育质量高低的关键所在，一个好的管理制度对学校的发展、人才的培养具有十分重要的作用。

目前，高等教育进入大众化阶段的战略决策，并采取行政措施，连续多年扩大招生规模，以迎接知识经济的挑战，实现“科教兴国”战略，增强国家的综合国力和国际竞争力，满足民众日益增长的接受高等教育的需要。在今后若干年中，高等教育还要保持比较高的发展速度，才能实现大众化的发展目标。虽然缓解了高等教育供求的矛盾，但同时也给人们带来忧虑，担心因入学“门槛”降低和规模扩大过快而导致教育质量下降。因此，教育界最突出的问题是，用什么样的教学管理制度解决通向大众化教育阶段过程中或进入大众化教育阶段后的教育质量问题。

（一）完善制度建设、提高高等教育质量

高等教育大众化的重要标志是高等教育规模逐年扩大、适龄青年的入学率逐年上升。

①招生规模是人为设置的，虽然进入大学的“门槛”在逐年降低，但高等教育规模在逐年扩大，给更多的人提供了接受高等教育的机会，国民的综合素质提升了，整个中华民族的科学文化水平提高了，为社会主义现代化建设和发展知识经济培养了不同层次、不同类型、不同规格的各类人才。“门槛”高低受招生规模制约，是人为设置的，不是评价高等教育质量的决定因素。

②人是发展变化的，一次入学考试分数的高低，只能反映一次竞争的结果，不能代表人的素质优劣，更不能以此来推论或决定人的终身。

③大众化阶段的高等教育，其教育目标定位是提高整个中华民族的科学文化水平，而不是少数精英。因此，虽然“门槛”降低了，但并不能说明质量下降。大众化教育阶段过程中出现的某些质量问题，并非这一阶段所独有，而且是可以解决的。

（二）精英教育赋予高校教学管理制度新的内涵

我国的高等教育尚处在精英教育阶段，但严格讲，它主要体现在数量即适龄青年入学率上，在质量上未能反映面向“精英”的教育。高考虽然是全国统考，但由于地区差别和其他一些原因，未必能接受精英教育。进入大众化教育阶段后，精英教育不仅不会消失，还必须加强，但高校教学管理制度需进一步完善。通过高等教育的结构调整如双优高校的设立和强化竞争与激励机制，使真正的精英流向这类高校接受精英教育。

（三）高校教育质量标准从单一走向多元

长期以来，受经济制度的影响，人们是用一个尺度衡量高等教育质量的。这反映在教育目的和人才培养目标的统一规定方面，也反映在统一的教育质量评价体系及其课程体系、教学内容等方面。如果说这种现象同当时的经济制度相适应，那么现在显然已经不合时宜。

新时代的中国将更加开放，多元经济和多样化社会必然对高等教育提出多样化的需求，高等教育多样化是适应社会经济多元化、高等教育大众化、科技发展高速化、社会需求多样化、人的素质差异化的必然要求。高等教育只有为社会提供多层次、多类型、多形式的教育，才能满足社会对各类人才的需求和个性发展多样选择的要求。面对多样化需求的社会，高等教育必须走多样化之路，科学定位，主动寻找有利于生存和发展的空间，才能发展个性，办出特色，提高质量，经受住激烈竞争的人才市场的检验。

现在高校的教学管理制度引导高等教育适应社会，引导其追求理想学术型的办学模式和人才培养模式。多元教育质量观是有别于传统教育质量观的理念，它突破了计划经济的思维定式，有利于增强高校自主办学和自我调节的能力。它不仅对不同层次、不同类型的高等教育采用不同的质量评价标准，而且允许同一层次、同一类型甚至同一专业的人才培养目标也可以不同。多元教育质量观更能突出办学个性和特色，其运作更加客观贴近市场，因而有利于引导大众化阶段的各级各类高等教育在各自的层面办出特色，提高质量和水平。

（四）多样化的高等教育对素质教育有新的解释

中国是一个具有几千年历史的文明古国，传统教育的价值过分倾斜于政治功能，衡量教育质量的重要标准是能否为统治阶级培养所谓的“济世之才”，主张循规蹈矩，反对离经叛道。近代工业文明传入中国后，科学教育受到重视，以占有知识的多少和深浅为标准的知识质量观一度占据支配地位，强调培养学术型或学科型高级人才。

1. 全面素质质量观的历程

到了20世纪80年代中期，针对大学生动手能力不强的现象，强调能力培养，出现了知识质量观转变为能力质量观的趋势。到了20世纪90年代中期，素质教育在全国兴起，教育质量观得到广泛认同。从教育的知识质量观到能力质量观，再到包含知识、能力在内的全面素质质量观，反映了社会变革、转型时期人们对教育本质认识的深化，丰富了教育理论与教育实践知识，促进了教育质量和办学水平的提高。

但是，受传统思维定式的影响，其价值取向仍然偏向社会功能而忽视教育的个体功能，人才观仍然偏向理想模式下的“全才”“完人”，而忽视多元经济和多样化社会对人才，尤其对专门人才的多样化需求。

2. 素质教育的内涵

素质教育是针对中小学“应试教育”提出来的，高等教育中讲的素质教育，从文献看，主要是针对人文与思想政治教育环节薄弱提出来的。大体有两种倾向：要么把素质与知识、能力等并列或对立起来；要么在“全面”上做文章，对素质进行分解，试图把学生培养成“全人”或“完人”，两种倾向都有失偏颇，根源就在于对素质教育内涵的理解上。

素质教育是基于受教育者的基本素质，通过最佳途径，促进其主动在各层面全面发展的教育模式。这个概念的基本内涵是：①素质教育的基础是受教育者的基本素质；②人的素质存在差异，素质教育只能因材施教，分类进行；③它是一个过程，其效果取决于实施途径；④是主动学习而不是相反；⑤目标是适应社会，全面发展；⑥具有理论与实践意义和可操作性。

3. 对传统培养模式进行制度创新

大众化教育阶段的高等教育资源通过优化与重组，不同层次类型的学校将进一步分化。多样化的高等教育实际，要求人们必须走出传统的培养模式，进行制度创新，将传统理想模式塑造人改变为受教育者根据自身的实际情况与现实可能，选择有利于社会价值与个体价值统一的成才模式。即使对所谓“片面”发展的“怪才”“偏科生”，也不能用现在的质量标准将其拒之门外，而应采取特殊的培养模式，促进其在“片面”方向“全面发展”。这类人才的特殊性在“片面”，决不能用理想模式迫使其舍长就短成为平庸之才，更不能将其扼杀。

因此，传统意义上的因材施教将在分类培养的基础上，在更高层次上回归。教与学的角色将实现历史性的转变，教育不再是单向传授，而是学习的、有组织的和持续的交流。受教育者将能动地根据专长、志向和兴趣，按能级归位，选择有利于自身发展的教育形式。新的素质教育必须克服上述两种倾向，不再追求标准化的单一理想模式及其质量标准，而应建立有利于不同层次、类型的人才发展的多样化的因材施教、分类培养、教学互动的弹性模式及其教育质量标准。

4. 建立正确的教育质量观

教育质量观属于教育哲学范畴，它是一个发展的概念，准确把握其内涵和外延，需要在教育实践中不断进行理论探索和实践总结。高等教育大众化必须是数量与质量的统一，关键是要建立正确的教育质量观。在社会转型和高等教育向大众化跨越的历史时期，教育质量观起着重要导向作用。怎样发挥其正面导向作用，克服其负面导向作用，促进高等教育的规模、结构、质量、效益的协调发展，是我们必须解决的重大课题。

第二节　我国高校教学管理的问题

一、教学管理组织的权利性倾向明显

教学管理组织本身是为实现学校的教育、教学目标而形成的结构优化、精干高效的管理系统，这个系统将学校中众多的教学要素进行有机地组合和动态的管理。但是，在我国某些高校教学管理中，表现出教学管理组织的权力性倾向严重的问题。“权力—强制”策略虽然是教学管理中的一种手段，但不是唯一的手段。

在教学管理中，如果过分地强调组织的权力，使用强制的手段进行管理，教师会有消极的情绪，学生会产生逆反心理，教学的质量不但不会提高，在管理中还会出现被动的局面。

高校进行教学管理的目的是提高教学水平，培养优秀人才，要达到这个目的，拥有合格的、积极主动工作的教师和自觉学习的学生才是关键。教学管理组织应合理地运用手中的权力，充分发扬民主，采用合作化的管理手段，充分调动行政人员、专业人员、教师、学生以及校外人士的积极性和参与性，才能有利于教学工作的开展。

二、教学管理组织的运作模式相对单一

模式是再现现实的理论性的简化形式。目前，在我国高学管理中，一般都采用等级制的管理模式，即从校长到学生，一级抓一级的方式。至于学生的表现如何，校长的管理能力怎样，这中间受到太多因素的干扰。教学管理中，应该以一种适合本校发展的模式为主、其他管理模式为辅的共同管理模式。

（一）问题解决模式

该模式是由第一线的教师为解决教育实际问题而创设和实施的。其理论基础是实用主义哲学和自由市场理论。这种模式的主要特征就是根据教学管理过程中出现的实际问题，进行诊断和鉴别，认真剖析内、外因素，自觉、自主地解决新问题，遵循问题—解决—新问题—再解决的程式向前发展。

（二）研究—发展—推广模式

该模式的理论基础是理性主义和权威主义，它主张，任何管理都是一个研究、发展、推广的过程。教学管理者要根据实际进行研究，将成果以适当的形式、在适当的阶段推行，即使某些管理的变革会遭到排斥，但是最终会得到推广，并在推广中受益。

（三）管理互动模式

该模式的理论基础是社会合作主义和人际关系理论，其精神实质是合作与沟通。在教学管理中，人与人之间相互影响，个人的行为受到制约，但通过宣传、交流和互换角色的方式，可以解决一些难以解决的问题。例如，学生代表与校长面对面交流，行政人员与教师进行交流，教师与学生进行合作管理等。

教学管理的模式多种多样，各高校应在多年的管理实践中选择适合本校校情的模式，更应该不断地研究探讨新的模式，适应高校的发展和社会的需要。

三、教学管理方法陈旧

高校教学管理的方法就是实现教学目标、完成教学任务的基本手段。掌握并运用有效的基本方法，对于提高管理绩效具有十分重要的意义。教育要创新、科技要创新、人才培养要创新，教学管理的方法也同样要创新，不能总是采用一种陈年旧法。学校的教学管理本身具有权威性、强制性和垂直性等特点，如果在管理方法上不注意，难免会造成主观主义和命令主义的错误倾向，就会伤害教师和学生的感情。在科学教育飞速发展的今天，要想在管理上出成绩、出效益，就得选择适当的方法，有效地组合方法，从而达到事半功倍的效果。

（一）要在适当的范围选择适当的方法

任何方法都不是万能的，都有一定的适用范围。如果教学管理的方法运用不当，就会产生明显的局限性。比如，在对教师的管理中，如果过于强调上级的权威和集中统一，不利于下级和群众主观能动性和创造性的发挥，管理的适应性和灵活性受到限制，横向联系容易被忽视，影响各部门间的沟通与协调等。因此，教学管理的方法不能单一，要在适当的范围选择适当的方法。

（二）要在正确态度的指导下运用方法

作为高校的教学管理者，首先，要正确认识和对待管理权力，注意提高自身的素质水平，保证管理要求的合理性和正确性。其次，要分析管理方法的可行性，保证实施的效果节制有度，既能令行禁止，又能调动下属的工作积极性。最后，教学管理者要根据不同时期、不同条件、不同环境和教学工作的特点，把行政方法界定在必要和可行之内，使其更加符合教学管理工作的需要。

（三）教学管理方法在学校管理工作中发挥着十分重要的作用

正确的方法可以解决教学中产生的问题，提高学校的教学质量和办学效益，错误的方法则会导致问题的产生，给学校的工作造成负面影响。在教学管理工作中，一方面，管理者应不断提高自身的科学化程度，根据具体情况有针对性地灵活选择各种管理方法；另一方面，要注意与其他管理方法的配合，使教学管理方法发挥出更大的实际效果。

四、教学管理的目标具有局限性

教学管理的目标是由教育的功能决定的。我国目前高校教学管理的目标偏重于层次的划一与外显的局限。这样的目标会低估教学过程中出现的各种复杂现象，单凭借外显的行为特征而掩盖了教学管理的深刻性。具体表现在以下三个方面。

第一，教学管理的对象是发展中的人，学生在获取知识、技能与能力的程度不是统一确定的，他们在生理、心理以及社会化等诸多方面的成长速度不尽相同。因此，如果将教学管理的目标整齐划一，就容易忽视学生个性特长的发展。

第二，外显的行为目标一般不能准确揭示出全部活动的内隐因素。如果制定教学目标仅从知识内容出发，离开了教与学的具体行为，离开了教师和学生的基础水平，那么，必将产生各种各样的问题。因此，教学管理目标应全面、合理并且具有个性化的导向功能。

第三，目前，我国的高等教育正面临着前所未有的巨大变革，影响学校教学管理的因素呈现出越来越大的随机性。这就要求学校能随时随机地根据实际形式的变化，迅速调整相关的管理对策，如果教学管理的目标局限于某一方面，在适应环境变化方面就表现为僵化有余、弹性不足，不能很好地适应形势的发展。

鉴于上述分析，不难看出在制定教学管理目标时，应强化其正面效益，减少负面影响，发挥目标管理的效应，促进教学管理工作的开展。应从以下几个方面入手。

（一）科学分析，准确定位

教学管理要做到激励性与可行性的统一，这就要求管理者在科学分析校情的基础上，抓住学校急需解决的问题，形成既体现本校教学工作自身特点，又符合实际的管理目标。

（二）近期需要与长远利益相结合

针对教学管理目标中容易出现"短期化"的倾向，在制定目标时，必须将学校教学发展的蓝图与中、短期目标统一协调起来。要确定哪些是近期努力可以达到的目标，哪些是经过不间断的努力可以实现的目标。当近期发展目标与长期发展目标相冲突时，一定要协调好两者的关系，不能因一时得失而毁掉长远发展前程。

（三）畅通信息渠道，加强监督反馈

教学管理目标是学校教学工作的行为导向，管理者必须建立立体、交叉、多维的信息网络，密切关注学校教学活动的运行状态是否与确立的目标体系相符合。一旦出现问题，管理者应迅速了解情况，并组织相关部门"会诊"，找对问题症结，形成有效对策，并通过信息反馈渠道对不恰当的管理行为做出修正，确保教学管理工作与目标不出现偏差。

五、教学管理的评估体系不健全

教学质量评估是教学管理中的一项重要改革，它不仅使教学管理部门对课堂教学起到监控作用，而且能够最大限度地调动教师的教学积极性，从而达到提高教学质量的目的。随着高校管理体制改革的不断深化，教学质量评估体系还有待

于进一步健全和完善。在当前教学质量评估中主要存在以下问题。

（一）评估的认识存在偏差

当前，教育评估主要是由上级教育行政部门组织，采取他人评估、行政评估等方式进行，评估的目的表现为分等评优，从而起到选拔、鉴定、评比的作用，充分体现了教育评估的总结性功能。然而，为改进工作和决策服务的形成性功能发挥得不够充分，这种评估与过去上级对下级的工作检查并无本质的区别。被评估者对评估活动没有积极的参与意识，甚至对评估有抵制和厌倦情绪。

如有人认为，评估只是摆形式，走过场，对学校的具体工作开展并无实质性的促进作用。还有人认为，评估是一种“扰民”行为，干扰了学校正常的工作秩序，不仅无益，反而有害。这些看法固然有偏颇之处，但究其原因与开展的评估方式、方法不当有关。评估的目的不只是在于分出等级，更在于改进工作。如果评估者对此没有深刻的认识，简单地把评估作为分出优劣高下的工具，必然会造成误导和误解。

（二）评估功能和模式单一

评估具有导向、改进、鉴定、激励、管理、研究等多种功能，但目前的评估尚不能充分发挥这些功能，只有鉴定功能、管理功能在评估中表现得较为明显。评估模式基本采用泰勒的“目标行为模式”，或者说“目标到达度”模式，这种模式在我国是伴随加强教育行政管理和督导工作发展起来的，是由领导部门组织的行政评估和他人评估。而专家评估、社会评估、自我评估的成分很少，势必影响教育评估的全面性和被评对象的积极性。

（三）评估的技术水平不高

评估的可信度和效率在很大程度上依赖于对评估手段技术的准确把握和恰当运用。教育评估涉及多种评估技术和评估工具的运用，不同的技术和工具有不同的作用。目前，在高校教学评估中使用的最为广泛的是量化的技术，但一部分评估人员对如何编制量化表、如何保证可信度和效率等缺乏应有的知识和能力，致使量化方法这一重要的教育评估技术出现偏差，导致出现“盲目量化”的现象，似乎教育的一切方面都可量化，而一切量化又都是有价值的。

（四）对教育评估缺乏再评估

评估标准是否合理，评估方案是否科学，信息搜集是否全面，信息处理是否得当，评估结果是否客观，评估结论是否公正，这些问题都有待于对教学评估进行再评估以后的回答。没有再评估，对教育评估就失去了检查和监督的意义，就很难保证各个环节的合理无误，很难使教学评估活动具有自我认识、自我批评、自我提高的能力。当前，教学评估中出现的许多问题都与缺乏再评估有关。

第三节　我国高校教学管理的改革策略

面对创新人才培养对教学管理体制的要求，本节将对高校教学管理的创新研究展开论述。针对高校的具体情况，教学管理创新可采取的对策是：更新教学管理观念，突出“以人为本、以生为先”的管理思想；建立以学院制为主体的教学管理体制；健全学分制管理制度；构建高校教师培训体系；协调教学与科研的关系。总结高校建立的教学改革实验班教学管理体制的创新之处，并鉴于其具有实验性而不具备普遍性的特殊情况。应该在教学改革实验班成功的基础上，高校教学管理体制将继续从学分制教学管理制度和“以学生为中心”的教学管理模式两方面进行改革。

一、高校教学管理制度创新的对策探讨

（一）突出“以人为本，以生为先”的教学管理思想

人类社会的每一次重大变革，总是以思想的进步和观念的更新为先导。观念是外部世界的主观反映，外部世界是不断变化的，观念也随之不断地发生变革。教学改革的进程同样离不开思想的不断解放和观念的不断更新。在高校培养专门人才、发展科学、直接为社会服务的 3 项基本职能中，人才培养始终是最基本、最重要的职能。教学管理的主体应是学生，教学管理工作应本着“一切为了学生，为了一切学生，为了学生一切”的原则进行，突出“以人为本、以生为先”的教学管理思想。

1. 确立尊重学生自主权的教学管理思想

尊重学生知情权、选择权、参与权等自主权，目的是为学生自主学习、自我管理、自由发展提供必备条件，从而培养学生具备自我构建智能结构的能力，使其成为具有创新精神和创新能力的人才。

（1）赋予学生知情权

学生有权了解学校的教学计划、培养方案、各项规章制度、开设课程、课程安排、教师资历、教育培养经费的使用情况及其他与学习、生活有关的情况。学校赋予学生知情权，可从学校、院（系）和学生三方面进行。

第一，借助网络公开校务。学校将与学生利益相关的内容挂在校园网上，使每个学生都能了解学校的政策与具体规章制度。

第二，教学秘书、班主任或学生干部及时、准确地通知院（系）事务。院（系）通知的事情一般与学生的利益有较直接的关系，如申请奖学金、评选优秀学生、参与学术活动等。

第三，学生主动向老师了解自己关心的事情。学生对于自己想了解的事情应积极主动地询问教师或院（系）教学秘书，自己采取主动。

（2）交还学生选择权

学生自主选择的权限包括选择专业、选修课程、选择授课教师、学习模式以及学习年限等权力。为保证学生选择权顺利实施，可以从学校、教师、学生3个角度进行。

第一，从学校角度讲，要进一步完善选课制和导师制，从制度上保障学生在选择专业、课程、教师及学习年限上的自主性。

第二，从教师角度讲，要不断提高教师的业务水平，开出数量多、质量高的选修课，以供学生有选择的余地。

第三，从学生角度讲，选择课程要根据自己的特长、兴趣做出合理的选择，不要盲目地选择容易获取学分的课程。另外，课程选择权还应赋予学生在规定时间内改选课程的自由。

（3）给予学生参与权

学生参与学校的教育教学活动使他们有机会学习民主和运用民主，对培养他们形成主人意识、自主自立能力有很大益处。参与权可以分为教学管理参与和教学过程参与。教学管理参与可派学生代表参与校级或院（系）级的教学事务管理，参与教学计划的制订，参与教师的教学评价，参与信息收集与反馈等。学生参与管理，增强了学习知识和运用知识的主动性和自觉性，培养了学生的实践能力和动手能力。

教学过程参与，一方面指学生应在课堂上主动参与教师教学，与教师进行互动，而不是把自己作为装盛知识的“容器”；另一方面指学生有权参与教师的选择，参与自己的专业课程设置，实行个性化培养。教学过程参与将以往在教学过程中对学生进行的统一管理转变为个体参与，以培养学生的主体意识和激发其主观能动性。

“以人为本、以生为先”的教学管理思想要求充分调动学生的主动性与积极性，但并不意味着毫无规范与限制。因此，学校在建立完善的制度体系以保障学生知情权、选择权、参与权的同时，还应考虑给予这些权力一定的权限，确保学生正确使用知情权、选择权和参与权。

2. 树立个性教育的观念

根据一项有关大学生创造性人才观的调查结果表明，影响创新人才的10项因素中，“独立性”被大学生认为是最重要的。独立性又由“有个性、有创新意识、敢于怀疑权威、有主见不盲从、有预见性和超前意识”等几项因素构成。可见，一个创造者的成功与否，往往与他的个性有内在联系。教育工作者再也不应该是多少有些天才的知识传授者，而是培养个性的专家。为了充分发展学生的个性，挖掘其创造潜力，高校应转变教育思想，树立个性教育的观念。个性教育就是在教育教学过程中，教育者尊重受教育者的个体差异、突出其主体地位，促进个性自主和谐发展。实施个性教育可通过尊重学生个体差异、突出学生主体地位以及建立新型师生关系这三条途径实施。

（1）尊重学生个体差异

一方面，要承认人无全才，但人人有才，教师和教学管理人员在教育教学过程中要充分考虑学生的生活、经济、文化等背景的差异，因材施教，使学生人人成才。

另一方面，要理解学生的奇思妙想和标新立异。学校应有宽松的环境让学生自由发表言论、阐述思想、探索新知。学校对个别学生的特立独行、标新立异等行为应给予理解、尊重和保护。学生的个性在教育中能否得到发展，将影响到学生今后是否具有自觉思考、独立判断、敢于质疑、主动探究、勇于探新、善于探索、积极参与、勤于实践的创新精神与创新能力。

（2）突出学生主体地位

凸显学生的主体地位，发展学生的个性与主动性，可以克服学生思维中存在的从众定势。学生的主体地位可通过增强其主体意识和发展其自我意识两方面进行：一方面，在教育过程中，教师通过增强学生的主体意识，培养和提高学生在教育中的能动性、创造性、自主性，使他们成为具有自我教育、自我管理和自我发展的主体。另一方面，发展学生的自我意识。教师在教学中，引导学生正确地认识自己、评价自己，鼓励学生大胆地提出自己的看法，而不受教师所谓的标准答案的制约。

（3）建立新型师生关系

新型师生关系指以学生为主体，教师为主导的师生关系，即学生在教学活动中将有更大的主动性和自主性。建立这种师生关系：一要树立新的学生观，就是要承认学生是一个不断自我发展、自我完善的独立的人。教师要改变因学生的所思所想或所作所为与自己的想法或要求不一致，而对该生给予否定评价的做法，正确看待学生各自不同的思维方式和行为特点，正确对待他们在成长中存在的问题和错误。二要加快教师自身角色的转换。教师要以人格魅力吸引学生、渊博知识感召学生，通过不断完善自己得到学生的爱戴，而不再以神圣不可侵犯的“权威”形象出现。杨福家曾说：“教师要做学生头脑里火种的点火者，而不是灭火者。”因而，教师应努力改变师生之间原有的“权威—服从”式关系，克服学生思维中“唯师”“唯上”的权威定势，将学生视为独立的个体，尊重其独特个性，最终形成相互激励、教学相长的师生关系。

高校只有按照“以人为本，以生为先”的教学管理思想，尊重学生的自主权和树立个性教育观念，才能为学生创造个性的发展提供足够的空间，才能充分挖掘学生的潜力，才能培养出具有创新精神和创新能力的人才。

（二）建立以学院制为主体的教学管理制度

建立以学院制为主体的教学管理制度，首先要根据学校学科专业发展的实际及其要求设置学院。设置学院后，注意校、院（系）两级管理制度在职、责、权的划分、院（系）管理自主权的扩大，以及学校对院（系）教学管理的重视三个方面的问题。

1.明晰校、院（系）两级职、责、权的划分

我国高校的学院要建设成为大学的人才培养、学科建设、科学研究和管理指挥中心，校、院（系）两级必须遵循职、责、权相统一的原则。职、权、责三者应结合成一体，克服那种“有职无权”“有责无权”，或“有权无责”“有职无责”等不利于提高工作效率的状态。

大学的校级领导和各职能部门必须从以往包揽各种日常管理事务的状态中解放出来，改原先的过程管理为目标管理，减少对教学、科研等具体工作的干预。校级决策部门实行目标管理的基本方法是，根据一定时期内教育事业的发展方向，确定学校的办学方向和发展总目标，然后将总目标向院（系）执行机构层层分解，逐级展开，通过上下协调制订各层次的具体分目标，以学校的总目标指导分目标，用分目标检查各部门和所有个人的工作。

作为决策层，校级管理部门的主要职责是：掌握党的方针、政策，把握学校的办学方向，明确未来发展的目标和重点；规划与设计人才培养方案、制定教学管理与学籍管理制度、评估专业和课程建设、建立教学质量保障及监控体系；保障重点实验室、图书馆和网络中心等共享资源的建设与管理；超越学院层次组建跨学科的科研中心与重大科研项目组，加强更大范围学科间的横向交叉综合等。需要注意的是，校级管理部门对重大问题做出决策之前，应充分发扬民主，广泛征求学者、教授的意见，充分发挥学术委员会、教学委员会等各个委员会在决策中的作用。

院（系）根据学校的总体发展方向和各项工作部署，制定该院（系）的中长期发展方向和目标，规划、协调各学科的建设，统筹调配院（系）的人、财、物，各种资源得以综合利用。同时，学院不能仅局限于校内，要走出校门，走向市场。根据社会的发展需要，妥善处理好学院与社会、学院与企业的关系，动员和利用院（系）的资源与相关产业进行广泛的联系。院（系）级的职、责、权包括：兼有承担基层行政管理和从事教学科研活动的双重职责；拥有教学、研发、机构设置、人事调配、奖金分配等方面的责权；负责管理、监督下属系部的各项教学、科研工作。

2. 扩大院（系）管理自主权

责任到人，就要权力到人。只交责任，不交权力，责任制非落空不可。校、院（系）两级教学管理体制要做到职责权一致，院（系）所拥有的职责和权力必须相称。鉴于我国高校决策权集中在校级、院（系）级有责无权的现实情况，学校应将教学管理的权力适当下移，如培养方案的制定与实施、专业的设置与调整、教学经费的管理与使用、组织人事管理、自主配置资源、内部机构设置、实践实验基地管理、对外合作交流等，以扩大院（系）管理自主权，提高管理效率和办学效益，更好地履行大学为社会培养人才的职责。

由于我国在建立学院制之前，实行的是校、系、室三级管理体制，而管理权主要集中在校级部门，系和室只有较少的权力，因此，扩大院（系）管理自主权的主要途径是校级部门授权，其次是系、室级交权。从行政管理学角度来看，授权通常体现在两种层次：一是决策层次的授权，即把一部分决策权授予下级行政机关或职能机构；二是执行层次的授权，即允许下级行政机关或职能机构在一定范围内自主完成工作。如果学校从执行层次上授权，学院则成为虚体学院；如果从决策层次上授权，学院则是实体性的。随着教学改革的逐步深入，虚体学院向实体学院呈演变的趋势。虚体学院要向实体学院转变，校级部门对其授予决策层次的权力是转变的有效途径。

校级职能部门在下放权力时，应做到学术权力下移为主，行政权力下移为辅，以突出学院的学术功能。学校将属于学术范围的权力下移到院（系）层次，如设置专业与课程、申报科研项目、管理学生、聘任教师的权力等；将一定的资源分配权、机构设置权以及人事权等属于行政范围的权力下移到院（系）一级。与此同时，校级职能部门以实施计划、监督、调控服务为主，领导和监控学院的工作。

扩大学院的管理自主权在一定程度上改变了决策权集中在校级部门的现象，为分层决策的实现提供了条件。实行学院制，关键就是管理权力必须真正下放到学院，否则学院制起不到应有的作用。

3. 落实教学管理在院（系）中的核心地位

学校重视院（系）的教学管理工作，可从保障教学经费的有效投入、开展教学管理的研究以及提高教学管理人员的素质 3 个方面着手。

（1）保障教学经费的有效投入

对于院（系）对外科技服务和短训班的收入，学校按总收入的一定比例上缴，剩余的留给院（系）做教学经费。对于急需项目的教学经费，学校每年给予专项保证。

（2）开展教学管理的研究

对教育教学管理知识贫乏的教学管理干部，学校对其进行相关培训，增加相关专业知识。教学管理干部将日常工作中积累的经验与实践相结合，使其经验得到升华，为其他教学管理人员的工作提供理论基础和实践经验。

（3）提高教学管理人员的素质

为了提高教学管理人员的素质，学校和院（系）领导要支持他们积极参加各种业务培训，学习教育科学理论，掌握管理专业知识，掌握现代技术手段。在条件允许的情况下，在招聘教学管理人员时就将是否具有教育科学理论、掌握管理知识和现代技术手段作为考核条件，把好入门关。

从全面直接管理到两级教学管理，是教学管理模式的重大转变。在改革的过程中，校、院（系）两级应理顺关系、明晰职责权的划分，校级职能部门应下放适当的权力给学院，确保教学管理在院（系）诸多管理中的核心地位。只有这样，院（系）才可能在学校的大政方针指导下，建设成为培养创新人才的中心，从而为创新人才的培养提供良好的环境。

（三）健全学分制教学管理制度

高校可以从选课制、导师制、弹性学制和三学期制 4 个方面健全学分制教学管理制度，并发挥学生的自主性、尊重学生的差异性、调动学生的积极性以及培养学生的全面性，最终帮助学生养成良好的思维习惯、构建合理的知识结构。

1. 完善选课制，发挥学生的自主性

选课制是学分制的基础，选课制允许学生在学校规定的范围内自由选择专业方向，选择课程，选择教师，选择上课时间和自主安排学习进程。如何设置选修课程，如何安排选修课的比例，学生能有多大的选课自主权等，已成为研讨学分制问题的焦点。因此，选课制主要从增加选修课数量、提高选修课质量、加强选课的管理和指导三个方面进行完善，不仅为学生提供大量高质量的选修课程，而且为培养具有创造性才能的学生奠定坚实的知识基础。

2. 完善导师制，尊重学生的差异性

导师制是成功实施学分制的关键。实行导师制的目标就是发展学生个性，通过为学生制定个性发展策略，跟踪学术需求，从而提高学生学习的积极性和持久性，达到提高教学质量的目的。根据师资力量制约学分制顺利实施的原因分析，目前我国高校在推广导师制方面还有待加强，可从组织、思想以及数量三方面展开工作。

（1）成立指导教师委员会

为了方便导师工作的组织和管理，学校应成立指导教师委员会，各院（系）则建立指导教师工作组。委员会由各工作组负责人和学校相关职能部门负责人组成，主要负责召开会议，听取汇报，解决问题，布置工作。工作组的主要任务是选聘导师，明确职责，制订工作计划，定期反馈信息，交流工作经验以及期末评估。导师授聘期间指导学生的工作要计算工作量，并与其年度考核及酬金分配挂钩；工作业绩要记入教学档案，作为提职晋级的依据。

（2）扭转部分教师认为本科教学管理并非自身责任的观念

一要加强认识实施学分制的重要性，了解实行导师制的必要性，从思想上重视、行为上配合导师制的顺利推行。

二要认识到教学和科研之间是相辅相成的关系。教学、培养人才是高校的基本任务；科研是提高教师水平、教学质量以及办学水平的关键。教学与科研的结合是培养创新性人才的需要。导师除了担负一定量的教学和科研任务外，还要了解学生的学习情况、选课情况、成绩情况，解决学生在学习方法、专业知识等方面的问题。同时，导师要通过言传身教和人格魅力的感染，对学生进行潜移默化的思想教育。

（3）实行班级导师制

与导师一对一的交流能促进学生的有效学习，但是，鉴于我国高校教师的数量有限，且学生数量众多，难以实行真正意义上的导师制，针对这种现象，高校可实行班主任与导师相结合的班级导师制。这里所指的导师制是指为本科生配备导师，所以师生比例可稍微高一点，如 1 ： 18。班级导师制是指 1 位导师带 3 位年轻教师（助教）或 3 位高年级的研究生（硕士或博士），由这 3 位教师或研究生分别带 6 位本科生。本科生平时的学习状况由这 3 位教师或研究生定期向导师汇报，并把反馈信息传达给本科生。当然，这种方法很难达到导师直接指导学生的效果，但在学生数远远高于教师数的今天，它不失为一种好的解决办法。

通过实行导师制，可以培养学生的独立思考能力，不仅有助于学生的学业，而且有助于通过迁移培养学生的其他能力。

3. 实行弹性学制，调动学生的积极性

弹性学制是以学分制为基础的教学管理制度，只要修满了学校规定的学分，允许学生提前毕业，也允许家庭经济困难或有志创业的学生中途停学工作或创业，从而延长学习年限。为此，高校应建立灵活的弹性学制，以改变现行学籍管理制度对学分制的影响，从而调动学生的学习积极性。

弹性学制的建立，给学生自主确定学习进程以极大的自由度，具体可从以下三个方面进行。

（1）打破专业壁垒

这里所指打破的壁垒，一是转专业难，二是不同专业互认学分难。

对于转专业难的现象，高校的各院系可以建立转专业指导小组和评估小组，分别负责为学生提供咨询服务、接受转专业申请并对其考核、评估以决定该生是否适合转专业。转专业只能在学校教学资源允许的情况下进行，不可能完全放开。对于不同专业学分互认的情况，高校可以打通主、辅修界限。

对于学有余力，在规定学制范围内选择辅修专业的学生，如果未能达到该专业的全部要求，但已修合格的课程应可作为其主修专业的选修课学分。打破专业壁垒不仅能弥补专业设置过窄、专业选择过死的弊端，而且能满足学生的学习兴趣，激发其学习积极性。

（2）模糊学习年限

在学年制下，假设所有的学生都处于同一起跑线、都具有同样的学习能力，在同样的时间内完成同样的学业。这种做法违背了因材施教的原则，高校应使学习年限具有灵活性，任学生自己自由选择。

第一，允许学生延长学习年限。学生可在规定的学习年限内完成学业，也可延长学习年限，通常在1.5倍或2倍于学制的时间内完成。

第二，允许学生分阶段完成学习，可以边工作边读书，也可以先工作后读书。例如，河北经贸大学在教学过程中推出了“让路”原则和“三明治”模式。前者指如遇有意义的社会实践活动与教学相冲突，可适当地暂缓教学，实践活动先行；后者指两个学期或学年之间夹一个学期或学年的社会实践。真正为加强学生实践能力提供了平台和保障。

第三，允许学生申请休学或停学，并对此不做过多限制。

（3）改革学位制度

一要改变提前毕业不能提前授予学位的现象。学生修满学分，获准毕业的同时，就可以获得毕业证书与学位证书，否则，提前毕业就无任何实质意义。

二要取消离校后不授予学位的限制。对于在校学习期间未修满学分持肄业证或结业证的学生，允许其回学校继续重修不及格课程的学分，修满学分立即颁发学历证书，符合学位条件的可同时颁发学位证书。这样，学习的弹性可以从在校期间扩展到离校以后。

虽然这种创新加大了管理人员的工作量，但为学生带来了方便，使其在校期间能充分发挥主动性、积极性和创造性，体现了教学管理以生为本的原则。

4. 实行三学期制，培养学生的全面性

高等教育的改革和发展随着社会的进步逐渐推进。中华人民共和国成立以来，我国高校一直采用的两学期制教学管理制度渐渐跟不上时代的步伐，不能适应正在全面推行的学分制改革。为增强学期制对学分制的适应性，高校可将原来的两学期制变为三学期制，以解决选修课与必修课、理论课与实践课之间的矛盾。高校实行三学期制需要解决三学期的学期划分和夏季学期的课程设置、夏季学期的师资安排以及学校教学与后勤管理等方面的问题。

（1）三学期制的学期划分

三学期制指一学年包括春、夏、秋 3 个学期，其中夏季学期是在原来的春、秋两学期各缩短两周的基础上增加的。秋季学期一般 9 月中旬开学，春节前半个月结束；春季学期通常在春节后 10 天左右开学，6 月中下旬结束；经过一周的休息后进入为时 8 至 9 周的夏季学期。在推行三学期制的过程中，要突出夏季学期的特色，而不能将其作为学期的延续。

（2）夏季学期的课程设置

夏季学期的课程分为 4 个部分，学生可以根据各自的需要选择不同内容。

第一部分，开设选修课。夏季学期开设的选修课应遵循课时短、内容新、难度适宜的原则，学生则应遵守选课要求。在夏季学期内，学生可以自由选择修读的课程。开课 3 天内为学生的试听阶段，试听后要确定选课方向。所选课程一旦确定，就必须修满该类课程所规定的学分。夏季学期的成绩纳入学籍管理，达不到规定学分者，不能如期毕业。

第二部分，设置实践性强的课程。利用夏季学期相对集中的学习时间，安排不易分散教学的实验课程与实习、组织学生进行社会实践，培养学生的实践能力。

第三部分，安排学术专题与讲座。充分利用夏季学期聘请国内外专家、学者进行学术报告或专题讲座。

第四部分，开展外语活动。加强外语的应用能力，为适应双语教学和日后就业的需要。

除了以上课程外，对于具有科研能力的学生，还可利用夏季学期集中参与教师的科学研究，以培养其的科研能力和创新能力。

（3）夏季学期的师资安排。

一方面，可合理安排校内资源。实行三学期制后，随着春、秋两学期的学时缩短，教师讲授课程的内容也相应地有所精简，也就减少了原有的课时。教师为保证完成规定的教学工作量，必将主动开设适应社会需要、学科发展需要和学生需要的新课程。

另一方面，充分利用校外资源。聘请国内外知名学者来校讲座或开设短期课程，丰富课程内容，拓宽学生视野，同时，增加本校教师进行高层次学术交流的机会。

（四）构建高校教师培训体系

高校教师培训是指我国各类高校中进行的师资教育。通过培训教育提高师资水平，不仅能切实保证教师的教学质量，而且能保证培养学生的质量。随着教育改革的不断深化，虽然我国高校教师培训工作取得了重大进展，但在培训过程中仍然存在一些问题，阻碍了创新人才的培养。

教师培训过程中出现的问题表现在 3 个方面。

1. 注重业务培训，忽视师德培养

无论学校组织培训，还是教师参加培训，其功利性均较强，培训内容多倾向于为提升学历、评审职称、出国进修做准备，不够重视师德培养。即使高校进行师德培训，也只是短短几天的《教师职业道德修养》课堂讲授，不足以全面提高教师的职业道德修养和思想政治素质。

2. 注重学历培训，忽视非学历培训

教师培训过于关注教师更高学历的获取，而忽略教师综合素质的培养。

3. 注重培训过程，缺乏培训考核

高校教师培训工作注重过程，对教师培训的整体绩效缺乏检查、监督、评估机制，难以达到教师培训的预期效果，影响教师教学水平和教学能力的提高。这些问题使教师培训失去了原本要提高教师思想素质、教学水平以及综合能力的意义，使创新人才的培养受到阻碍。

高等学校师资培训工作要坚持立足国内、在职为主、加强实践、形式多样、以中青年教师为主、以高层次培训为重点的原则，加强师德教育，提高教学和科研能力，推动学校发展。构建教师培训体系包括培训对象、培训形式、培训内容、培训考核与评估以及培训经费等内容。

（五）协调教学与科研的关系

协调处于失衡状态的教学与科研之间的关系，就要明确学校的定位，调节教

师的心态，建立公平而有效的评价机制以及促进教学与科研的相互转化。

1. 明确学校的定位

如果将大学分为研究型大学、教学研究型大学以及教学型大学三类，各类学校的侧重点肯定不同。研究型大学虽然较其他大学更多地从事与国家长远利益相关的基础科学研究以及国家重大科研项目的研究，但同样要重视教学，给教学效果良好的教师以应有的学术尊重。

2. 调节教师的心态

部分教师感到只专心教学既没有前途，又没有“钱”途，得不偿失，而专心科研则能名利双收。对此，学校应调节教师的不良心态，改变其急功近利的思想。

一要从外部进行调节。学校要提高对教学的认可程度，与科研型教师相比，教学型教师也应获得相同的尊重和享有同等的地位，树立教学水平也是学术水平的观念，建立公平有效的评价标准等。

二要从内部进行调节。高校教师应加强自身的道德修养，以正确的道德规范看待现实的利益关系，处理好教学和科研之间的利益矛盾，在工作中协调教学与科研的关系，使之平衡发展。

3. 建立公平而有效的评价机制

如果将教学水平视为学术水平中的一种，就必须有衡量教学水平和教学效果的科学方法。依据学校的办学特点，权衡教学与科研在教师评价中的比例，同时参考教师的教学工作量、教学水平与效果、创造性思维、和谐发展的人格，从教育价值、学术价值、社会价值各方面综合考虑，建立科学的评价指标体系。评价指标体系包括评价主体、评价方式、评价内容以及评价标准 4 个方面。

4. 促进教学与科研的相互转化

由于学校既不是企业也不是科研院所，因此，在大学里从事科研工作应该与培养学生联系起来，不能脱离教育学生这个“本”而从事科研活动。联系科研与学生的纽带就是科研与教学的相互转化。

科研成果对教学的转化可以通过以下方式体现：①教授和学科带头人为本科生上课、举办讲座；②教师上课不仅传授已有的学科知识，而且应把最前沿的学科动态介绍给学生；③教师将科研成果编进教材、带入课堂、带进本科教学实验室；④教师采取研究型教学，加强师生互动，让学生主动参与获取知识的过程；⑤吸收高年级本科生参与科研，培养其科学精神和创新能力；⑥积极开展大学生课外科技活动，加强对学生的创造性实践与训练。

教学向科研的转化则通过科研项目来源于教学的方式表现，即教师在教学和教学实验的过程中发现新的科研方向；在指导学生毕业设计、毕业论文或实践科目的过程中得到攻克难题的启示；研究新的教学方法满足教学改革的需求。只有自己从事研究的人才有东西教别人，而一般教书匠只能传授僵硬的东西。大学教师，特别是高水平教师，要尽量多传授自己的“原创作品”，即科研成果，教师的科研成果越多，教学内容就越丰富。协调好教学与科研之间的关系，不仅有利于教师教学与科研水平的提高，而且有利于创新人才思维能力、科研能力以及创造能力的培养。

二、高校教学管理制度创新的实验研究

面对急剧变革的社会对人才不断提出的高要求，高等教育面临着前所未有的挑战。高校从各方面进行着日益广泛和深刻的变革，建立教学改革实验班（以下简称教改实验班）就是其中之一。

（一）教改实验班教学管理创新

尽管各高校教改实验班在办班形式、培养模式、管理方式上有所不同，但其培养目标却是惊人的相似。各实验班的培养目标可综述为，培养拥有坚实基础、富有创新精神和实践能力、具有国际竞争力的高素质复合型人才。为了完成这一目标，各教改实验班在教学管理上进行了如下创新。

1. 教学管理思想创新

“十年制高等教育”是指将本科教育和研究生教育融为一体，在本科教育阶段仍然以基础教育为主，至研究生教育阶段再进行专业教育。“十年制高等教育”理念是一种新思想，但由于各高校的实际情况存在差异，该思想并不适用于所有教改实验班，具有一定的特殊性。

2. 教学管理方式创新

在教学管理方面，教改实验班有别于其他普通班级，它采取了分段式教学管理。这种方式将整个教学计划分成基础教育和专业教育两个阶段。在基础教育阶段，即入学后的第一、第二年，学生不再像以往那样先分专业，而是按大类学习规定的课程，共同接受基础教育。在第三、第四年进行的专业教育阶段，实验班学生按所在专业的培养计划接受专业知识的教育，并可在学有余力的情况下，提前参与科学研究。

3. 教学管理制度创新

设有教改实验班的高校在这块“试验田”里完全实施学分制。以元培计划实验班为例，该班实行的是在教学计划和导师指导下以自由选课为基础的学分制。实验班学生在进校后第二年配备导师，导师根据学生的特点、特长和志向指导学

生选专业、选课、制订个人学习计划，对学生从入学到毕业进行全程指导。在导师指导下，学生根据自己的情况安排 3 ～ 6 年的学习计划，少则 3 年即可毕业。若在 4 年内仍未完成本科阶段的学习任务，则 4 年后仍可继续修读，直至修满学分毕业。第二学年末或第三学年初，学习成绩合格者可以在学校教学资源允许的情况下自主选择专业。

4. 教学管理过程创新

教学管理过程创新包括加强基础淡化专业、聘用最优秀的教师以及培养科技创新能力三个方面。

（1）加强基础淡化专业

教改实验班按大类招生，不分专业，采用“加强基础、淡化专业、因材施教、分流培养”的办学方针，充分利用综合性大学学科齐全的优势和良好的教育资源，实践本科阶段低年级基础教育和高年级宽口径专业教育相结合的教育理念，突出基础、能力、素质三要素的全面培养。

（2）聘用最优秀的教师

各高校的教改实验班为学生配备了全校最好的师资。

（3）培养科技创新能力

建立教改实验班的高校为该班学生创造了参与学术活动和国际交流的机会，以培养他们的科技创新能力。

（二）教改实验班教学管理创新的警示

由于教改实验班在各高校是教学改革的“试验田”，承担着先行者的任务，学校对此又给予了各项优惠政策，因此，尽管其在教学管理上多有创新，并显现其优势，但限于学校的条件，短期内并不适宜在全校范围内推广。暂时不能推广并不等于否定了教改实验班的管理创新，恰恰相反，实验班的成功表明了我国高校教学管理今后需要努力的方向。

1. 改革教学管理制度

对于学生而言，教学管理制度需要进一步改革的内容是，在现行的学分制和学年学分制的基础上，实行更为自由的选课制，更利于学生学习的导师制以及按学分注册、缴费、毕业的学籍管理制度。对于教师而言，教学管理制度应在培养教师的创造性，营造有利于教师创造性发挥的宽松环境方面继续努力。

更为自由的选课制是学分制的核心。学生在导师的指导下，对于选择专业、课程、授课教师和学习进程有较大的自主选择权。导师制要求在全校范围内选聘导师，副教授、教授均可为本科生担任学业导师。每学年对导师进行一次年度业绩考核，考核结果作为职称晋升、岗位聘任的基本条件。按学分收费将是全面实施学分制后的必然趋势。例如，新生第一学年不参加选课，就按照国家规定的标准收取培养费。第二年按所选学分注册，收费金额按目前学年制的收费标准折算的单位学分收费标准计算，依此类推。

①在培养教师创造性方面，学校主要采取对教师进行职后继续教育的方式。随着科学发展的日益变化，教师的知识不可避免地要不断更新，否则就不能适应教学的需求。教学管理部门根据学校发展的总目标，针对学科设置的要求，制定教师培训的具体规划。规划的内容包括选拔培训人员的条件和方式，规定培训内容、培训方式，培训时间、培训经费及培训期间待遇等。

②在营造创新环境方面，学校可以从物质环境和精神环境入手。创造物质环境就是加强硬件设施，为教师创造良好的工作环境，如建立设备先进齐全的科研实验室、教学研究室，加强多媒体教室的建设，加强校内信息网络、图书馆、科技资料室的建设，美化校园环境等。精神环境就是营造一种民主、公平、自由的氛围，如尊重教师的人格和生命价值，客观评价教师的教学科研工作业绩，重视教师的科研成果和劳动价值，容纳教师的不同学术观点等。

2. 改变教学管理模式

随着“以人为本、以生为先”教学管理思想的逐渐渗透，高校将加大改革步伐，使“以教师为中心”的教学管理模式向“以学生为中心”的管理模式转变。具体表现为两段式教学管理、参与学术研究以及加强对外交流。

第一，两段式教学管理。为了达成高校培养具有厚基础、强能力、高素质人才的培养目标，高校教学管理部门将按照“强化基础、淡化专业”的观念，实行以通识教育与专业教育有机结合为核心的两段式教学管理。对于两段式教学管理，不同学校采取的方式各有差异，一般分为2+2模式或1+3模式。

第二，参与学术研究。吸引学生参与学术研究的出发点在于充分利用本校的教学资源、高水平的师资队伍和雄厚的科研实力，为学生提供科研训练平台，以利于培养学生的创新思维、创新精神和创新能力。学生参与学术研究可以通过三种形式进行：①参与导师的课题研究，以获得导师的言传身教；②参与学校的科研训练项目，以培养团队合作精神和实践能力；③参与各种学术沙龙、学术报告会以及学术交流活动，以增进对该学科前沿的了解。

第三，加强对外交流。高校应努力扩大对外交流，使学生获得全新的体验，拓宽视野、增长知识、提升看问题的高度、为提高国际竞争力打下良好的基础。学校应积极拓展各种渠道，为本科生在校期间出国交流提供更多的机会，如校际、校企以及国际之间的交流。交流形式包括短期课程学习、短期培训、技术实践以及文化交流。

第七章　我国高等教育教学创新实践

第一节　高等教育教学方法创新

一、组合法

无论是在自然界还是人类社会，组合创新都非常普遍。就教学方法而言，就是两种或两种以上的方法或方法理论的一部分或全部进行适当叠加和组合，形成新的教学方法。组合法是创新原理之一，也符合教学方法创新实践。组合创新的概率与空间是无穷的。

二、分离法

分离原理是把某一创新对象进行科学的分解和离散，使主要问题从复杂现象中暴露出来，从而厘清创造者的思路，便于抓住主要矛盾。分离原理在创新过程中，提倡将事物打破并分解，它鼓励人们在发明创造过程中，冲破事物原有面貌的限制，将研究对象予以分离，创造出全新的概念和全新的产品。教学方法创新的分离法，就是把过去或原有的司空见惯的方法加以分解，按照一定逻辑关系进行整理，然后突出某一部分甚至将其扩充放大，成为一种等同甚至超越于原来方法作用的新方法。

三、还原法

还原实际就是要避开现行的世俗规则，即将所谓“合理”的事物设定为“非”，而将事物的原状设定为“是”，就是要善于透过现象看本质，在创新过程中能回到对象的起点，抓住问题的原点，将最主要的功能抽取出来并集中精力研究其实现的手段和方法，以取得创新的最佳成果。教学方法创新与其他任何创新一样，都有其创新原点，寻根溯源找到创新原点，再从创新原点出发去寻找各种解决问题的途径，用新的思想、新的技术、新的手段重新构造方法，从本原上解决问题，这就是还原创新方法的精髓所在。

四、移植法

创新理论认为，移植法是把一个研究对象的概念、原理和方法运用于另一个研究对象并取得创新成果的创新原理。“他山之石，可以攻玉”，移植法的实质是借用已有的创新成果进行创新目标的再创造。教学方法创新活动中的移植法，可以采取同一学科领域的“纵向移植”（我国高等教育教学方法的通用手法是非理性的“下位”的基础教育教学方法“上移”，而当前基础教育教学创新中则采取了诸如研究法、实验法等更多“上位”方法“下移”），也可以采取不同学科领域、不同地域的“横向移植”，还可以采取多学科领域、多地域教学方法的理念、思维和方法等综合引入的“综合移植”。移植能够取得新的成果，在教学方法方面，移植也符合“感受共存”中的新奇性标准：没尝试过的就是新奇的。所以，在教学方法问题上，美国的许多常规方法引入我国，就是创新，就能够产生新的效果，而我国的传统教学方法，传播到美国去，也会产生意想不到的效果。

五、逆向思维法

逆向思维法是一种重要的创新方法，逆向思维法要求人们敢于并善于打破头脑中常规思维模式的束缚，对已有的理论方法、科学技术、产品实物持怀疑态度，从相反的思维方向去分析、去思索，去探求新的发明创造。实际上，任何事物都有着正反两个方面，这两个方面同时相互依存于一个共同体中。人们在认识事物的过程中，习惯于从显而易见的正面去考虑问题，因而阻塞了自己的思路。如果能有意识、有目的地与传统思维方法“背道而驰”，往往能得到极好的创新成果。教学方法中有一种备受推崇的“深入浅出”方法，其实，从逆反法的角度分析，高等教育教学中的很多课程内容可能并不适合“深入浅出”，而更需要“浅入深出”才能达到引人入胜。

六、强化法

强化是一般创新方法之一，它是基于科学分析研判基础上的一种“包装术”，即合理策划。强化法主要对原本一般的方法通过各种强化手段进行精炼、压缩或聚焦、放大，以获得强烈的创新效果，给人以感觉冲击。分析国家级“教学名师”们的教学方法，很多都是采用强化法，把普通的教学方法“概念化”，或者按照分离法原则把一个普通方法的局部元素加以剥离、充实，并开发到极致、应用到极致，并打上首创者的名号。这样获得的教学方法不仅是“新“的，也是

“强”的。

七、合作法

高等教育教学活动是典型的深度合作活动。这种认识长期没有得到推广，以至于教学方法的单边主义长期盘桓，根深蒂固。创新现行屡遭诟病的教学方法，推进高等教育教学方法创新，思路之一就是应该从教学活动本源入手。有学者分析“对话教学法”是以师生平等为基础，以学生自主研究为特征的典型的合作创新方法，并由此推演出“以教师为中心”“以学生为中心”“师生关系平等”和“突出问题焦点”的四种对话教学模式。其实，不只对话教学法是合作创新的范例，任何教学方法的创新，从创新主体而言，合作的路径是无限宽广的。因为，科学的发展使创新越来越需要发挥群体智慧才能有所建树。早期的创新多依靠个人智慧和知识来完成，但像人造卫星、宇宙飞船、空间实验室和海底实验室等，需要创造者们能够摆脱狭窄的专业知识范围的束缚，依靠群体智慧的力量、依靠科学技术的交叉渗透。

第二节　高等教育教学方法创新原则

一、批判性原则

与常态评价不同，考量一位教师的教学方法是否具有创新性，首要的判断依据不是稳妥、正确，而是方法中的批判性成分，包括该方法对教学内容的常理的、现行结果等是否具有反思维或质疑，对学生的问题意识、探究情怀是否有暗示作用。现行教学方法中的知识讲授、灌输等方法之所以一直被诟病，就在于它忽略了这些知识产生时的无限批判进程，使知识显得苍白，不能培养学生的问题意识和探究兴趣。在评判原则之下，可以有非常多的具体方法，只要它们具备批判属性，都属于教学方法创新范畴。

二、挫折性原则

无论是抽象的观念还是具体的方法，但凡具有“新”的本质属性，或多或少都存在不被立即接纳和认同的境遇，人类社会在漫长的进化史中，有一个共同的经验就是对于“新”既怀有期盼，又保持着戒备。一种新的教学方法被创设或引进一个教学情境中，必然会有一定风险、会遇到各种阻力乃至反对，一片欢呼、推行顺畅的新方法十分罕见。教师对于风险的评估以及是否决定推行是为内阻力，而遭遇风险但当风险是为外阻力。无论是内阻力还是外阻力，都是任何新方法所必须面临的挫折。同时，这种方法本身在实施过程中还含有“挫折”意蕴，比如项目教学法就使学生在参与实施新方法的过程中体悟探究和推演的复杂性和艰难，在挫折中寻求成功，进而体会新方法的意义和愉悦感。这种方法也是对高等教育学生进行学术品格培育的有效途径之一。

三、丰富性原则

有效的教学方法很少是单一性的，通常是多方法的组合运用。评判一次教学活动或者一位教师一贯的教学方法是否具有创新性，应该考察其方法使用的丰富程度。人类在漫长的教育教学历程中，创造了无数的教学方法，其中每一种方法都没有好坏、正误之分，关键是是否适合这种方法的对象与教学内容、教学情境。教学是种非线性规律活动，每一种教学方法都有其产生的特殊原因，而人类相同原因出现的概率非常少，因此，某一种方法只能在其起源相似条件下才能发挥作用，更多情况下是各种方法的融合与杂交。具有创新性的教学方法必须具有丰富性特点，单一的方法在现今条件下即使具有创新性，也一定非常微观，解决不了常规教学层面的问题。总结教学名师们的教学方法，在其“品牌性”之外，都有非常丰富的教学方法贯穿教学活动之中，其中还有一些是教学方案设计之外的“非设计”方法，被教师们临场发挥，服务于特殊需要的教学过程。

“非设计”方法是教学方法创新丰富性的表现之一，它也准确地反映出不同教师运用教学方法的能力和水平，高水平的教师可以在教案设计方法之外游刃有余、得心应手地选择恰当的方法开展教学，而初任教职的可能在教案中设计了若干教学方法，但有可能一些方法根本没有用上就结束教学活动了，或者用一些超出教学安排的“取宠术”来满足学生的低级兴趣。

四、关联性原则

高等教育教学方法的实现途径随着技术进步发生着快速而深刻的变化，多途径实现教学目的成为现代高等教育教学方法创新的革命性特征，与传统的讲授法、灌输法相比，现代技术带来的教学方法创新突出了技术性优势，从“粉笔加黑板”进化到幻灯、进化到多媒体、进化到网络课堂，有效地提高了教学效率、为交互式教学提供了时空与技术保障，师生教学灵感也能及时得到捕捉和储存等。但这只是教学方法创新关联性的一个方面，即方法与手段的关联。级联递增式的关联性一定程度上否定了教学方法的技术元素，完全依赖现代教学技术推进教学方法创新也不妥当，因为人类的教学活动从产生到现在，从来就不是技术的奴隶。尽管现代网络课堂或课程在逐步兴起，这可能从感觉上给世界各地高等教育教学方法掀起一次话题讨论，但通过网络传播“最优”教学方法的可能为期尚远，更多是学校的一种魅力与形象的展示。因此，关联性创新原则要求教学方法不能在技术面前无所作为，也不能搞“唯技术论”，还必须回归教学活动中“教”与“学”的本位开展创新，人是社会生活中最活跃的因素，离开先进技术设备条件依然可以开展教学方法创新活动，比如很多大师成长经验或教学经验中的“点化法”，就屡试不爽，成就了不少人才。

对教学方法及其创新性的评价，主体必须是多元的，任何单方面的结论都不足以相信，尤其是从教学管理角度开展的教学方法及其创新性评价更是有违教学方法的本质要求。高等教育教学方法创新属于学术文化范畴，对于教学方法的评价不属于高等教育的行政管理而是学术管理。学术性评价的主体应该是多重多元的，只有这样才能靠近教学方法以及教学方法创新性的本质。否则，就是对教学方法的机械性误导，极大地扼杀教学方法运用的灵活性和教学方法创新的积极性。

教学方法创新评价主体，首先是教学活动直接参与者的教师和学生这个二元主体。而且学生这一方面的情况还是动态变化的，即某位教师的某一门课程的教学对于某一年级的学生一般只有唯一的一次，待教师重复进行教学时，学生已经全然改变。因此，教师的教学方法创新为什么滞后，关键就在于学生对某门课程的学习以及对教师教学方法的“感受”是唯一不可重复的，即使有一些中肯的建议，但检验这些建议是否被采用的，则是下一届学生。所以，对教师教学方法创新评价主体中学生界定，必须是持续几个年级学生。或者，对于通用性强的公共课程、专业平台课程等，要把学生全部纳入评价主体的范围，但这对大量专业性课程不适用。教学方法创新评价主体的另一方面，应该是教学团队成员。无论这个团队是否形成建制，或者规模大小、关联强弱不一，但通过这个团队，可以从“方法适应内容”角度准确界定教师教学方法使用及创新状况。至于很多高等教育已经组建并运行的“教学视导”机构的人员，是教学方法创新的评价主体之一，但由于学科专业的巨大差异，他们只能从通用性方法，即符合教学一般规律性的方法入手加以评价，不能代替教学团队的评价。教学管理部门参与教学方法创新评价是间接的，只能从程序设计、持续推进、结果反馈和分析等方面着手工作。

第三节　高等教育教学的创新思路

一、突出办学特色

（一）办学特色的内涵

特色是指在长期办学过程中积淀形成的、本校特有的、优于其他学校的独特创新风貌。特色应当对于优化人才培养过程，提高教学质量作用大，效果显著。特色有一定稳定性并在社会上有一定影响、得到公认。特色可体现在不同方面：如治学方略、办学观念、办学思路；科学先进的教学管理制度、运行机制；教育模式、人才特点；课程体系、教学方法以及解决教改中的重点问题等方面。高校办学特色就是一所大学在长期办学过程中形成的本校特有的和已经被社会认可了的在某些学科领域方面优于其他学校的独特创新风貌和具有可持续的发展方式，具有稳定性、认同性、创新性、独特性、标志性。高校办学特色的内容主要包括学科特色、科研特色、人才培养特色、校园文化特色这四个方面。

要培养数以千万计德智体美全面发展的高素质专门人才和一大批拔尖创新人才，突出提高人才培养质量的位置。而办学特色正是高校质量的生命线，是学校追求最优品牌的实现。高校应以追求特色、打造优势为目标，促进办学水平的整体提升，使高校的办学特色更加显著，从而提高高等教育质量。

（二）办学特色的形成

第一，教育教学创新，培育办学特色。一所有特色的高校必定拥有自己独特的教育思想和教育教学，这种教育思想和教育教学能够在特定时空环境指导着高校在办学发展的过程中的办学思想和办学理念，并能适应时代和社会对教育和人才培养的要求，符合教育思想和教育教学的创新要求，符合教育创新发展和社会进步的一般规律，能够促进教育发展方向、人的全面发展及人才培养过程的优化。教育教学的创新必将带来教育思想的转变，先进的教育思想必将促进先进办学思想的实践，包括新的办学目标、办学模式的重新定位标准，以及如何实现这一标准所采用的方法、途径以及对此办学实践效果的综合评价。

第二，构建学科特色，促进办学特色。学科特色建设是促进高校办学特色形成的关键所在。学科建设作为高校培育人才、科学研究和服务社会三大职能的具体承担者，它的建设和发展水平程度对高校的人才培养、科学研究、专业建设和师资队伍等方面的质量有着重要影响，对高校的办学特色的形成有着强有力的支撑作用，并决定着学校的服务能力和水平及办学层次的提高。学科特色是高校办学特色中的标志性特色，是构成高等教育核心竞争力的主要组成部分。学科特色，一是指特色学科，指某一特定的学科特色；二是指学科结构体系特色，指由几个特色学科共同组成的学科特色。特色学科是学科特色发展的基础，学科结构体系特色是学科特色的扩展壮大，真正的特色学科具有不可替代性，是难以被模仿和复制的。高校在学科建设上不能盲目求“大”、求“全”、求“新”，要求“精”“尖”，要因校制宜地构建优势学科，发挥优势学科所附带的“品牌”效应，形成办学特色。美籍华人科学家田长霖教授曾经说过，世界上地位上升很快的学校，都是首先在一两个学科领域有所突破，而不可能在各个领域同时突破，达到世界一流。学校要全力支持最优秀的学科，要有先有后，把优势学科变成全世界最好的，当然其他学科也就会自然而然地提升上来。所以从某种意义上来讲，一所大学的学科优势所在，也就是这所大学的办学特色所在。

第三，发扬大学精神，形成办学特色。南京大学教授董健认为，大学之“大”，内涵应该是思想自由、学术自由；培养人完善人，不断提升人格和道德；独立于政治权力之外，追求学术真理，“大学精神”就是在大学里做学问的心理状态和文化立场。大学精神是一所大学内所有成员在长期办学实践中共同创造、传承、逐步发展起来的被大学所有成员共同认同而形成的一种精神理念，它反映了一所大学的历史文化传统以及面貌状态，是大学的精神信念和意志品质的准确表达，是大学独特气质的精神形式和文明成果的表现，也是大学所有成员的精神支柱。大学精神犹如个人的品格，是大学最为核心和高度抽象的价值追求和行为规范，决定着大学的行为方式和大学发展的方向，是大学存在和发展的基石，是大学的灵魂和本质之所在。大学精神是大学保持永久活力的源泉，是大学优良传统文化的结晶，是大学在长期教育实践中积淀下来的最具典型意义的精神象征，体现了大学所有的群体心理定式和精神状态，展现了大学的整体面貌、风格、水平、凝聚力、感召力、生命力，最终凝聚形成独有的办学特色。高校的办学理念以及办学实践应该有利于大学精神的形成和发展，并使之形成一种特色教育，经久不衰。

二、推进师资队伍建设

逐步取消高校行政级别，精简高校管理机构，压缩行政费用开支，使教师真正在高校中处于主导地位，同时进行师资队伍建设。百年大计，教育为本；教育大计，教师为本。教师重要，就在于教师的工作是塑造灵魂、塑造生命、塑造人的工作。一个人遇到好老师是人生的幸运，一个学校拥有好老师是学校的光荣，一个民族源源不断涌现出一批又一批好老师则是民族的希望。国家繁荣、民族振兴、教育发展，需要我们大力培养造就一支师德高尚、业务精湛、结构合理、充满活力的高素质专业化教师队伍，需要涌现一大批好老师。

教师作为高校培养人才、传播知识的主体，是高等教育教学中的第一生产力。一所学校的办学理念、办学方针都需要依靠教师在教学过程中呈现出来，高校要依据自身的办学特色，造就一支具有足够知识储备、教学科研能力、创新意识和人格魅力的高素质教师队伍。把重点学科、特色学科带头人的培养作为学科建设的首要内容，加大对重点学科、特色学科带头人的引进力度，加快高层次创新人才培养，突出特色训练，形成明显的学科优势，促进学科发展，进一步提升在职教师的素质，提高高等教育教学质量。

建设一支高素质的结构合理的教师队伍对于高等教育教学创新是何等重要。建设一支优良的师资队伍是提高教学质量的关键所在，是实现高校培养人才目标的有力保障。随着高等教育教学创新的发展，我国已经初步形成了一支总体规模较适当、学科体系较齐备、综合能力不断增强的高校师资队伍，在数量和专业层次上都有了较大幅度的增长和提升，但是在整体结构、综合素质上依然存在一些不协调和不足之处，影响着我国高等教育教学创新的可持续发展。

（一）优化高校师资队伍结构

高校师资队伍的结构内容主要包括教师的学历、职称、年龄这几个方面，它可以直观地反映出教师队伍的质量、能力和学术水平的一些基本情况。这些年来，虽然我国陆续实施了“高层次创造性人才工程”“高校青年教师奖”“骨干教师资助计划”“硕士课程进修”等多项高级资质队伍建设工程，但高校教师队伍的总体结构还存在着不合理因素。虽然现在的大多数高校都普遍抬高了门槛，高校教师的大门不再对本科生敞开，必须是研究生以上学历才可以获得进入的机会，但是“近亲繁殖”的现象还是存在的，高学历人才分布不均衡现象也还是比较突出的；在高校教师的职称、年龄结构上，普遍存在着缺少中青年学术骨干教师、拔尖人才等高层次人才的问题。因此，要加大对骨干教师和优秀学科带头人的引进力度，强化高层次带头人队伍建设。对于高职称的学科、学术带头人、紧缺专业人才要给予一定的政策倾斜，根据学科发展的目标，有目的地吸引高层次人才，以确保高校师资队伍的职称结构比例合理：还要通过有效措施引进高学历人才，提高师资队伍的学历层次。加强本校优秀人才的培养和吸纳来自不同地区和高校的人才，引进与培养相结合，推动人才与资源的有效整合，以利于各学科专业教师整体知识结构的优化，最终促进高校师资队伍结构的协调发展。

（二）提高高校教师综合素质

高校师资队伍建设是高等教育教学创新发展的基石，它直接关系着高校教学质量的提高与否。高等教育的快速发展对高校教师的教育教学思想、知识结构、教学方法等综合素质提出了更高层次的要求，要求教师具有熟练应用现代信息技术和现代教育手段的能力，教学与科研的创新能力，理论联系实际的能力，将知识服务于社会的能力以及良好的社会交往能力，要建设这样一支学术过硬、综合素质较高的教师队伍，我国的高等教育师资队伍建设任重而道远。提高高校师资队伍的综合素质要把师德建设放在首位。师德建设是师资队伍建设的基础，不断加强师德建设，是全面贯彻党的教育方针政策的根本保证，也是培养德才兼备的高素质的社会主义建设者和接班人的必然要求。在高校师资队伍建设中要遵循"以人为本"的原则，牢固树立"师德兴则教育兴、教育兴则民族兴"的爱国主义教育教学，要求教师不断更新观念，用现代教育思想充实自我、完善自我，推进高校师资队伍建设，建设一支为人师表、作风优良、爱岗敬业、治学严谨、教学科研能力强的与时俱进的高素质教师队伍。

提高高校师资队伍的综合素质要注重教师教学素质的培养。教学是培养人才的直接途径，也是高校的主要工作；教师是教学的实施主体，培养教师的教学科研能力是提高教师教学水平的主要途径。要改变过去的只注重学历的提高而忽视教育教学能力培养的状况，既要注重教师专业学术水平的提高，也要重视教师教学水平的提高，要求教师掌握教育教学理论、教学方法以及教学规律，增强教师提高教育教学水平的积极性和自觉性，还要加强教师对科研工作的重视，为教师提供进行科研创新的条件，提高高校师资队伍的科研能力、学术水平和教师职业化水平，以"特色专业—精品课程"建设和聘任重点学科带头人为龙头，加强重点学科带头人、学术带头人、学术骨干队伍建设，在部分学科领域形成独具特色的人才群体，致力于学术大师和教学大师的培养，带动师资队伍整体水平的提高。

总之，要把高校师资队伍看作一个整体，通过多种方式培养高校师资队伍的现代教育教学，提高教师的专业理论学术水平、教育教学能力、科学研究能力以及科学文化素养，全面提升它的教育教学功能、团队协作功能、科研开发功能及社会服务功能，使其掌握先进的教学、科研方法，并具有崇尚科学、勇于创新的开拓精神，具有为高等教育事业不懈追求的精神，为高校培养一支具有良好的职业道德、较强的教学科研能力和充满活力的高素质师资队伍，促进高等教育教学质量和水平的提高，促进师资队伍建设的良性循环，促进我国高等教育教学创新，为高等教育创新的跨越式发展奠定基础。

三、创新课程体系及教学内容

（一）课程体系创新

首先要优化和调整学科专业课程结构，因材施教，分层次教学、分类别培养，同时进行主辅修、双学位、定向培养、中外合作办学等多样化的人才培养模式，在满足不同基础学生学习的需求和发展需要的同时也能促进人才培养质量的提升。在课程结构上，打破传统的单一课程结构类型，即分科课程、国家（或地方）课程、必修课程，统一天下的局面，重新调整课程结构，优化课程体系。综合课程、必修课程和选修课程都要各自占有一定的比例，以"本科规格+实践技能"为特征，重视学生的个别差异，坚持四个结合，即理论与实践、人文教育与专业课程教学、课内与课外、校内与校外相结合，构建一种合理的适合学生发展的课程体系，最终培养学生具备两个方面的素质——文化素质与创新素质，提高四个方面的技能——基本技能、通用技能、专业技能、综合技能。

在高校基础课程教育上，构建综合基础教育体系，所有学科专业都进行国防教育、人文教育、自然科学基础、德育实践等基础知识培训。要构建综合实践体系，搭建公共实践平台，包括专业实验、实习、设计，毕业设计（论文），德育实践，科技文化实践、创新实践等。还要构建学生实践能力考核体系，对学生的综合实践能力进行考核。进行"创新课程"研究，转变理论基础。创新课程所依据的理论基础由心理学扩展为社会学、经济学、文化学、政治学和生态学等更具包容性的学科领域。创新不仅包括首次创造，也包括对他人所创造出来的成果的重新认识、重新组合和设计应用。创新课程并不是以学科的方式向学生传授一整套如何创新的知识、方法和策略，也不是以学生获取学科知识为中心，而是以综合实践的方式为学生提供相对独立的、有计划的进行研究性学习、设计性学习、体验性学习、实践性学习、反思性学习和生活性学习的学习机会，让学生从自己的现实社会生活中自主选择研究课题并通过对开放性、社会性、综合性和实践性问题的探究，形成自己独特的学习方式，培养学生的创新精神、探究能力、开放性思维、社会实践能力和社会责任感。同时，创新课程也是一种创新性理念，指在一种课程开发与实施的过程中除了独立的综合实践课程之外，原有的所有课程科目在具体实践中都要设置一些必要的干扰性因素，并通过课程内容的复杂性、模糊性来增加课程的难度，以培养学生的探究能力。

（二）教学内容创新

遵循"厚基础、宽口径、强能力、重质量"的复合型人才培养原则，重新规划和设计教学内容与课程体系。改变过去只在专业学科范围内设置专业课、专业基础课、基础课的“三级”课程编排方式，构建专业必修、专业选修、学科必修、公共必修、公共选修五大课程体系，对教学内容与课程体系进行重新规划和设计，按照学科专业普遍大类平行设计学科专业类课程、新公共基础课程、文化素质教育课程和实践性教学课程等较大教学课程内容体系，增加选修课，减少必修课，对公共课进行分级分类教学。

厚基础，就是使学生熟练地掌握各个学科专业的基础理论、基础知识、基本技能，并能扎实地运用到实践中，确保学生的知识基础，强化学生基础知识体系，打造精品课程。进一步加强学生基础理论、基础知识、基本技能和基本方法的学习与实践，进行优秀主干课程建设和基地品牌课程建设，重点建设基础较好、适应面广的学科专业基础课、主干课和专业课，使之达到国家精品课程建设标准。宽口径，就是拓宽学生的专业知识面，把专业设置从对口性向适应性改变，实行宽口径的专业教育，提高学生的综合素质，为社会提供高素质人才。在课程体系建设上，优化课程整体结构，拓宽专业课程交叉培养，提高知识质量，加强大学生文化素质教育，增加弹性教学，改变传统的教学计划。在“公共必修”课程之上可以设置“学科必修”课程，按照分类搭建课程平台，注重文理交叉，在课程体系中设置跨专业课程，强化专业渗透，为学生的宽口径发展搭建学科基础平台，优化学生知识结构，让学生根据自己的专业特长、兴趣爱好和发展趋向自由选择，进一步拓宽专业口径，培养大学生综合素质。强能力，重质量就是从培养学生全面发展、提高学生综合素质出发，以分析、模拟、影视教学等基本形式展开实践教学，加强课堂内外的实践教学环节，并通过组织社会实践、社团活动、专业实习等实践活动培养学生的务实能力、操作能力，注重学生的人格塑造，充分挖掘学生的潜能，注重培养学生“从一般到个别”的解决能力，着重训练学生“从个别到一般”的调查分析能力，帮助学生养成可行性分析的良好思维习惯，使培养出的学生具备强能力、高质量。

（三）注重实践教学

当前，我国高等教育教学投入不足、教学管理环节薄弱、教学创新还需加大力度是高校教学工作存在的主要问题。由于高校的扩招，大学的规模扩大了，但大学生数量的急剧增加所带来的负面影响也正在逐步显现。旧的传统教育思想、教育观念仍占主导地位，教学模式、教学内容、教学方法与学生高等成才实际相脱节，尤其缺乏相对应的实践教育导致人才培养与社会经济发展需求相脱节，致使培养出的学生由于缺乏实践能力而不能满足创新型国家建设和经济全球化发展的要求，失去了大学服务于社会这一功能的重要意义。

开展实践教学，要求学校通过开拓各种有效途径为学生搭建实践平台，建立一批相对稳固的课内外学生实习和实践基地，并积极组织学生进行社会实践、调研、实习等活动，逐步培养大学生的敬业精神，培养他们艰苦奋斗的精神和坚韧不拔的意志，有计划、有目的地推动大学生自觉自愿地加强职业道德素养。逐步培养大学生的实践创新能力，积极支持大学生创新创业活动，致力于大学生创新素质的发掘和培养。创新素质主要包括创新意识、创新精神、创新能力等三个层面的内容。在一个创新型国家的建设进程中，这种全新的创新素质正逐渐成为大学生在就业市场竞争中的核心竞争力。

四、创新教学模式和方法

(一) 创新教学模式

人才的培养是一个复杂的系统工程，必须不断探索其内在的规律，创新教学模式，认真细致地研究教学，研究其内在的多重因素：教学理念、教学内容、教学方法、教学模式等，从而掌握教学的规律。因此提出了“教学民主”的教学观念，对传统的教学模式进行创新，开创研究性教学、开放性教学和互动性教学等一些能够体现“教学民主”的经典的教学模式，充分突出学生的主体性地位，激发学生的主动参与意识，开发学生的学习潜能，创设民主、和谐的学习氛围，指导学生学会学习，在教学中建立一种和谐的师生关系，充分调动学生学习的自发性和积极性，保证学生和谐的全面的发展。

推广研究性教学，培养学生的创新意识。教学从知识传递向注重能力培养的转变，必然要求教学方式方法的变革，推进研究性教学正是深化教学创新的重要路径，也是研究型大学人才培养的一个基本特征。研究性教学是一种将教师自身的研究思想、方法和最新成果引入教学过程的教学模式。通过研究性教学，使教学建立在科研基础上，科研促进教学的提高，教学与科研互动并向学生开放，从而引导学生在参与教学过程中步入科研前沿，激发学生主动思考、主动探索、主动实践的创新意识。研究性学习的过程，是情感活动的过程，通过让学生自发地参与探究性学习活动，获得亲身体验，逐步形成一种在日常生活和学习中勇于探索、努力求知的良好习惯，从而激发探索和创新的积极欲望。研究性学习的过程，就是一个探索的过程，在一个相对开放的环境中寻找问题和探讨解决问题的过程，通过这一过程，可以培养学生的思维能力，培养学生发掘和解决问题的能力，对学生掌握一定的科学的学习方法，增强学生对资料的收集能力、分析能力、总结能力，以及学会利用多种有效手段、多种途径获取信息都有积极的推动作用。研究性学习的过程是一个互动的学习过程，在这个互动的学习过程中离不开学生与团体、学生与学生之间的沟通与合作，可以说研究性学习为学生提供了一个人际沟通与合作的良好空间，为学生分享研究资料、学习信息、创意和研究成果以及发扬团队精神提供了一个很好的交流平台，培养学生学会合作，发现问题，克服困难共同解决问题的能力。研究性学习的过程也是一个实践的过程，要求学生从实际出发、实事求是，尊重他人研究成果，严谨治学，积极进取。研究性学习的过程也是一个培养学生全面素质的过程，通过学习实践加深了对科学的认知以及科学对自然、社会的积极意义与价值，使学生懂得思考国家、社会、人类与世界共同进步、和谐发展的伟大命题，在培养学生的创造能力和实践能力之余还培养了学生形成积极的人生观、价值观。而且研究性学习过程也为学生提供了综合运用各门学科知识的机会，加深了学生对学过知识的重新记忆，加强了学生知识的生活化进行开放性教学，培养学生的积极参与能力以及自主创新能力。开放性教学是为了鼓励学生主动积极地去探究知识规律，对传统教学过程中影响学生发展的不合理因素进行创新，从而培养学生自主创新性学习能力的新型教学。开放性教学的主要思想理念在于以学生的发展为本，通过教学目标、教学方法、教学内容以及整个教学过程的开放，从传统的封闭式课堂教学走向开放式教学，充分发挥学生的主体作用，让学生自己掌握学习主动权，自己去探索、发现，培养学生的创新能力。在开放性教学中，教师不能仅拘泥于教材、教案的内容，要给学生提供充分发展的空间，创设有利于学生自主发展的开放式教学情境，根据学生的发展状况不断调整教学过程的每一个环节，激发学生学习的动力，促进学生在积极主动的探索过程中健康、全面、和谐地发展。开放性教学不只是一种教学方法、教学模式，它还是一种教学理念，它的根本目的是让学生的创新潜能得到充分发展，以开放的教学活动过程为路径，以最优教学效果为最终目标。

开创互动性教学，提高教学质量。互动性教学就是在教学过程中充分发挥师生双方的主动性，师生之间相互交流、相互探讨，促进师生共同发展，最终优化教学效果共同完成教学目标的一种教学模式。互动性教学可以活跃课堂气氛，而且能够及时反馈学生的学习进度以及掌握知识的规律。互动性教学包括教与学的互动、教学理念的互动、心理的互动以及形象和情绪的互动等。互动性教学是一种富有生命力的创造性教学，有着现代性、互动性和启发性的特点，它不同于传统的以教师为主的灌输式教学，也不同于放任学生自由学习的“放羊”式教学，它要求教师按教学计划组织学生系统地有目的地学习，并要求教师按学生的发展要求有针对性地因材施教，促进教师努力探索、学习，不断提高自己的专业水准和教学水平，同时激发学生学习的积极性，促进学生个性的发展，提高教学效果和效率，最终提高教学质量。互动性教学以学生为主体，以教师为主导，提倡师生平等的沟通、交流，让学生在没有压力的情况下轻松自由地学习，让学生参与教学计划、教学决策，有利于培养学生自觉学习和主动学习的能力以及创新学习的能力。

（二）创新教学方法

进行高等教育教学创新要注重教育思想理念的更新，要符合经济社会发展的需要，要吸取国内外教育专家的理论和经验，要坚持理论联系实践。教师要树立大教学观，积极推进实践性教学，处理好知识教学与技能培训之间的关系，把练习、见习、实习、参观、调查等环节全部纳入教学范畴，使学生在实践中学会学习、掌握知识，在实践中培养解决问题的能力。

启发式教学法，就是根据高等教育教学的目的、内容、学生的学习进度、知识规律和现有知识水平，采取各种教学手段，对学生通过启发、诱导的方式进行知识传授、培养能力，促进学生主动学习的一种教学方法。启发式教学法是以教师为主导、学生为主体的一种科学、民主的教学方式，它能激发学生的学习主动性和积极性，激起学生的求知欲和探索欲，让学生开动脑筋、积极思考、大胆质疑、主动实践，并在教师的引导下带着问题进行学习研究，找出解决问题的办法，以达到掌握知识的目的。启发式教学法不只是一种简单意义上的教学方法，它更是一种教学理念。因此，为了激发学生的求知欲，为了提高学生的学习兴趣和探索的欲望，以及培养学生的创新思维，教师应当遵循大学生的认知心理规律，充分考虑学生思维的特性，采用启发式、研究式的教学方法训练学生的思维，从感知和直观开始，不断引出问题，不断创造背景，紧紧抓住学生思维的火花，循序渐进，启发并改进学生的思维方式、学习方法，让学生在不断地探索研究过程中学习，增长知识，训练思维，由被动学习转变为主动学习，最大化地开发学生学习的潜力。

实践式教学法，就是以边讲边练的方式在实践基地中讲授理论课，通过理论与实践相互结合的方式促进师生共同完成教学任务的教学方法。在教学过程中要着重培养学生的学习能力，培养学生获得知识和运用知识的能力，把教师的讲授、辅导过程和学生的自学过程结合起来，把科学研究引入教学过程，培养学生的研究能力和创新意识；指导学生积极参加社会实践，进行社会调查与研究，在实践中学习知识；鼓励学生进行探索创新。教师讲授时要重视知识的集约化、结构化，让学生重点掌握学科的基本知识、基本结构与基本方法，并运用现代化科学技术逐步提高教学手段，提高教与学的效率，改进考试方法与教学评价制度，调动教师的教学积极性和创造性，促进学生自发地主动地学习。在进行教学计划的过程中，教师作为学生学习过程的组织者与协调人，要精心创设情境，根据预定学习任务来制订教学内容，制订一些源于实践活动的综合性学习任务，然后引导学生独立确定目标，让学生从一开始就参与到教学过程当中，制订学习计划并逐步实施和评价整个过程，形成实践与学习相结合的教学方式。在整个实践教学过程中，教师可以采用讨论式教学法，以及案例教学、项目教学等多种教学方式，激发学生的兴趣，培养学生独立思考的能力以及解决实际问题的能力，培养学生的科学精神、创新意识和独立人格。

不管采用何种教学方法，传授知识、培养能力、提高素质这三者在高等教育创新中都是有机的统一体，也是高等教育教学创新的最终目的，要通过教学方法的创新把这三者有机地贯彻到高等教育教学过程中去。要树立新的高等教育教学思想，教师要在充分发挥指导作用的同时抽出足够的时间和精力致力于科学研究，学生能够自由独立地学习、思考以及探索所需要掌握的知识（理论和实践），做到教学相长，教法与学法相互联系与作用，共同促进教学效果和教学质量的提高。

总之，在高等教育教学创新中要针对学生的实际情况并结合以上教学方法，才能够提高学生的综合素质，才能进一步提高学生的学习积极性，才能培养出具有一定理论知识和较强实践能力的实用型人才，才能更好地服务于社会。21 世纪是全球化的时代，是知识经济的时代，要建设高水平高质量的大学，必须树立现代教育教学，坚持以生为本，推动大学教学培养模式、教学内容、教学方法的创新，才能更好地适应高等教育发展的需要，为科教兴国服务。

五、重视大学生文化素质教育

大学生文化素质教育是大学高质量人才培养的重要组成部分，是我国高等教育教学创新的一个重要方面，要将文化素质教育贯穿于大学教育的全过程，进而实现教育的整体优化，最终达到教书育人的目的。大学生的基本素质包括文化素质（含思想道德素质）、专业素质和身体身心素质，其中文化素质是基础。文化是人们所创造出来的物质和精神的成果，是人的活动的对象化、物化，是人观念存在的形式，是超越个人的实物形态或观念形态。一种文化一旦被创造出来，就不再受时间、空间、个人的限制，就会被广泛地传播和使用。文化素质，就是人们所拥有的所有文化知识在内在的积淀，文化素质对于人们的人生观、价值观的形成具有基础性的决定作用，并最终成为行为的指导规范，同样，人们已有的人生观、价值观也会反作用于文化素质。提高大学生素质教育，主要是指文化素质教育及创新精神、实践能力的培养。文化素质教育重点指人文素质教育，主要是通过对大学生加强文学、历史、哲学、艺术等人文社会科学、自然科学方面的教育，以提高全体大学生的文化品位、审美情趣、人文素养和科学素质。

（一）提高大学生文化素质教育的目的和意义

我国要发展，经济是中心；经济要振兴，科技是关键；科技要进步，教育是基础。由此可见，教育在我国发展中的作用和地位，是重中之重。在发展过程中，需要主体——人，是有知识、有文化、有创造力的人，进行社会发展和变革，因此，发展最根本地又被归结为人的发展。高等教育，主要是培育有知识、有文化的创新型人才，高等教育能够产生新的科学知识、新的生产力。高等教育的三大职能之一是发展科学，高等教育在传输知识、培养人才的同时，也创造新的科学理论。高等教育所培养的不同专业、不同层次的各种文化素质人才在社会生活各领域的作用，将直接、间接地影响全社会的可持续发展，可持续发展的教育观念即是应从全社会可持续发展的角度来审视教育的创新与发展。在高等教育中，我国已从办学体制、投资体制、管理体制、教育教学、招生就业、考试制度等方面进行了多层次的创新，已经逐步走上了一条可持续发展的新的道路。当然这条道路并不平坦，在进行创新的过程中会有诸多的问题凸显出来，其中，提高大学生文化素质教育，显得尤为重要。

（二）观念变化对大学生文化素质的影响

人们生活的时代正处于急剧变革的社会转型时期，人们的生存方式和形态也随之发生了历史性的变化，这一变化深刻而广泛地改变了社会背景和机制，从而使道德的权威性与制约作用受到了很大的影响，甚至呈现出一定程度的弱化。目前，受社会上一些阴暗现象的影响，各种媒介的导向作用，使我国大学生的价值观、文化观都发生了巨大的变化。价值观是人们对人和事的评价标准、评价原则和评价方法的观点的体系。它具体表现为信念、信仰、理想和追求等形态。一定的价值观反映着在一定生产关系条件下人们的利益需求，决定着人们的思想取向和行为选择。在经济日益全球化的今天，经济的迅速发展，物质的极大丰富，也在刺激着大学校园，大学生作为最敏感的社会群体之一，其价值观也随之不断变化，几经波折，最终步入了功利主义的价值取向。以自我为中心，急功近利，重应试轻应用，重感性轻理性。以享乐为荣，以劳动为耻，缺乏正义感。当前经济发展、文化思潮、教育创新与媒体导向等是影响大学生价值观变化的主要因素。

文化观是一个人对待文化的态度。要树立正确的文化观，不狂妄自大，不妄自菲薄。合理对待外来文化，不一概排斥，但也绝不崇洋媚外。人们生活在一个急剧变革的时代。经济的迅速发展在短期内大大膨胀了人们的物质需要，而在物质需要达到一定的满足时，精神需求方面的问题就会浮现出来。面对这个由经济的躁动带来的五彩缤纷的世界，西方文化的盛行，传统文化的优势在减弱，大学生的文化观也在发生着巨大的变化。传统文化的取舍是一个非常尖锐的现实问题。中华民族有着历史非常悠久的传统文化，有着不同于西方文化的独特理念。其中最能体现中华民族优秀传统文化之一的就是它的道德观念。我国传统文化具有非常浓厚的道德色彩，我国古代思想家的思想与理论中充满了道德观点。传统思想文化的突出特点和优点之一就是它的道德精神。

（三）提高大学生文化素质的途径

提高大学生文化素质教育，必须将文化素质教育贯穿于大学教育的全过程，要求培养出的大学生具备人文科学素质、自然科学素质，具有较强的综合能力，如观察分析能力，研究思考能力，语言、文字表达能力，决策能力，组织能力，处理复杂关系的能力以及应用计算机和现代信息技术进行学习、工作和生活的能力，从而实现教育过程的整体优化，最终达到教书育人的目的。提高大学生文化素质，必须从以下几方面做起。

提高大学生文化素质教育，高等院校必须转变教育观念，必须进一步加大教育教学创新力度，建立科学的课程体系，创新教学内容和教学方法。首先，转变教育思想和更新教育观念。从目前情况看，我国高等教育继承和保留了科学、严谨、系统化等优良传统，但重理论轻应用、重传授轻能力和缺乏素质培养的现象仍然很严重，尤其是学生创新能力的培养和个性的发展，长期没有得到应有的重视和真正的落实。因此，要转变教育思想，更新教育观念，在教育过程中要注重对学生创新能力的培养，开发学生的潜力，让学生在受教育过程中享受到创新的乐趣，积极进取，把学生培养成为全面发展的人。其次，构建科学的课程体系，进行教学内容和课程体系创新，充分发挥以课堂教学为主体的导向作用。文化素质不能纯粹以自然的方式在现实生活中靠个体的感悟和体验来获得或提高，而是需要精心设计和安排，以科学而系统的课程体系为支撑，通过发挥课堂教学的主导作用，来实现大学生文化素质教育的目。总的来说，要全面提高大学生的科学素质与人文素养，在具体教学过程中，应强调人文与科学的自然渗透与融合，必须包括文、史、哲、自然科学等各多学科门类的知识内容来构建多学科交叉的高校课程体系，为培养大学生科学素质和人文素养提供广博而深厚的文化底蕴。强调课程体系的科学性，使大学生通过各种必修课和选修课的学习和探索，形成合理的知识结构和深厚的知识基础。

提高大学生文化素质教育，高等院校必须提高教师队伍质量，使教师的科学素质和人文素质全面提高。面对今天出现的一些师德滑坡现象，拯救滑坡的师德，其实也是拯救祖国的未来。现在必须把道德标准作为迈进高校门槛的重要指标。教育部也必须要建立严格的监管制度，谁道德滑坡谁就应该受到惩治，甚至被清除出教师队伍。除了外部监督之外，更强调加强道德品质教育，高校师德滑坡不是一个孤立的现象，和整个社会的道德状况有关，必须尽快重视提升整个民族道德水准的系统工程建设。

提高大学生文化素质教育，必须创新人才培养模式，把知识、能力和素质三者有机地结合起来，贯穿于大学教育的全过程，使大学生在这三个方面获得和谐的同步的提高，以期造就出高素质的全面发展的人才。要培养大学生拥有良好的文化素质修养，不仅是传授和灌输文化知识，而且要教给他们获取知识的方法和技能，在获取知识的同时，让能力得到充分的发挥，个人素质得到充分提高，这才是教育创新的最终目的，这才是教育的真正目的。除此之外，还要全社会的积极配合，媒介充分发挥积极正面的舆论导向作用等，只有这样，培养出的大学生才是全面发展的人，才会成为有益于社会、有益于人类的、有价值的新型知识人才，才能继续推动教育创新，才能推进整个社会的可持续发展。

六、实现人力资源强国战略

实施人力资源强国战略，关键在于建设高等教育强国。人才优势是最大的优势，人才开发是经济社会发展的重要推动力，这一论断深刻地表明了人才资源在经济社会发展中的基础性、决定性、战略性作用。进入 21 世纪，我党站在创新开放和加速社会主义现代化建设的高度，提出了实施人力资源强国战略的重大举措。

高校的职责就是为建设高等教育强国提供强有力的人才保障和科技支撑。当前我国高等教育已经实现了跨越式的发展成为一个高等教育大国，但是要想建设成为一个人力资源强国，必须以人为本，从创新教育观念、突出高校办学特色、深化高等教育教学创新和完善体制等方面全面推进高等教育创新，才能将我国从人口大国建设成为人力资源强国。我国必须在全面建设经济型社会的同时全面建设学习型社会，强化高等教育人力资本投资，使我国高等教育人力资源的结构更加合理、总量更加充足、质量更加提高、体系更加完善，最终带动全体人民的学习能力和就业能力的发展，提高人民的整体素质和综合能力，使我国从教育人口大国迈向人力资源强国。

第四节　高等教育教学的创新策略

一、树立终身教育的教学理念

终身教育、终身学习的思想是近代以来各国教育界乃至思想界的热门研究课题之一，构建终身教育体系、创建学习型社会也逐渐成为联合国以及世界各国指导教育改革和社会发展的基本理念。终身教育论者认为教育具有时空的整体持续性。即教育与学习“时时都有，处处皆在”。传统教育往往将人的一生分割为三个时期，即学习期、工作期、退休期。终身教育则冲破传统教育的观念，认为教育应当包括人的发展的各个阶段及各个方面的教育活动，既包括纵向的一个人从胎教开始直至死亡各个不同发展阶段所受到的各级各类教育，也包括横向的从学校、家庭、社会等各个不同领域受到的教育。终身教育、终身学习，已经成为我们的教育和社会理想，建立和完善终身教育体系，已成为人们义不容辞的职责。因此，要树立终身教育的教学理念，将各类教育形式有机结合，合理配置，创新高等教育的教学模式。高等教育肩负起发展终身教育的重任，依据社会的发展，职业的需求做好高等教育、岗位培训、知识更新教育和继续教育，尽可能满足社会和经济发展对各种人才的要求。

强化开放办学的指导思想。世界许多发达国家通过开放办学使高等教育从精英教育转向大众教育，甚至普及教育。如澳大利亚的远程教育、英国的公开大学等。

我国高等教育要由封闭办学转为开放办学，一方面要大力发展远程教育和网络大学，采取“宽进严出”政策，向每一个人提供接受大学本、专科水平的高等教育。远程教育和网络大学由于不受时间和空间限制，更加适合各类在职人员的学习需要，必将部分取代传统高等教育的函授、夜大学和自学考试的多种助学方式，成为21世纪高等教育发展的新生长点。另一方面要充分利用高等学员是社会主义经济建设当班人这个得天独厚的优势，与企业、社会建立更为密切的关系，把学校办成教学、科研和经济建设的联合体，提高高等教育在市场经济条件下的办学效益和造血功能，使高等教育在自身发展壮大的同时，进一步提高为社会服务的功能。还要有强烈的国际意识，推进和发展高等教育的国际交流与合作，大胆吸收和借鉴世界高等教育的成功经验，使我国的高等教育建立起一个面向社会、放眼世界、兼收并蓄、博采众长的开放体系。

二、拓展德育教学的教学模式

从职业发展理论来讲，高等教育在德育教学上的缺失，将严重影响职场个体的职业发展精神和职业道德素养的培育。但是高等教育对象的特殊性，决定了学员的德育教学的艰巨性、复杂性，一般意义上的德育教学很难达到令人满意的效果，高等德育教学也成为高等教育中最为薄弱的环节。因此，创新基于职业发展理论的高等教育教学模式，应当积极拓展高等教育中的德育教学这一重要组件。

（一）拓展德育教学的内容结构

现代德育是以社会现代化、人的现代化为基础，以促进人的现代化为中心，进而促进社会的现代化的德育。现代德育必然要反映现代社会中人自身德性发展的要求；反映现代社会发展的要求。因此，围绕高等德育内容的构成，应该更具广泛性、现实性。职业道德是衡量一个从业者道德水平高低的重要标尺，它影响和决定着人们劳动的态度和方向，成为决定劳动者素质水平的灵魂，在高等教育内容中居于核心地位。在现实社会生活中，人们对于国家政策法规的认识还不充分，甚至存在着无知和漠视，经常出现行为过失，市场经济条件下更应当强调法治意识，运用政策法规来规范社会秩序，维护正当权益，这已经成为高等德育教学的必修内容。另外，高等德育不是向受教育者灌输一些既有的道德知识、道德规范，而是要指导受教育者运用科学先进的价值理念学会判断、学会选择、学会创造。随着科技、经济、社会的发展，人们的生活方式、价值观，包括道德观念、道德准则不断变化，原有的某些道德观念、道德规范有可能过时，不可避免地需要提出一些新的道德准则和规范。例如，在科学道德、信息道德、经济道德、网络道德、生态道德等领域特别需要具体的规范，在这些领域特别需要道德的创造。因此，这也应该是高等德育教学的重要内容。

（二）拓展德育教学的教学形式

拓展德育教学的教学形式必须充分利用现有教学资源和条件，选取在教学中已经成形的教学方法和模式，进行拓展延伸。一方面，应当充分运用课堂教学，实施德育。课堂教学是学员学习的主要形式。在课堂德育教学实施过程中，根据高等学习的特点，在教学计划和教学内容上，都要做特殊要求，教育内容应该根据市场经济的形势，适时调整德育目标。将以往的“完人道德”“圣人道德”调整为“高等道德”教育。教育过程中要坚持先进性和普遍性相统一的原则，立足市场经济的实际，提倡“为己利他”的道德建设目标，把“利己不损人”作为道德底线，并且把健全的人格塑造放在德育工作的首位。同时，注重发挥学员主观能动性，强化课堂师生双向互动，创造轻松、活泼的德育氛围，保证对学员实施有效的德育教育。可以聘请知名专家举办专题报告，作为特殊课堂形式，加强对学员的人生观、职业道德、现代教育教学和传统文化教育。总之，无论课堂内外，德育目标和德育重点应在学员健康人格的塑造上，使学生明了道德建设是人格修养不可或缺的一部分时，他们才能接受教育。

另一方面，利用多媒体教学，强化德育教学效果。传统的授课方式无法满足现代高等教育德育教学的需要。因此，在德育教学过程中，要克服枯燥的德育灌输，代之以鲜活生动的实例来感染学生。通过学生自主的情感判断来塑造道德榜样，唤起对道德善行的崇敬之情，在纷繁复杂的社会现象中找到自己的道德归宿。注重现代教育技术的充分运用以及信息技术与学科资源的整合。充分利用电影、电视、教学录像等信息化、电子化、智能化的多媒体教学手段，借助于这些灵活多样、内涵丰富的声、光、图像等教学形式的直观冲击力，增强学员的兴趣，使学员的认识更加深刻，产生事半功倍的理想教学效果。此外，可以利用函授以及远程教学发挥网络教学的优势，拓展德育教学空间，克服高等教育教学时空上的局限性，整合课堂教学和多媒体教学的优势，充分发挥网络资源在教育教学中的作用：借助网络实施网络教学，可以将专家、学者的精彩专题报告、德育教学录像制作成教学辅导光盘在教学辅导网站上和有条件的教学点进行播放。这一生动、灵活、便捷的德育教学形式克服了高等教育时空上的制约，发挥了网络便捷、高效、涵盖广、辐射面大的优势，最大限度地拓展了德育教学空间，为广大学员提供了全天候德育教学服务。

（三）拓展德育教学的评价体系

基于高等教育的特殊性，高等学习者的德育考核评价有别于其他一般的考核，具有自身的特殊性。因此，凡是列入教学计划的内容，可以通过知识考试的手段进行考核评价；对于学员的思想观念的考察，可以通过日常管理中的操行鉴定来考核评价；对于学员的行为考核主要由学员工作单位出具考核鉴定和进行跟踪问卷调查。另外，为了充分调动广大高等学习者的积极性，鼓励他们在思想上、学习上积极进取，可以建立评优奖励制度，进行精神和物质奖励。对表现差的学员进行批评教育。通过长期的探索，以及多年以来高等教学的实践，制订一系列评判原则和标准，建立以职业发展为基础的高等教育德育教学全方位评价体系。使德育从禁锢人的头脑、抑制人的主动性和创造性的灌输性德育，转向开放性的、激发学员自主创造潜能的发展性德育。

（四）拓展德育教学的管理网络

高等教育的德育教学是一项复杂的系统工程，必须要动员有主办学校、学员家庭等全方位参与，才能实施有效的组织管理。主办学校根据国家的有关规定，结合高等教育的特点，制订德育教学计划，科学、规范、可行的评价考核标准以及考核措施，如班主任配备、班级临时党、团支部活动安排等，负责德育教学的实施和知识考核。学员居住的社区和学员所在单位承担着对高等学习者的平时监督、检查的作用，负责平时的思想政治教育。高等学习者所在单位具体负责学员日常行为、思想观念等方面的鉴定意见。通过三个环节的协调一致，才能形成高等德育教学的组织管理网络。

三、确立多元化的教学模式

创新基于职业发展理论的高等教育教学模式，需要以高等教育学员的职业发展需求为导向来设计多元化的教学模式，创造一种超越时空限制的弹性化学习机制。确立多元化的高等教育教学模式，必须体现高等特点并以高等的生活、需要与问题为中心，突出能力培养与多种教学范式综合运用的教学活动与形式。新的教学模式应强调个体的思维能力和动手能力，而非仅仅学习基础知识；强调创新性解决问题的能力；强调培养学生面对快速变革的职业生涯和多元的价值取向所应具有的包容能力和理解能力。

在课程建设目标上，要更加强调综合能力和建立在个性自由发展基础上的创新能力，以克服与全球知识经济发展相悖的“知识本位”课程设置所导致的知、能脱节之顽症。在教育建设中注入科学精神和人文精神，以滋养和陶冶学员的性情，帮助其顺利走上职业发展道路。按照教学对象的细分，可以把多元化的教学模式分为学员为脱产生的教学模式、学员为业余生的教学模式、学员为函授生的教学模式。对于第一种即学员为脱产生的教学模式，其教学目标为：系统地掌握知识、方法和技能，综合素质全面提高；其教学内容为：基础理论 + 专业理论 + 专业技能；其教学方法与手段为：课堂教学法（主）+ 试验实践教学法（主）+ 网络教学法（辅）对于学员为业余生的教学模式，其教学目标为：系统掌握知识要点，具备从事专业岗位的知识结构与知识适用能力；其教学内容为：基础理论 + 专业理论 + 理论运用；其教学方法与手段为：课堂教学法（主）+ 网络教学法（辅）。对于学员为函授生的教学模式，其教学目标为：了解一定的理论知识要点与基本具备进一步的提高能力，基本具备知识要点使用能力；其教学内容为：基础理论 + 专业理论 + 理论适用；其教学方法与手段为：网络教学法（主）+ 课堂教学法（辅）。

在具体的实践中，确立多元化的教学目标应注意以下几点：首先，确立多元化的教学模式应突出学员的能力培养。函授生、业余生来源于生产、服务、管理第一线，具有较强的实践工作经验，但理论知识相对缺乏，因此需要通过专业知识的学习与深化，强化理论知识与实践的结合，培养专业技术知识的综合运用能力，而脱产生的学习目的是适应市场变化新形势，通过学习找到较满意的工作。因此，高等教育教学模式必须体现以高等需要为中心的“突出能力培养”的目标。其次，应提倡跨时空的教学形式。高等教育学生的工学矛盾突出，文化基础差异较大，这为教学组织和教学质量的提高增加了困难。而以网络为基础的教学手段则有效地解决了以上问题，一方面，网络教育不受时空限制，从而为成教学生提供了跨时空的学习环境；另一方面，网络教育作为一种教学补充，有利于基础较差者的知识补充。因此，多元教学模式必须具备“虚拟学习环境与学习社区”功能。最后，确立多元化的教学模式，应转变教育观念，改革和创新教学方法，采用适合于高等心理特点和社会、技术、生活发展需要的教学方法。比如，大胆地继承和发展课堂教学法，特别是20世纪80年代以来创造和发展起来的许多成套的综合启发式教学法；深层次地挖掘实验法、演示法、讲授法、讨论法、发现法、演练法、问题法、案例法等基本教学方法的优化组合对优化教学过程的巨大潜力。这些课堂教学法能够克服封闭式的、注入式的、僵硬的教学法的弊端。它能做到教为主导、学为主体和因材施教，可以激发学生独立思考和创新的意识，培养学生积极探索、勇于实践的学习能力。

四、引入校企合作的教学模式

在高等教育过程中，由于高等学员身份的特殊性，他们往往要兼顾学习和工作的双重压力，难以在两者之间恰当地分配时间、精力，形成较难解决的工学矛盾。另外，就职业发展理论而言，高等教育教学模式必须考虑到学员的职业发展需求是以学习专业理论和专业技能为主。为了找到学习和工作之间的平衡点，并提高成教学员的实践动手能力，有必要引入校企合作的双元制教学模式，以夯实学员的职业发展道路。

（一）建立校企联动机制

合作的前提是信任和需求，关键是寻求联动的结合点，否则难以形成合力。从前面的分析中我们已经清楚地意识到，校政企三方都有实施教育的愿望和条件，这就给创建“学校主办、企业和政府协办或督办”的共同办学联动机制铺平了道路，也为实施校政企合作人才培养模式扫清了障碍。对于学校、政府、企业而言，“发展”是大家关注的焦点。因此，校政企联动的逻辑起点应该是“发展”。学校发展主要体现在人才培养，政府（社会）、企业发展需要人才，“人才”就成为双方或多方联动的结合点。要让学校、政府、企业围绕人才培养走到一起，必须建立有效的联动机制，包括管理制度和运行模式。必须建立以现代信息技术为依托的网络交流平台以及信息员联络制度和信息发布制度，畅通对外宣传和信息沟通渠道。

（二）规范校企管理模式

双方或多方合作，必须以合同或协议的形式建立一种有约束力的办学关系，明确双方责任与义务，从而确保合作的有效性和规范性。同时，必须充分尊重高等教育规律和高等学员特点以及政府、企业的实际需要，建立以主办学校为主、政府和企业参与的教学管理制度，共同商议、决定重大事宜，合理安排各教学环节，确保教学质量，达到规范性与灵活性的完美结合。在办学实践中，我们实行的是项目管理，即由学校高等教育主管部门和企业、政府负责人组成项目管理组，共同研究制订培养计划、管理制度并组织实施。在具体的教学实施过程中，校政企各方紧密合作，及时掌握教、学情况，有力地保证了人才培养质量。

（三）合理设置培养目标与教学计划

高等教育培养适应生产、建设、管理、服务第一线需要的德才兼备的应用型高级专门人才。要实现这个培养目标，关键是要制订一个以较高层次的技术应用能力为主线的培养方案，构建科学、合理的课程体系，确定学以致用的教学内容以及与学员的职业发展，从业岗位密切相关的实践教学环节。因此，必须彻底改变过多地沿袭普通高等教育的人才培养模式，建立“学历＋技能”的学科课程与技能培训相结合的课程体系。学员来自各行各业生产、管理、服务一线，有的还是管理和技术岗位骨干，对职业、技术及其所需知识有着深刻的认识；学员所在单位和部门也希望自己的员工能学有所获、学有所成、学以致用。因此，我们在制订教学计划时，应该充分利用学员及其所在单位这一宝贵资源，让学员和社会各界充分参与到教学计划制订和课程设置中，使教学计划、教学内容更具针对性和实用性。实践证明，高等教育校政企合作人才培养模式是一种多方“共赢”的人才培养模式，也是高等教育事业可持续发展非常有效的一种模式，随着科技、经济、社会的持续快速发展它必将拥有一个美好的前景。

但是校政企合作之路还在探索之中，许多深层次问题还需我们在实践中不断地探索。如合作模型与运行机制问题、学历教育与技能培训关系问题、学员考核与评价问题等。我们必须在实践中改革创新，拓宽运作思路，主动走出校门，将高等高等教育真正办成面向社会的开放式教育，为社会各界、企事业单位提供更好的教育服务。

五、以学生为教学中心

职业发展理论的核心是职场个体的职业生涯发展，说到底是以人为中心的考量点。因此，基于职业发展理论的高等教育教学模式的创新也应当坚持以人为中心的价值取向。“大学之道，在明德，在亲民，在止于至善”“亲民”和“至善”从主客观方面都体现了人本思想。坚持以人为本，树立全面、协调、可持续发展，体现在高等教育教学中主要是坚持以学生为中心，以人的教育为出发点，以人的教育为归属。

这就意味着高等教育的教学评价必须着眼于人的发展，着眼于社会对人的多元化的需求，而不能局限于知识的考核。基于职业发展理论的高等教育教学模式中，要体现以学生为本思想，就必须要尊重学生的评教权，尊重学生对教学过程的选择权，缺乏这两者，就无法做到以学员为本。传统教学领域中占支配地位的认识论观念，不论是行为主义还是认知主义，都属于客观主义范畴。受客观主义认识论支配的教学必然具有控制性质。教学就成了传递固定的、程式化的“客观”知识的过程。高等教育学生在接受教育时，它是不需要被动接受一些本对它没有用的知识，而是需要搜索对自己有价值的知识。他们需要的是一种自我的选择知识和构建知识的权利。因此，创新基于职业发展理论的高等高等教育教学模式应当坚持以学员为教学中心的价值取向。

基于职业发展理论的高等教育教学模式应以学生的实践动手能力为基本的评判标准。众所周知，高等教育与普通高等教育同属高等教育的范畴，它们有共性，但毕竟是两种不同的教育形式，有着它们自身独特的个性。但时至今日，仍有相当多的人以普通高等教育的观念、普通高等教育的模式、普通高等教育的标准来套用、衡量高等教育，力主在质量与规格上应与普通高等教育“同类”“同质”“同轨”。这在学生的就业与求职中表现的最为明显。用人单位在招聘人员时，对高等教育学生另眼看待不说，录用也是采用同一标准（这也有我国用人体系不健全的因素，包括现行职称评聘考核），从根本上有意忽视了高等教育培养人才侧重点的不同。

联系某些高等教育学生的具体情况，他们大部分是在未能取得高等高等教育文凭之前就踏入职场，接手工作岗位。对于缺少高等学历文凭和高等文化教育的他们来说，扎实学习一门专业学科，并培养较强的实践动手能力，才是他们在职场上安身立命之根本，并且以此作为日后职业生涯发展的基石。因此，创新基于职业发展理论的高等教育教学模式应当坚持以实践能力作为评判标准的价值取向。

第八章　大数据时代下高等教育信息化平台建设

第一节　大数据时代下微课教学设计模式

一、微课教学与微课教学设计

教学设计强调的是在进行教学活动之前，根据教学目的要求，运用系统方法，对参与教学活动的诸多要素所进行的一种分析和策划的过程。简言之，教学设计是对“教什么”和“如何教”的一种操作方案。

微课教学设计是根据微课的教学目标与功能，应用系统方法综合考虑教学中各要素之间及与整体的本质联系，并在设计微课时综合协调它们的关系，以形成时间短、内容精、视频为主要载体的微课的策划过程。

特别需要注意的是，常规的教学设计是基于教师和学生双边教学活动的设计，整个教学过程包含师生的互动，而微课的教学设计主要是基于教师单边的教学设计，微课中没有师生互动，主要包含微课学习中或者学习后的主观与客观测试、讨论与练习。

微课的质量高低，首要因素就是微课的教学设计。合理的教学设计是保持学习者有意注意的最佳方式，其次才是微课的表达形式。

微课教学设计是教学设计理论在微课开发过程中的应用，微课教学设计应更强调学生的自主学习，要考虑学习时间的零散性与片段性，学习内容是独立的知识点或技能点，学习媒介的多样化，学习方式的个性化与网络化，教学活动是单方面的，只是学生依托视频的单方面的学习。

在重难点的微课设计中，微课教学设计应考虑微课讲授知识时要高内聚、低耦合的特点。内聚就是指微课内部各个知识模块之间关系的紧密程度，耦合就是各个微课之间的知识关联的紧密程度。所以，高内聚实现了单个微课描述的知识要紧凑、要独立，低耦合则强调了微课与微课间的联系要少，这样学习者更容易明白。在综合知识的微课设计时，则要主动加强知识之间的联系，使学习者能够综合运用所学知识。

二、微课教学设计的原则

微课的教学设计主要遵循微型化、以学习者为中心、实效性、易懂的原则。

（一）微型化原则

在知识爆炸的时代，信息资源的无限量与注意力的有限性两者存在矛盾，因此微博、微信、微课等微型化的资源受到热捧。微课就是微型课，课程时间短，通常仅为 5 ～ 8 分钟，最多不超过 15 分钟。微课要有效利用学习者的碎片化时间，精心设计内容明确、短小精悍的教学视频，以减少学习者的认知负荷，维持学习者的注意力，提高学习者的学习效率。当然，在坚持微型化原则的同时，要注意微课的系统化设计，以保障微视频结构的相对完整性。

（二）以学习者为中心原则

微课为学习者服务，往往以学习者的最终学习体验为衡量课程效果的评定标准。在课程设计过程中，课程内容的选择、学习活动和各项资源的组织都要围绕学习者这个中心进行。在课程内容选择方面，应先了解学习者的学习需求，明确他们要的是什么。在学习活动和学习资源的组织上，要充分体现学习者的主体地位，调动学习者的学习主动性，激发学习者的学习兴趣。

（三）实效性原则

微课是为广大的学习者提供帮助的。在教学设计之前，一定要充分了解学习者真正需要的是什么，在他们学习过本微课之后，是否能够帮助他们顺利解决在日常生活中碰到的现实问题。微课内容的选择要来自真实的生活情景或存在的现实问题，让学习者意识到这节微课是与大家的生活息息相关的，以真实情境引发要讨论的问题，不仅能够激发学习者的学习兴趣，还能保持学习者的学习动机。

（四）易懂性原则

易懂性原则是指在微课教学设计时要把抽象的问题形象化，复杂的问题简单化。具体来讲就是教学媒体的选择要恰当，要选择最适合的表现形式。从戴尔的“经验之塔”可以看出，各种教学媒体所体现的学习经验层次是不同的，有的属于具体的经验，有的属于替代的经验、间接的经验，有的则属于抽象的经验。因而，不同的教学内容应选择不同的教学媒体来体现。或者说，不同的教学媒体适合表现不同的教学内容。

三、微课教学设计流程

教学设计的系统模型在微课中的应用，应结合职业教育的特点以及人们对教学设计过程模式的理解与认识，形成微课的教学设计模型。设计微课教学模型应按照以下流程。

（一）学习需要分析

教学系统同其他系统一样，都有一定的目标，教学目标确定的依据之一就是针对教学系统环境的分析。这是系统理论中的一条重要原则——教学系统的目标应根据更大的教育系统的环境要求来确定，这是进行教学设计的逻辑起点。针对职业教育，教学目标就是通过受训者所准备从事的职业、岗位的具体要求来确定。

由此可以看出，在制订教学目标之前，必须分析教学系统的环境，分析教学系统环境的过程，就是对学习需要的分析。只有在客观地分析了学习需要的基础上，才能提出并确定教学设计课题的目标。同时，还有许多其他问题需要考虑。例如，开展教学设计需要哪些条件？有哪些不利因素？哪些因素必须考虑进去？哪些因素可以从轻考虑？等等。总之，在学习需要分析中，必须解决教师“为何教”，学习者“为何学”的问题。

（二）学习内容分析

根据教育目标的指引，各级不同的学校有不同的培养目标，不同课程要确定不同的教学目标。根据课程目标，确定课程标准，选择教材。在此基础上，依据课程的整体目标，确定单元目标，在确定的过程中，就要着重分析学习者需要学习哪些知识和技能（知识点与技能点），达到什么程度和水平以及培养何种能力和态度，使得身心获得怎样的发展。学习内容的分析与学习者的分析密切相关，不仅要考虑教师如何教授这些内容，更要考虑学习者怎样学习这些内容。总之，在学习内容的分析中，必须解决教师“教什么”，学习者“学什么”的问题。

（三）学习者分析

完成教学设计的蓝图，必须分析学习者在进入学习过程前所具有的一般特征，必须确定学习者的初识状态，必须注意学习者认知结构的特点，必须了解学习者的学习准备状态。因此，要分析学习者的生理、心理特点，从事某项学习的知识和技能的储备状态，并据此进行教学设计。

（四）教学目标设计

在对学习需要、学习内容和学习者分析结果的基础上，就需要对教学目标进行设计和编写。教学系统方法和现代教学理论强调：教学目标应该预先确定，教学目标应该说明学习结果，并以具体的、明确的术语加以表述，在教学活动前，必须把教学目标明确地告知学习者，使师生双方都明确教学目标，做到心中有数，以使教学、学习活动有的放矢。例如，有学者提出，应以学习者通过学习后所期望达到的行为改变的具体指标来确定教学目标，而学者泰勒早在20世纪30年代就有类似的思想，不管从什么角度确定教学目标，它都应是明确、具体的。明确具体的教学目标有利于教学策略的制订和教学媒体的选择，同时也为教学评价提供了依据。

（五）教学策略设计

教学目标确定后，就要进行教学策略的设计。教学策略是实施教学过程的教学思想、方法模式、技术手段这三方面动因的简单集成，是教学思维对其三方面动因进行思维策略加工而形成的方法模式。教学策略是为实现某一教学目标而制订的、付诸教学过程实施的整体方案。它包括合理地组织教学过程，选取具体的教学方法和材料，制订教师与学生所遵守的教学行为程序。教学策略是实现教学目标的重要手段，是教学设计研究的重点。教学策略主要研究课的类型与结构、教学的顺序与节奏、教学的活动、教学的方法、教学的形式、教学的时空安排，教学活动失效对策等问题。简而言之，教学策略主要解决教师“如何教”和学习者“如何学”的问题。

教学策略的设计需要考虑诸多因素，必须创造性地开展教学设计工作，灵活地安排教学活动，巧妙地设计各个环节，合理地安排各种因素，使之形成一个优化的结构，以发挥整体功能，求得最大的效益。

（六）教学媒体设计

过去，教学媒体主要是黑板与粉笔，而现代科技突飞猛的发展进为教育提供了越来越多的教学媒体。所以，现在可以选择的教学媒体多种多样，选择的余地也很大。

1. 选择教学媒体的依据

依据教学目标：每个知识点都有具体的教学目标，为达到不同的教学目标常需要使用不同的媒体去传递教学信息。

依据教学内容：各门课程的性质不同，适用的教学媒体会有所区别，同一学科内各环节的内容不同，对教学媒体的使用也有不同需求。

依据教学对象：不同学生对事物的接受能力不一样，选用教学媒体时必须顾及他们的年龄特征。

依据教学条件：教学中能否选用某种媒体，还要看当时当地的具体条件，其中包括资源状况、经济能力、师生技能、使用环境、管理水平等因素。

2. 选择教学媒体的原则

最优决策原则：教学媒体有许多种类，各种教学媒体有其优势与不足，没有一种能对教学情境都适用的教学媒体，所以要考虑在媒体的功效与所付出的代价之间取得最优决策。

有效信息原则：各种教学媒体所体现的学习经验层次是不同的：有的属于具体的经验；有的属于替代的经验间接的经验；有的则属于抽象的经验。因而，不同的教学内容应选择不同的教学媒体来体现。或者说，不同的教学媒体适合表现不同的教学内容。

优化组合原则：各种教学媒体都有各自的优点，也有各自的局限性。没有一种可以适合所有教学情况的“超级媒体”。各种教学媒体的有机组合将会扬长避短、优势互补，取得整体优化的教学效果。但是，媒体的组合要以取得极佳的教学效果为出发点，而不只是形式上的相加。

总之，不仅要选择教学媒体，还要具体设计教学媒体。教学媒体的设计是根据教学的实际需要和具体要求，将教学内容与方法转换为印刷或视听具体详细、具有可操作性的实施方案，把学习内容充分展示给学习者，使学习者花费最少的时间，投入最少的精力，用最简捷的方式，获得最大的学习效果。

（七）微课教学过程的设计

经过以上三个分析环节与三个设计阶段，教学设计者即可着手设计教学过程，即用流程图的形式，简洁地描述教学过程，简明扼要地表达各个要素之间的相互关系，直观地表示教学过程，给教师提供一个可供参考的教学流程。教学设计专家完成的更多的是教学设计过程模式的理论模型，实际具体完成教学设计任务的主体是教师。所以，一般情况下，作为微课的教学设计可以采用思维导图的方式来实现。

思维导图又称心智图，是表达发射性思维的有效的图形思维工具，它简单却又极其有效，是一种革命性的思维工具。思维导图运用图文并重的技巧，把各级主题的关系用相互隶属与相关的层级图表现出来，把主题关键词与图像、颜色等建立记忆链接。思维导图充分运用左、右脑的机能，利用记忆、阅读、思维的规律、协助人们在科学与艺术、逻辑与想象之间平衡发展，从而开启人类大脑的无限潜能，思维导图因此具有人类思维的强大功能。

（八）教学设计的评价

经过以上各环节，就可得到教学设计的初步产品，即教学设计的实施方案。设计的方案能否带来理想的教学效果？学习需要、学习内容和学习者的分析是否准确、到位？教学目标的确定是否明确、具体？教学策略设计得是否合理、科学？教学媒体的选择与设计是否经济、有效？要回答这些问题，必须对教学设计进行评价。

对教学设计进行评价主要采用形成性评价，也就是在教学设计成果推广使用之前，先在一定范围内试用，以了解教学设计的可行性、有效性、实用性等效果。其中，教学目标的达成度是教学设计实施方案评价的主要方面。如果没有达到预期的教学目标，则要修改教学设计实施方案，然后试用，再修改，直到满意为止。也可以采用总结性评价。

四、微课的教学顺序

微课的教学顺序在整个教学设计中是非常重要的。由于微课具有短小精悍的特点，所以在有效的时间讲什么内容是非常重要的。因此应充分考虑如何引入讲授内容，如何吸引学者的注意力，知识如何展开，如何深入与拓展，如何指导，如何结尾等。通常来讲，微课的通用教学顺序为引起注意，明确目标，知识讲授，教学指导，教学小结。

五、微课教学设计中可参考的教学模式与教学策略

分析学习者特征明确了学习的起点，分析教学目标明确了教学的终点，那么如何教与学就是选择恰当的教学模式与教学策略的问题，这也是核心问题。

（一）教学模式与教学策略

教学模式是在一定的教育思想、教学理论和学习理论指导下，为完成特定的教学目标和内容而围绕某一主题形成的比较稳定且简明的教学进程结构及其具体可操作的教学活动方式。教学模式是教学理论与教学实践的桥梁，既是教学理论的应用，对教学实践起直接指导作用，又是教学实践的理论化、简约化概括，可以丰富和发展教学理论。

一般将教学策略理解为在不同的教学条件下，为达到不同的教学结果所采用的方式、方法、媒体的总和，它具体体现在教与学相互作用的活动中。教学策略分普遍性教学策略和具体性教学策略。普遍性教学策略是指不与具体的学科知识和技能教学紧密相连的策略，如学习动力激发策略、课堂组织策略、自主学习策略、协作学习策略等。具体性教学策略是指针对某一具体知识和技能教学的策略，如语文学科的识字教学策略、作文教学策略，英语学科的听说教学策略、词汇教学策略等。

虽然在实践层面，教学模式、教学策略以及教学方法之间，它们常常不是那么界限分明。但学界认为，相对而言，教学模式属于较高层次，规定着教学策

略、教学方法，教学策略比教学模式更详细、更具体，受到教学模式的制约。在某个教学模式中，可以采用多种教学策略，同时，一个教学策略可用于多种教学模式中。

（二）常用的教学设计模式

在教学理论研究与实践中，形成了适用于不同学习结果的教学模式，这些教学模式有些体现了以教为主的教学思想，有些侧重于以学为主。下面列举一些具有代表性、有较大影响的教学设计模式，可供大家根据不同的教学目标和学习内容选择参考。

1. 传递—接受教学模式

传递—接受教学模式适用于认知领域的教学目标，教师控制教学过程，学生能在较短的时间内掌握大量的知识，但不利于学生主体地位的发挥。该模式包括激发学习动机、复习旧课、讲授新课、巩固运用、检查等 5 个主要环节。

2. 九段教学模式

教学活动是一种旨在影响学习者内部心理过程的外部刺激，因此教学程序应当与学习活动中学习者的内部心理过程相吻合。根据这种观点，他把学习活动中学习者内部的心理活动分解为 9 个阶段，相应的教学程序也应包含 9 个步骤：引起注意—阐述教学目标—刺激回忆—呈现刺激材料—提供学习指导—诱发学习行为（反应）—提供反馈—评价表现—促进记忆与迁移。

“九段教学策略”由于有认知学习理论作基础，所以不仅能发挥教师的主导作用，也能激发学生的学习兴趣，在一定程度上调动学生的学习主动性、积极性，建立起学与教之间的联系，再加上其实施步骤具体明确，可操作性强，因此影响和应用都比较广泛。

3. 引导—发现教学模式

该模式适用于认知领域的教学目标，以问题解决为中心，注重学生独立活动，有利于学生的探究能力和创造性思维能力的培养，需要学习者具有一定先行经验的储备，比较适用于数理学科。该模式包括提出问题、产生假设、验证假设、总结结论四个环节。

4. 掌握学习教学模式

旨在把教学过程与学生的个别需要和学习特征结合起来，让大多数学生都能够掌握所教内容并达到预期教学目标。该模式包括学生定向、常规授课、揭示差错、矫正差错、再次测评五个环节。

5. 抛锚式教学模式

抛锚式教学模式是由温特比尔特认知与技术小组开发的。这种教学模式要求在多样化的现实生活情境中（或在利用技术虚拟的情境中）运用情境化教学技术以促进学生反思，提高迁移能力和解决复杂问题的能力。抛锚式教学模式的核心要素是“锚”，学习与教学活动都要围绕着“锚”来进行设计。教学中使用的“锚”一般是有情节的故事，而且这些故事要设计得有助于教师和学生进行探索。在进行教学时，这些故事可作为“宏观背景”提供给师生。该模式在全球范围内产生了较大的影响，并得到了广泛认可和应用。

6. 随机进入教学模式

由于事物的复杂性和问题的多面性，要做到对事物内在性质和事物之间相互联系的全面了解与掌握，真正达到对所学知识的全面而深刻的意义建构是很困难的。因为从单一视角提出的每一个单独的观点虽不是虚假的或错误的，但却不是充分的，往往从不同的角度考虑可以得出不同的理解。为克服这方面的弊病，在教学中就要注意对同一教学内容，要在不同的时间和情境下、为不同的教学目的、用不同的方式加以呈现，应避免内容过于简单化。在条件许可时，尽可能保持知识的真实性与复杂性，保证知识的高度概括性与具体性的结合，使知识富有弹性，以灵活适应变化的情境，增强知识的迁移性和覆盖面。作为教学内容的知识源泉应该是高度联系的知识整体，而不是各自为政的、分割的。换言之，学习者可以随意通过不同途径、不同方式进入同样的教学内容学习，从而获得对同一事物或同一问题的多方面的认识与理解，这就是所谓的“随机进入教学”。随机进入教学模式主要包括以下几个步骤：呈现基本情境—随机进入学习—思维发展训练（由于随机进入学习的内容通常比较复杂，所研究的问题往往涉及许多方面，因此在这类学习中，教师还应特别注意发展学生的思维能力）—小组协作学习—学习效果评价。

7. 支架式教学模式

支架式教学模式源于苏联著名心理学家维果斯基的“最邻近发展区”理论。最邻近发展区是指，学生独立解决问题时的实际发展水平（第 1 个发展水平）和教师指导下解决问题时的潜在发展水平（第 2 个发展水平）之间的距离。可见，学生的第 1 个发展水平与第 2 个发展水平之间的状态是由教学决定的，即教学可以创造最邻近发展区。因此教学绝不应消极地适应学生智力发展的已有水平，而应当走在发展的前面，不停顿地把学生的智力从一个水平引导到另一个新的更高的水平。建构主义者正是从维果斯基的思想出发，借用建筑行业中使用的“脚手架”作为上述概念框架的形象化比喻。所谓脚手架是指教师所能提供给学生，帮助学生从现有能力提高的支持形式。支架的例子包括教师揭示或给予线索，或帮助学生在停滞时找到出路，通过提问帮助他们去诊断错误的原因并且发展修正的策略，激发学生达到任务目标的兴趣及指引学生的活动朝向预定目标。通过这种脚手架的支撑作用，不断地把学生的智力从一个水平提升到另一个新的更高的水平，真正做到使教学走在发展的前面。支架式教学策略由搭脚手架、进入情境（将学生引入一定的问题情境）、独立探索、协作学习、效果评价等环节组成。

在以上几种模式中，传递—接受教学模式和九段教学模式主要体现了以教为主的教学思想，引导—发现教学模式、支架式教学模式、抛锚式教学模式及随机进入教学模式特别强调情景创设、学生主体地位的发挥，倡导自主、合作、探究的学习方式和策略，因而，具有更鲜明的信息化环境下的教学特征。除了上述几种模式外，近些年在信息化教学实践中，已逐渐探索和形成了很多信息化教学模式。由于自主、合作、探究的学习方式既是信息化教学的主要特征，也是新课程改革所倡导的。以下将重点对自主学习策略和协作学习策略做进一步的介绍。

（三）自主学习策略

自主学习策略的核心是要发挥学生学习的主动性、积极性，充分体现学生的认知主体作用，其着眼点是如何帮助学生“学”。因此这类教学策略的具体形式虽然也是多种多样，但始终有一条主线贯穿始终，这就是“自主探索、自主发现”。所以，通常也把这类教学策略称为自主学习策略或发现式教学策略。然而，由于一些教师对自主学习缺乏深入的了解和深刻认识，导致在实践中出现诸多问题。

缺乏明确的学习任务。学习过程松散而效率低下，一切从学习的“需要”和“兴趣”出发，课堂处于放任自流的状态。

缺乏必要的指导。教师在课堂上为了多给学生留出“自由”的空间，而不敢多讲一句话，不敢多提学习要求，不敢多对学生的学习做出适当的评价。

自主学习活动花样繁多。为了自主而“自主”，缺乏对教材内容、学生的特征等作深入的分析，在形式上追求丰富性，忽略了促进学生的意义建构这一根本目的。因此，在自主学习设计中，应该注意以下几方面。

重视人的设计。要在学习过程中充分发挥学习的主动性，体现学生的首创精神，环境是促进学习者主动建构知识意义的“外因”，理想的学习环境是必要的，但学习者是学习的“内因”，缺乏人的自主学习，意义建构无从谈起。设计的重点放在能够促进学习发展上，而不是活动的形式上。

目标明确。在自主学习中，学生对知识的意义建构是整个学习过程的最终目的。在学习过程中强调对知识的意义建构，无疑是正确的，但如果不分析学习目标，对当前所学内容不加区分，一概完成“意义建构”（即确定深刻的现解与掌握）是不恰当的，正确做法应该是在进行教学目标分析的基础上选出当前所学知识中的基本概念、基本原理、基本方法和基本过程，将它们作为当前所学知识的“主题”（或者说“基本内容”），然后围绕这个主题进行意义建构。另外，要让学生有多种机会在不同情景下去应用他们所学的知识，即将知识外化。

让学习者能根据自身行动的反馈信息来形成对客观事物的认识和解决实际问题的方案，即能实现自我反馈。

重视教师的指导。教师是学习过程的组织者、指导者，教师要对学生的意义建构起促进和帮助作用。在充分体现学生主体地位的同时，不能忽视教师的指导作用。

（四）协作学习策略

协作学习是以一种小组或团队的形式，组织学生协作完成某种既定的学习任务的教学策略或形式。在协作学习过程中，学习者之间以融洽的关系、相互合作的态度，对同一问题运用多种不同观点进行观察、比较、分析和综合。学习者共享学习资源，共同担负学习责任，共同享受成功的喜悦。常见的协作学习策略有讨论策略、角色扮演策略、竞争策略、协同策略和伙伴策略。

1. 讨论策略

讨论策略的运用要求是整个协作学习过程均由教师组织引导，讨论的问题皆由教师提出。“课堂讨论”教学策略的设计通常有两种不同情况：一种是学习的主题事先已知；另一种是学习的主题事先未知。多数的协作学习属于第一种情况，但是第二种情况在教学实践中也会经常遇到。

2. 角色扮演策略

角色扮演包括师生角色扮演和情境角色扮演两类。师生角色扮演就是让不同的学生分别扮演学习者和指导者的角色，学习若需要解答问题，指导者则检查学习者在解题过程中是否有错误。当学习者在解题过程中遇到困难时，指导者帮助学习者解决困难。在学习过程中，他们所扮演的角色可以互换。情境角色扮演是要求若干学生，按照与当前学习主题密切相关的情境分别扮演其中的不同角色，以便营造一种身临其境的气氛，使学生能设身处地去体验、去理解学习的内容和学习主题的要求。

3. 竞争策略

竞争指两个或多个学习者针对同一学习内容或学习情境，通过计算机网络进行竞争性学习，看谁能够首先达到教学目标的要求。由于学习者的竞争关系，学习者在学习过程中，会很自然地产生人类与生俱来的求胜本能，所以学习者在学习过程中会全神贯注，易于取得良好的学习效果。在运用这种协作学习策略时，教师须注意恰当选择竞争对象，巧妙设计竞争主题，一方面要避免学生产生受挫感，另一方面又要巧妙利用学生不愿服输的心理刺激进一步的学习。

4. 协同策略

协同是指多个学习者共同完成某个学习任务，在共同完成任务的过程中，学习者发挥各自的认知特点，相互争论、相互帮助、相互提示或者是进行分工合作。学习者对学习内容的理解和领悟就在这种和同伴紧密沟通与协作的过程中逐渐形成。

5. 伙伴策略

在现实生活中，学生们常常与自己熟识的同学一起做作业。没有问题时，大家各做各的，当遇到问题时，便相互讨论，从别人的思考中得到启发和帮助。伙伴学习策略与此类似，它可以使学生在学习过程中感觉到他并不是孤独的，而是有一位伙伴可以互相支持、互相帮助，当碰到问题时，他可以随时与伙伴讨论。由于个人的思考范围有限，若在学习过程中，能和伙伴相互交流、相互鼓励方可达到事半功倍的效果。

在设计协作学习策略以及协作学习过程时，要注意以下三方面。

（1）建立合适的协作小组

协作学习是学习者组成一个群体，互相帮助，共同学习，通过协商和辩论，加深对问题的认识。因此形成一个适当规模和构成层次相当的协作小组对于协作学习的成功与否非常重要。如果规模不合适或协作者之间基础相差悬殊，则可能不能形成协作或协作不充分，协作学习自然失败。

（2）学习主题具有挑战性，问题具有争论性

协作学习的主题可以由教师指定，也可以由学生自行确定。学习者协作解决的问题可以是围绕主题的并且能够引起争议的初始问题，可以深化主题的问题，也可以是稍稍超前于学生的智力发展水平的问题，这些问题是否具有可争论性关系到是否有必要组织协作学习。

（3）重视教师的主导

协作学习的设计和学习过程都需要教师的组织及引导，教师要设计有争议的问题以及评价方式。在协作过程中，教师还要关注每位学生的表现，对学生表现出的积极因素给予及时的反馈和鼓励。如果学生的讨论出现离题或开始纠缠于枝节问题时，要及时加以正确引导，将其引回主题；对于学生在讨论过程中暴露出来关于某个概念或认识的模糊或不正确的问题时，要用适当的方式进行引导。对于整个协作学习的过程，教师要做出恰当的评价。

现代信息技术在学生的自主学习和协作学习方面，能够提供有效的支持。信息技术可以为学生提供探索的问题情境，提供可以利用的各种信息资源和工具，

支持学生之间的合作和沟通，并更好地超越课本与教材的限制，拓展学生学习的空间。近年来，计算机支持的协作学习（CSCL）使协作学习超越了时空的限制，拓展了学习的空间。

六、其他微课教学设计模式应用

（一）开门见山式微课教学模式应用

1. 开门见山式微课简介

开门见山式表示直接点明主题，不拐弯抹角。开门见山式微课表示教师在微课开始直接介绍本节微课的主要内容与学习目标。这种开讲方法能够引起学生的足够注意，便于其抓住本节课的知识脉络。通过对本节重点概念或关键问题的简介，引入知识内容，既突出了授课的重点、难点，又是一种微课知识引入的良好方式。

2. 开门见山式微课教学模式设计

开门见山式微课通常教学内容简洁明了，直接切入主题。开门见山式微课教学设计中，知识点的引入要能直接引起学习者的关注，知识的讲解要紧凑，教学媒体的选择要适合表现形式，注重直观形象，通俗易懂，教学总结要突出重点，还可以设置一些问题，以检验学生的学习效果。

3. 开门见山式微课的适用场合

开门见山式微课直接点名主题，明示讲解的主要内容与学习目标。这种方法能够引起学生的足够注意，便于其抓住本节课的知识脉络。这种方式适用于主动学习的学生，或者是目标明确、积极向上的学习对象。

开门见山式微课适用于课程的概念阐述、重点、难点解析和疑惑点解析。此类微课适合在教材配套的数字资源中使用。

（二）情境式微课教学模式应用

1. 情境式微课简介

情境即情景、境地，也就是在一定时间内各种情况的相对的或结合的境况。从社会学角度讲，情境指与个体直接联系着的社会环境，与个体心理相关的全部社会事实的一种组织状态。从心理学角度讲，情境指对象和时间等多种刺激模式，对人有直接刺激作用，有一定的社会学意义和生物学意义的具体环境。综上所述，情境是指能使人引起情感变化的具体自然环境或社会环境。建构主义强调用真实背景中的问题启发学生的思维，其所指的真实背景就是情境。从学生角度看，情境可以理解为促使学生产生学习行为或从事学习活动的环境和背景，它是提供给学生思考空间的智力背景，能产生某种情感体验并诱发学生提出问题和解决问题的一种刺激事件或信息材料。

情境可分为三类：第一类是真实的情境，指人们身边真实而具体存在的群体和环境；第二类是想象的情境，指在人的意识中有的群体和环境，人与意识通过各种媒介互相影响和作用；第三类是暗含的情境，指某人或群体某种行为中包含的某种象征意义。构成情境的要素有目标、角色、时空、设施、阻碍因素等。

教学情境通常指具有一定情感氛围的教学活动。良好的教学情境能充分调动学生的学习主动性和积极性，激发学生思维，开发学生智力，是提高教学效果的重要途径。教学情境是指教师在教学过程中运用各种手段与方式创设的一种适教和适学的情感氛围，从而完成教学目标和任务。良好的情境可以使教学内容触及学生的情绪和意志领域，使学生的学习活动变为自己的精神需要，从而使课堂教学充满生命力。教学情境是课堂教学的基本要素，是教师教学意图的体现，而创设有价值的教学情境则是教学改革的重要追求。情境可以贯穿于整个微课，也可以是在课的开始、课的中间或课的结束。一个好的教学情境应具备如下条件。

（1）生活性

要注重联系学生的现实生活，要充分挖掘和利用学生的经验。

（2）问题性

提出的问题要具有一定的挑战性，以利于学生创造能力的培养。

（3）形象性

适合不同认知水平的学生学习，以引起学生的学习动机和兴趣。

（4）情感性

具有激发学生情感的功效。

（5）学科性

符合教学目标、教学内容、教学要求。

情境教学是指在教学过程中，依据教育学和心理学的基本原理，根据学生年龄和认知特点的不同，通过建立师生间、认知客体与认知主体之间的情感氛围，创设适合的学习环境，使教学在积极的情感和优化的环境中开展，让学习者的情感活动参与认知活动，以期激活学习者的情境思维，从而在情境思维中获得知识、培养能力、发展智力的一种教学活动。它是利用具体的场景或所提供的学习资源以激起学习者主动学习的兴趣、提高学习效率的一种教学方法。

传统教学与情境教学的区别在于：传统教学是把存在于自然状态中、时间、空间上零散存在的知识本身抽取出来，直接呈现和传授给学生去理解记忆。情境教学则是教师把自然状态的，在时间和空间上分散存在的情境，有目的地进行加工并组成有机的学习情境来组织课堂教学，学生在情境中发现问题和获取知识。

不同的教学方式会引起完全不同的教学效果，传统教学中学生完全脱离知识和应用的背景，无法发现知识形成的途径，获得的知识难以应用于实践以及解决实际问题，情境教学中的学生得到学习策略和方法的锻炼，获得的知识与实践紧密结合。

课堂引入重视创设情境、设置任务，以激发兴趣，关注学生的内心体验与主动参与，把学生带入与教学内容有关的情境，让他们在情境中捕捉各种信息、产生疑问、分析信息并引出各种设想，引导他们在亲身体验中探求新知，开发潜能。

2. 情境式微课教学模式设计

在情境式微课中，情境的创设要贴近生活，以吸引学习者，与学习者产生共鸣，增加关注度。

知识的讲解要注意层次性，注重引导学习者思考。教学媒体的选择要适合表现形式，注重直观形象、通俗易懂。问题的讲解要注重情境的延续性，最终要解决情境中的问题，总结考核最好设置一些问题，以检验学生的学习效果，如果存在没有掌握的知识，可重新学习。

3. 情境式微课的适用场合

生活展现情境能使学习者直接、鲜明地感知目标，易于在观察中启发想象，比较适合认知类、思政类和素养类课程。实物演示情境具体直观，易于展示现场观摩、操作，适用于汽车、机床等实践操作类的实践操作演示。图画视频再现情境易于针对问题，分析问题，贯穿解决问题，适用于案例分析类课程，如会计、心理健康、法律基础等。虚拟仿真情境可以描述成本较高、难以演示、有安全隐患的场景，如医学类、SMT、网络基础、通信类、电子与电气类、数控加工模拟等课程。音乐渲染情境适用于大学语文、大学美育、体育类课程。表演体会情境可分为进入角色和扮演角色，适用于情景剧式微课的制作。语言描绘情境中，语言要具有主导性、形象性、启发性和可知性，比较适用于素养类、讨论式的课程。情境的创设要选择适合的老师，恰当的数字媒体资源，表现力较强的老师可以使用语言描绘情境，音乐可以衬托音乐渲染情境，图画、视频、动画可以描述图画视频再现情境，还可以描述生活展现情境等。

（三）探究式微课教学模式应用

1. 探究式微课简介

探究有广义与狭义之分。广义的探究是一种积极主动的思维方式，泛指一切独立解决问题的活动；狭义的探究是专指科学探究或科学研究。简单地讲，“探究”就是努力寻找答案，解决问题。

科学探究是一种系统的调查研究活动，其目的在于发现并描述物体和事物之间的关系。其特点是：采用有秩序的和可重复的过程；简化调查研究对象的规模和形式；运用逻辑框架作解释和预测。探究的操作活动包括观察、提问、实验、比较、推理、概括、表达、运用及其他活动。

探究式教学，就是以探究为主的教学。具体地说，它是指教学过程中，在教师的启发诱导下，以学生独立自主学习和合作讨论为前提，以某个知识点或者技能点为基本探究内容，以学生周围的世界和生活实际为参照对象，为学生提供充分自由的表达、质疑、探究、讨论问题的机会，让学生通过个人、小组、集体等多种解难释疑的尝试活动，将自己所学的知识应用于解决实际问题的一种教学形式。

探究式教学就是将科学作为探究过程来讲授，让学生像科学家进行科学探究一样在探究过程中发现科学概念、科学规律，培养学生的探究能力和科学精神，找到解决问题的方法。具体包含两层意思，一是从教师角度——教学方面的研究，即探究式教学；二是从学生角度——学习层面的研究，即探究性学习。在教学过程中，教师和学生的作用是相互的，不能分开的。

探究教学模式，就是在探究教学理论的指导下，在探究教学实践经验的基础上，为发展学生的探究能力，培养其科学态度及精神和按模式分析等方法建构起来的一种教学活动结构与策略体系。一般来说，探究教学模式包含理论基础、教学目标、操作程序与实施条件。探究教学模式表现为教学活动结构和教学策略体系四大要素。之所以这样理解，是由于探究教学模式从发展之初就是作为教学策略出现的，更注重微观层面，因而具有可操作性。同时，探究教学模式具有特定的顺序性和阶段性，因此形成了一定的教学活动结构。教学模式的本质是程序，是对教学设计、实施、评价与反思等程序的说明。

由于探究教学是师生共同开展的教学与探究活动，因此强调教师要创设一个以“学”为中心的智力和社会交往情境，让学生通过探索发现来解决问题。探索的目的不是把少数学生培养成科学精英，而是要使学生成为有科学素养的公民，它既重视结果又强调知识获得的过程，突出以学生为中心和全体参与，因而它特别有利于素质教育和创新教育的有效实施。探究式教学符合自然科学的认知规律。其具有以下特征。

（1）教学过程的主体性

探究式教学是学生在教师指导下的自主探究，在教学过程中突出了学生的主体性，教师的主导完全是为了更好地发挥学生的主体作用，并通过学生主体的充分参与、主动探究和主体的发展反映出来。

（2）探究学习的自主性

在探究式教学中，学生是在教师的指导下自主参与教学的全过程，要获取知识，靠的是自己的主动探究，而不是填鸭式的接受灌输。

（3）情境创设的问题性

问题是科学探究的动力和起点，教学中若不能提出富有吸引力和挑战性的问题，学生就不会形成强烈的问题意识，也就不会有认知的冲动性和思维的积极性，因此问题是探究教学的关键和核心。创设的具体问题既要充分关注学生的兴趣所在，又要处理好学生倾向与教学目标之间的关系，使二者有机结合。

（4）信息交流的互动性

探究式教学强调在自主探究的基础上进行小组或班级的合作学习探究，与传统模式由教师单向的信息传递所不同的是在课堂上师生之间、学生之间进行动态的信息交流，实现师生间的相互沟通、相互影响、相互补充，师生在互教互学中，形成学习的共同体。每个学生都能发挥各自的优势，获得表现的机会，从而激起探究性学习的热情。

（5）师生关系的和谐性

探究式教学尊重学生的主体地位，通过师生互动，创建活泼、积极主动的课堂教学气氛。教师的教完全是为了学生的学，易于形成具有感染力和催人向上的教学情境，由此激发出学习的无限热情和积极性。而缺乏交流的师生之间甚至严重对立的课堂教学气氛则会抑制学生的学习热情，更甚者则使学生产生厌学情绪。

（6）教学要求的针对性

由于环境、教育、经历、主观努力和先天遗传等的不同，学生之间具有较大的个体差异，传统的教学模式无视其差异，一部分学生感到要求过低，另一部分学生又感到要求过高，造成两极分化。而探究式教学对不同层次的学生提出不同的教学要求和不同的学习任务，符合因材施教，教学要求有针对性，更为实现有效的课堂教学创造了条件。

（7）教学评价的激励性

探究式教学变教师独自评价为师生共同评价，自评、互评、组评、师评、综合评价相结合，既重结果又重过程。又由于探究式教学分层次要求，学生在原有基础上获得不同程度的进步，既积累了知识，又开发了潜能，因而都有机会受到表扬激励，获得成功的体验，从而满足自我实现的需要。

总之，探究式微课教学设计就是指结合知识点与技能点适当的学习内容，创设生活中的尤其是与专业相关的教学情境，以问题为中心，采取合作交流的方式，在教师的引导下，通过学生的实验、观察、操作、调查、信息搜索等方式，学生自主地解决问题的教学设计。

2. 探究式微课教学模式设计

探究式教学是一种以学生为中心的教学模式，主要强调学生主体地位的发挥，倡导学生自主、合作、科学思维的学习方式与策略。然而，在微课的教学设计中，主要以教师为主要讲解者，所以强调老师的角色扮演问题，既可以使用学生提出问题，也可以使用教师扮演学生角色提出问题、探究问题、解决问题。探究式微课的教学设计包括提出问题、产生假设、验证假设、总结结论四个环节。

3. 探究式微课的适用场合

探究式微课适用于理论性与实践性并重的工科类课程，如数据结构、数控机床的维修、机电设备故障诊断与维修、计算机的维修、网络故障的诊断与维修等。

（四）抛锚式微课教学模式应用

1. 抛锚式微课简介

建构主义“以学为主”的教学策略有支架式教学、抛锚式教学和随机进入教学三种。这三种教学策略都体现了以学生为中心的教学设计，能有效地促进学生的自主学习和对知识意义的主动建构。

抛锚式教学是指在多样化的现实生活背景中或在利用技术虚拟的情境中运用情境化教学技术以促进学生反思提高迁移能力和解决复杂问题能力的一种教学方法。抛锚式教学是一种学习框架，它主张学习者在基于技术整合的学习环境中学会解决复杂问题。在这种学习环境中，学生的学习内容和学习过程是真实的，所学结果具有较高的迁移性，从而使学生的学习变得有意义。

抛锚式教学要求建立在有感染力的真实事件或真实问题的基础上。确定这类真实事件或问题被形象地比喻为“抛锚”，因为一旦这类事件或问题被确定了，整个教学内容和教学进程也就被确定了（就像轮船被锚固定一样）。建构主义认为，学习者要想完成对所学知识的意义建构，即达到对该知识所反映事物的性质、规律以及该事物与其他事物之间联系的深刻理解，最好的办法是让学习者到真实环境中去感受、去体验（即通过获取直接经验来学习），而不是仅仅聆听别人（如教师）关于这种经验的介绍和讲解。

由于抛锚式教学要以真实事例或问题为基础（作为“锚”），所以有时也称为“实例式教学”或“基于问题的教学”。

抛锚式教学中的核心要素是“锚”，学习与教学活动都要围绕着“锚”来进行设计。教学中使用的“锚”一般是有情节的故事，而且这些故事要设计得有助于教师和学生进行探索。在进行教学时，这些故事可作为“宏观背景”提供给师生。由于该模式在全球范围内产生较大的影响，已得到广泛认可和应用。

抛锚式教学的基本环节包括创设情境、确定问题、自主学习、协作学习、效果评价。然而，基于微课本身是一种单向的教学，所以它在基于抛锚式微课开发时，更多的是基于真实事例或问题为基础的实例式教学，或者是基于问题的教学。

2. 抛锚式微课教学模式设计

抛锚式教学的主要目的是使学生在一个完整、真实的问题、事件或环境（具体来讲就是一个事件、一个真实的设备场景，或者是一个真实的项目）中产生学习的需要，并通过学习者共同体中成员间的互动、交流，即合作学习，凭借自己的主动学习、生成学习，亲身体验从识别目标到提出和达到目标的全过程。总之，抛锚式教学是使学生适应日常生活，学会独立识别问题，提出问题、解决真实问题的一个十分重要的途径。

3. 抛锚式微课的适用场合

抛锚式微课适用于思想政治类、财经类等文科或者素养类讲事实、说道理的系列专题微课开发，因为这种类型的课程通常能以视频、动画、图片的方式把学生引入相关的事件当中，表达方式相对单一。如果针对工科类课程，则涉及相关的实践项目，具体包括项目的展示、问题的分析、教师的相关操作与演示等。

（五）理实一体式微课教学模式应用

1. 理实一体式微课简介

理实一体式微课即理论实践一体式的微课教学设计模式。其突破以往理论与实践相脱节的现象，教学环节相对集中。它强调充分发挥教师的主导作用，通过设定教学任务和教学目标，让师生双方边教、边学、边做，全程构建素质和技能培养框架，丰富理论教学与实践教学环节，提高教学质量。在整个教学环节中，理论和实践交替进行，直观和抽象交错出现，没有固定的先实后理或先理后实，而理论中有实践演示，实践中有理论的应用，突出学生动手能力和专业技能的培养，可充分调动和激发学生的学习兴趣。

理实一体式教学中主要运用讲授法、演示法、练习法。

（1）讲授法

讲授法重点在课堂上，将项目展开并通过演示操作及相关内容的讲解后进行总结，从而引出一些概念、原理并进行解释、分析和论证，根据教学内容，既突出重点，又系统地传授知识，使学生在较短的时间内获得构建的系统知识，讲授要求有系统性，重点突出，条理清楚。讲课的过程是说理的过程，即“提出问题—分析问题—解决问题”，做到由浅入深，由易到难，既符合知识本身的系统，又符合学生的认识规律，使学生逐步掌握专业知识。

（2）演示法

演示法是教师在理实一体教学中通过教师进行示范性实验及示范性操作等手段使学生通过观察获得感性知识的一种好方法。它可以使学生获得具体、清晰、生动、形象的感性知识，加深对所学知识点与技能点的理解，把抽象理论和实际事物及现象联系起来，帮助学生形成正确的概念，掌握正确的操作技能。教师要根据课题选择好设备，如软件、工具、量具等。

（3）练习法

练习法是指学生学习完理论课之后，在教师的指导下进行操作练习，从而掌握一定的技能和技巧，对理论知识通过操作练习进行验证，系统地了解所学的知识，练习时一定要掌握正确的练习方法，强调操作安全，提高练习的效果。教师要认真巡回指导，加强监督，发现错误动作立即纠正，保证练习的准确性。对每名学生的操作次数及质量做好记录，以提高学生练习的自觉性，促进练习效果的提高。对不操作的学生要求在旁边认真观摩，指出操作中的错误，教师及时提问，并作为平时的考核分。

理实一体式教学模式旨在使理论教学与实践教学交互进行，融为一体。采用该教学模式，一方面，可提高理论教师的实践能力和实训教师的理论水平；另一方面，教师将理论知识融于实践教学中，让学生在学中做、做中学，在学做中理解理论知识、掌握技能，打破教师和学生的界限（教师就在学生中间，就在学生身边），能大大激发学生的学习热情，增强学生的学习兴趣，学生边学边练边积极总结，能达到事半功倍的教学效果。

基于理实一体式的微课教学设计注重讲授与演示，练习环节要结合学生所学专业的情况而定。

2. 理实一体式微课教学模式设计

理实一体式微课突破理论与实践相脱节的现象，教学环节相对集中。如果实训项目过大时，建议开发系列微课或者专题微课，实训类微课可以加强知识的联系与应用，也可以结合抛锚式或者探究式使用。

3. 理实一体化微课的适用场合

职业教育的特点是以学生的生活、生存技能的培养为根本目的，更多强调实践技能的训练。理实一体式微课适合职业教育电子类、电气类、机械类、汽车维修类、计算机类、机电一体化、经管类实训、物流类等众多实践性较强的专业使用，也非常适合开发系列化的专题微课。它不仅能将现场操作演示、虚拟展示、桌面操作过程等记录下来，同时也便于模仿与推广。

第二节　大数据时代下慕课的基本特征与课程模式

一、cMOOC课程模式

在慕课的发展过程中，有基于连通主义学习理论的 cMOOC 和基于行为主义学习理论的 xMOOC 两种不同教学理念和特征的课程模式。cMOOC 的理论基础是连通主义学习理论，即知识是网络化连接的，学习是连接专门节点和信息源的过程。西蒙斯指出，cMOOC 的核心包括连通主义、知识建构、师生协同、分布式多空间交互、注重创新、同步与共鸣、学习者自我调节等。cMOOC 将分布于世界各地的授课者和学习者通过某一个共同的话题或主题联系起来，学习者通过交流、协作、构建学习网络以及进行知识学习。

（一）cMOOC 课程模式分析

1. 学习者的基本学习活动

浏览课程内容与安排，注册课程。

获取教师在学习网站上提供的各种类型的学习材料。

参加讨论组、在线讲座等活动，参与讨论学习内容，分享个人观点。

制作个人学习资源，如音频、视频等，并且进行分享。

充分利用社会化网络各种工具、如微博、博客、社交网络等，进行学习活动，建立学习网络。

2.cMOOC 课程模式的特征

第一，在 cMOOC 中，教师提供的资源是知识探究的出发点，教师的地位和作用与传统课堂教学不同；更多的是扮演课程发起人和协调人的角色，而非课程的主导者。课程组织者设定学习主题，安排专家互动，推荐学习资源，促进分享和协作。

第二，学习者在 cMOOC 中具有较高的自主性，学习依赖于学习者的自我调控。学习者自发地交流、协作、建立连接、构建学习网络。

第三，学习者进行基于多种社交媒体（如讨论组、微博、社会化标签、社交网络等）的互动式学习，通过资源共享与多角度交互，拓展知识的范围。

第四，学习者通过交流、协作、构建学习网络，通过社区内不同认知的交互，进行新的知识的学习。

（二）cMOOC 应用策略与方法

就如何进行 cMOOC 的学习，研究者与实践者们给出了有价值的策略和方法。

1. 成功学习慕课的五个步骤

确定学习目标。

在博客、微博等社交网络上介绍和展示自己。

构建个人学习网络。

参加学习小组和学习社区。

关注个人学习进程和内容。

2. 有效参与 cMOOC 的九个步骤

确定学习目标。

在社交网络上展示自己。

交互。

构建学习网络。

管理课程资源。

创作与分析。

发现和解决问题。

合理期望。

坚持参与。

成功进行慕课的学习要从课前、课中、课后三个阶段入手。在课前，要通过浏览网站了解课程内容，考虑个人时间安排，熟悉课程中将要用到的学习工具；在课中，要及时进行自我介绍，积极参与课程讨论与交流，学会提出问题，从大规模的信息中过滤有用知识等；在课后，课程结束后仍然继续保持学习者之间的交流。

二、xMOOC课程模式

（一）xMOOC 课程模式分析

xMOOC 是慕课的一种新型发展模式，以发展迅速的 Coursera、Udacity、edX 等为代表。xMOOC 与 cMOOC 都是基于网络的慕课类型，但两者是具有不同应用模式的开放课程。与 cMOOC 相比，xMOOC 更接近于传统教学过程和理念。

一门 xMOOC 一般会在预定的时间开始，为了及时参加课程，学习者需要提前了解课程介绍与课程安排，并进行注册。在学习过程中，也可以根据个人学习情况，退出某门课程的选课。每门课程相对传统教学的学期较短，一般为 10 周左右。慕课平台为课程实施提供了多种课程组件，包括课程视频、讨论区、电子教材、测试等。

课程开始后，教师定期发布课件、作业、授课视频，这些视频不是校内课堂的录像，而是专门为了该 xMOOC 录制的，很多视频会提供多语言字幕（如中文），以方便全球学习者学习，延伸课程的开放程度。

在 xMOOC 中，学习视频一般比较短小，而且在视频中会安排及时的问题与测试。这是为了更好地保证学习效果。由于视频学习是一种单向传递，学习者需要在没有他人监督的条件下，保持对学习内容有足够的关注与交互。通过短片段的视频并辅以及时的问题测试，可以保持学习者注意力的有效集中和对学习内容的理解。同时，这种短视频方式也有助于学习者对学习步调的把握，能够比较方便地定位到自己的学习位置。

课后一般有需要完成的阅读和作业，作业通常会有截止日期，学习者应自觉、按时完成课程作业。作业成绩可以通过在线自动评分、自我评判打分、学习者同伴互评等方式获得评估。

课程会安排小测试和期中、期末考试。学习者应在规定的时间内参加考试，获得考试成绩。学习者被要求诚信守则，诚实而独立地完成学习、作业与考试。edX、Udacity 等主要的 xMOOC 项目也与培生等公司合作，使学习者能在全球分布的培生考试中心参加考试。

课程网站开设有讨论组，学习者可以进行在线学习交流。课程还会组织线下见面会，使学习者进行面对面的交流活动。

完成课程并考试合格后，学生可以得到某种证书或者获取学分。

（二）xMOOC 的教学原理

1. 检索性学习与测验

在进行慕课学习，观看视频的过程中，学习者经常会有这样的体验：看着视频就难以持续集中注意力，逐渐开始走神，有时候甚至会停下课程去做其他事情。这样的体验无疑会浪费学习时间，降低学习效果。如何从课程设计上提高学生在线学习的注意力呢？一种有效的方法是检索性学习与检索性测验。因此，慕课教学设计的关键要素之一是广泛使用交互式练习，在视频、测试中提供丰富的互动练习，使学习者可以及时检测学习效果。这是一种检索性练习方式。

检索性练习是一种从短期记忆中回溯信息，以增强长期记忆的行为。研究证明，这有助于增强学习。频繁互动可以避免注意力分散，这是确保学习者持续专注的一种有效手段。例如，在视频中插入暂停，要求学习者回答简单的问题后才得以继续，以确定学习者是否还在认真学习，是否已经充分理解所学的内容。

2. 精熟学习

精熟学习建立在以下三个基本假设的基础上：第一，几乎所有的学生都能掌握某一学科的学习内容；第二,一些学生比另一些学生需要多花一些时间达到掌握水平；第三,一些学生比另一些学生需要更多的帮助（如个别指导或额外的练习等）。因此，精熟学习认为，只要给予足够的学习时间和相应的教学，大多数学生都能够掌握学习内容。该方法将学习内容分成小的单元，学生每次学习一个小的单元并参加单元考试，到以 80% ～ 100% 的掌握水平通过考试为止，然后才能进入下一个单元的学习。

慕课平台课程的嵌入式测验和在线练习的设计理念正是为学习者提供多重知识内容的练习，进行实时与重复的反馈练习。课程会随机派送相关知识主体的不同形式的题目让学习者练习，使学习者有机会反复熟悉相关概念，强化重要概念，实现知识的习得与迁移。

精熟学习通常包括下列组成成分，这些部分在慕课平台也得到了良好的实现和使用：其一，教学内容被划分成一系列较小的独立单元，每一单元包含有较小量的学习材料。其二，各单元按一定逻辑序列排序，为后面学习奠定基础的基本概念首先得到学习，较复杂的概念随后进行学习。其三，在每一单元结束时，通过考试检验掌握水平。在学习者学完一个单元，进入下一个单元前，必须参加有关这个单元内容的考试，以检验是否掌握了该单元的学习内容。其四，每一单元要有一个具体的、可观察、可测量的单元测验掌握标准。其五，为需要额外帮助或练习的学习者提供“补救”措施，以使他们掌握知识。有些学习者并非总是能够一次通过测验，对这些需要帮助的学习者，教师要提供更有针对性的教学方法，如不同的学习材料、参考书，学习小组以及个别指导等。

三、cMOOC与xMOOC的比较

cMOOC 与 xMOOC 两种类型在教学理念上存在不同：cMOOC 侧重于连通主义的知识建构，促进学习者的知识获取与创造；而 xMOOC 则更侧重于传统教学模式，使学生掌握课堂教学内容。在当前慕课的发展过程中，xMOOC 成了主流。

第三节　大数据时代下微课与慕课的未来发展

当信息技术发展到移动互联网时代，信息技术对教育具有革命性的影响，政府和个人必须予以高度重视，今天的学生被称为“数字时代的土著居民”，他们的思维方式、学习方式与生活方式发生了巨大变化，作为教育工作者能够适应这

种变化吗？美国著名教育学家杜威说过，“如果还像昨天我们被教授的那样去从事教学的话，那么，我们就掠夺了我们的儿童的明天。”教育的时空在不断扩大和延伸，“先学后教”“以学论教”“以学定教”成为教育改革和评价的新趋势。今天，教育工作者不仅要关注自己“如何教”，更要去多关注学生“怎么学”。信息时代的每一位教育工作者必须以敏锐的信息素养、开放的教学理念和学习者的姿态，积极参与新技术、新媒体下教与学方式的变革，比如翻转书包、翻转课堂、微课、思维可视化、3D 打印、图片处理技术、网上会客室、可汗学院、未来学院虚拟现实、学分银行等。这也是信息时代每一位教育工作者专业发展的有效途径和必然使命。

当今社会，人们身处的不是多媒体时代，也不能说是网络时代，更不能说处于一个信息时代，这些称谓或多或少是不准确的。今天，整个社会大环境是一个“互联网 +”的时代，一个移动互联的时代，它给教育带来的变化是非常可观的。首先，它会给我们带来资源获取方式的变革，我们以前的教育以“教育工作者、教材、教室”为中心，这些资源都是相对封闭、极其有限的，而且是趋于僵化的、静态的，例如，教育工作者们反复在课堂上强调让孩子们放学后去预习功课，这个习惯一直延续到现在，然而却是违背教育规律的，不符合人性化学习原则。再如，教育工作者布置的课后作业是预习第几页到第几页的教材，可这些教材是专家编写的，它们的表述严谨、结构完整甚至“面孔冰冷”，教育工作者在这些教材中还存在不懂的时候，让对课本不熟悉的学生进行预习，这些预习往往是浅层而无效的。现在，把这些知识点做成微课，在学生放学回家后让学生观看，通过直观的视频形式让学生预习新课，作者经过对教材的处理和设计，通过亲自制作课件，并把自己讲课的活动、语言、声音、情感变成一个微视频，然后让学生们一同预习。和从前的教材预习的模式相对比，哪种方式更适应学生的需要、更具有“温度与情感”，不言而喻。教育发生改变的动力主要是新媒体、新资源、新课程，但是，如果想从事教育的话，那就千万不要跟着目前的学校形态、管理体制、教学方式走，一定要朝前看。如果总是亦步亦趋，那就只能是疲于奔命。技术并非是用来跟着教育前行的，在以前，相信技术是用于推动教育发展的利器，今天，相信技术是用于引领教育的。微课建设理念从提出至今仍是一个新生事物，其理论基础、开发途径、应用模式、技术指标、评价体系等方面还有许多需要完善的地方，这就必须依靠广大教育工作者在实践中去修订、丰富和结合未来教育的发展趋势，微课将在以下五方面得到突破。

第一，未来微课开发方式上，将跳出“小微课”的局限，迈向“大微课”时代。当前的微课过于关注单个微课的设计与开发，视野过小，过于零散、碎片、重复、无序，学生在使用的时候往往是“用了上节没有下节”，微课学习往往是支离破碎、“只见树木不见森林”。未来的微课将会是在微课程专家主导下的基于“顶层设计”和“系统规划”的建设导向。微课将从无序走向有序，从零散走向体系。如基于学习主题、专题的建设，围绕教材知识体系的同步建设，建成一门课程一个学科（专业）的系列化体系化的微课程。要引领大众从当前过于关注微课“碎片化呈现”“快餐式学习”的认识泥淖，走向在关注在线教育时代微课“碎片化呈现”的同时深入学习者高效学习体验的“自我知识体系建构”和“问题解决能力形成”的深化应用阶段。

第二，微课建设类型上，支持移动、在线、泛在学习的微课数量将激增。调查统计数据表明：目前我国现有微课类型过于单一、同质且以知识讲授型微课为主（占 80% 以上），单个微课内容较多、容量较大、时间偏长、使用不便，应用环境和方式多是离线、下载观看、教室使用为主。未来微课的应用将更加靠近微课的“本质使命”：时间更短、内容更精、类型多样，支持用户个性化的移动学习、在线学习、泛在学习等多种学习方式，实现“人人皆学、处处可学、时时可学”。基于微信端的移动学习型微课、基于 App 应用程序的学习型微课开发将成为一个新热点。

第三，微课制作技术上，交互式学习、虚拟仿真、3D 视频体验式微课将成为新宠。做微课的教育工作者应该经常追问自己几个问题：一节 40 分钟的完整版的视频课例，学生学不下去“情有可原”，但做成 4 分钟的微课学生就一定能够看完看懂吗？学生学习微课时难道仅仅是“观看”微课视频吗？学生在课堂上迫于教育工作者的“监控”和“情面”也许还会听下去，但微课更多是给学生“一个人”“一对一”的学习情景——更多时候旁边并没有教育工作者和同学在场，单靠传统的讲授甚至是灌输，学生学习微课时只是按顺序播放视频还能吸引学生的注意力吗？因此，即使是最简单简短的微课，也要通过交互教学设计（如创设情景、提出问题、布置练习、设计任务、开展活动）和交互技术设计（如师生互动、虚拟仿真、3D 视频、在线评测反馈等）来促使学生深度参与到微课教学活动中，与视频里的教育工作者、问题、任务等进行“互动”，这样的学习才是有效的。

第四，微课建设主体上，将从“单打独斗”的封闭式建设走向基于“互联网 +”思维的“众筹”与“联盟”。未来的微课建设开发人员将不再局限于教育工作者，而是多主体和多元化，体现出“互联网 +”时代的“众筹”和“创客”的特点，教育工作者、学生、家长、教育企业及任何对教育感兴趣的人员，都可以将有教育价值的主题加上自己的创意制作（创作）为个性化的微课，信息时代的任何一个人都具有资源提供与消费的双重权利。因此，从某种意义上来说，学生创作的微课、教师指导学生或与学生共同录制的微课，既是当前热火朝天的“创客教育”的一种新范式，也是人类学习金字塔中倡导的“让学习者及时教会别人”作为一种移动互联时代最有效的学习方式的新突破。

第五，微课应用途径上，基于大数据的智能化的区域性微课（慕课）学习管理平台将会百花齐放。微课就是一粒沙、一滴水，随意放置不能产生任何价值。因此，从某种意义上来说，微课学习与管理平台比微课资源本身更为重要。微课平台设计要考虑到用户的“应用体验需求”而不是“资源数据管理”，除了符合在线教育的规律，还要与线下传统班级教学流程相融合。这方面可以借鉴美国的可汗学院平台，其不仅是自主学习的个性化平台，更是学校基于翻转课堂、混合学习的公用平台，具有实名注册、学习诊断、学习行为记录、学习路径形成、个性资源推送、志愿者答疑和参与讨论交流等功能。微课只是一个学习行为激发的“引子”，由于众多的学习者经常在学习社区互动交流讨论留言，将会形成一个群体性学习社交区域，产生更多的智慧型资源。因此，中小学微课发展将向微课程和慕课发展，达到“类慕课”的效果。如一些知名中小学会将率先在网上开设基于微课的慕课学科课程、专题课程、同步课程，并有微学分认证和结业证书的发放，实现区域内各学校微课慕课学分互认、跨区域名校微课慕课联盟。

微课是一种以小视频为主的教学资源，并在教学应用实践过程中不断地发展，形成了微型网络学习课程系统。当今信息社会中，随着新科技和新媒体的迅速发展以及广泛应用，广大用户对学习方式的选择也呈现出多元化，加之智能手机、平板电脑、笔记本电脑等便携式智能设备的普及，微课的出现显得尤为重要，它的出现顺应了时代发展潮流，符合教育发展规律，适合自主教学、个性化教学、合作教学、移动教学、远程教学的开展。虽然微课有了一定程度的发展，但终究还是一个新生事物，很多专家学者对微课也有着不同的观点，也从不同方面指出过不足和缺点。在信息时代的大环境下，微课的特点和本质决定了它在教育教学中具有广阔的应用前景和正确的前进方向。

慕课作为世界开放教育资源运动的一项新晋的发展，它对包括高等教育、基础教育、职业技术教育等学校教育中的正式学习和非正式学习，都产生了并正在产生着重要而深远的影响。

不仅如此，从国内外的平台开发、慕课建设、学习应用、科学研究发展情况来看，慕课始终处于一种高速发展和快速演变之中，而且作为新兴事物，学习与教育实践又迫切需要教育理论研究者跟进研究，为实践提供支持和指导。

慕课大潮来袭，学术界、教育界、新闻媒体、社会公众对其进行了诸多评说，人们议论纷纷、爱恨参半、褒贬不一。在诸多评说之后，对于慕课，人们开始回归到一种更加务实和理性的思考之中，世界各地数千万的慕课学习者始终没有停止学习的步伐。

毕竟，在今天这样的一个学习型社会，我们每一个人都可以通过网络，随时、随地向其他人学习想要学习的几乎任何东西。这是人类历史上前所未有的。然而，在究竟如何将慕课整合到各级各类的学校教育和培训实践之中，使这种非正式学习模式为正式学习贡献力量，各级各类学校和教育工作者还面临诸多严峻的挑战。

第一，在未来一段时间里，慕课将会持续高速增长。全球慕课不断发展演变，并持续高速增长：平台越来越多，越来越多的大学加入进来，越来越多的课程上线，越来越多的公众了解并开始借助慕课促进自己的成长与发展，越来越多的研究报告涌现出来。展望未来，我们相信，在未来相当长的一段时间里，就全球范围而言，慕课将会保持持续高速增长的态势。

第二，对于慕课，人们的看法将会越来越趋于理性。我们深信，慕课已经并正在对世界范围内的各级各类学校教育和企业培训产生重要而深远的影响，这种影响将持续地显现出来。但是，有关慕课“颠覆大学”的看法仍然过于激进。毕竟，无论是慕课还是大学，都在有意无意地进行着或快或慢的变革。慕课，为今天的每一个社会公民提供了借助网络提升自己、自我发展与完善的一个机会，然而，这个机会要变成现实，还需要每一个学习者的自觉、自主、自愿、自控的学习内驱力以及在线参与式的学习方法与技巧。唯有如此，这个机会才有可能带来成功。

第三，慕课将会并不断地渗透到学校教育与企业培训之中。随着慕课模式的不断成熟，国内外越来越多的高等院校、企业人力资源部门、培训机构开始尝试将慕课整合进学校课堂教学和企业培训之中。慕课这种发端于世界在线教育与开放教育的非正式学习模式，已经开始不断地渗透到大学和培训机构的课堂之中。

展望未来，越来越多的大学、中小学和企业培训机构开始尝试将传统的面对面教学与包括慕课在内的在线教学结合起来，把世界范围内的一流大学的慕课资源用于课堂教学。基于混合学习的教学模式将成为最有前景和最具生命力的教学模式，我们深信，这种态势将会有增无减。

第四，慕课的学分认证和商业模式等问题将找到解决途径。就目前情况而言，在国内外，慕课还主要是作为一种非正式的在线学习形态，受到了学习者的喜爱和推崇。可是要想将慕课整合进中小学、大学乃至企业培训之中，学分认证、考核评估、学籍管理、商业模式等一系列难题就必须要得到很好的解决。否则，慕课就很难很好地进入各级各类学校教育体系之中。这是慕课发展目前面临的诸多瓶颈中比较突出的几个。就国内外慕课的发展实践来看，一些慕课提供者、在线教育机构和大学管理者已经开始尝试各种不同形式的解决方案，并取得了良好的效果。展望未来，慕课的学分认证和商业模式等问题将找到解决途径。

第五，慕课教学法将会得到更多关注，学习支持服务将会进一步加强。

回顾过去几年慕课在国内国外的发展，不难发现，越来越多的报刊、文章、会议、讲座、研讨会开始谈论慕课，相关的报道、评论、赞誉、批评不断地涌现出来。然而，对于慕课教学法这一关键，人们却关注不够。在笔者看来，要想真正体会慕课的奥妙、了解慕课的机制、感受慕课的魅力、享受慕课学习带来的乐趣，非得了解慕课教学法不可。因为，不了解慕课教学法，就没有办法真正了解慕课，也就不可能真正地开发出好的慕课平台和课程，自然也就不可能很好地提供慕课学习支持服务。

不仅如此，对应用于慕课教学法的相关研究也将不断涌现出来。慕课到底是如何组织教学的？慕课学习者应当具备怎样的素质和技能，得到怎样的学习支持服务，才能更好地享用来自全球一流大学的“精神大餐”？慕课学习者如何借助慕课学习，融入全球性的实践社群之中，通过网络，向其他来自世界各地、背景不一、职业迥异的慕课学习者学习？如何激发慕课学习者的学习动机，并使其学习动机得以持久保持？所有这些问题，都将成为未来研究的方向和重点。展望未来，慕课教学法将会得到更多关注，学习支持服务将会进一步加强。

第六，慕课研究将会成为在线教育和开放教育的热点，得到进一步加强。作为一种新兴事物，慕课也是一个实践先行的领域。随着慕课实践的不断快速发展，慕课研究，包括慕课教学法、慕课学习、慕课平台、慕课教学设计、慕课学习支持服务、基于慕课的混合学习、慕课学习评价、课程设计与开发等一系列问题，将会成为在线教育和开放教育研究的热点。以后，慕课研究将会得到进一步加强，并反过来有力地支持慕课的快速、健康发展。

当然，对于慕课这样一种尚处于“婴儿期”的教育领域新生事物进行预测，不仅是冒险的，而且显得过于勇敢。但是，还是乐意分享我们慕课学习和研究的心得以及不成熟的看法。毕竟，人们的认识总是需要不断提升、不断改进和不断升华的。

第九章　高校教学系统的信息化设计

第一节　教学系统信息化设计概述

一、教学系统设计的基本原理与方法

（一）教学系统设计的基本原理

1. 目标控制原理

在教学过程中，教师是教学信息的传播者，学生是教学信息的接受者，媒体是教学信息的载体。但教师的活动、媒体的选择、学生的反应都受到教学目标控制。根据这一原理，教学系统设计必须首先确定教学目标。教学目标包括总体目标和具体目标两个层次，总体目标就是优化教学的总要求，而具体目标则根据各门学科、各个教学单元的内容和学生的原有状态而确定。

2. 要素分析原理

教学过程可以看作一个开放系统，环境对学习者产生作用（输入），使学习者对环境做出反应（输出）。在进行教学系统设计时，必须对构成这个系统的各个组成部分进行分析，找出哪些是对系统性质、功能、发展、变化有决定性影响的部分，并作将其为系统的要素加以研究，把次要的因素忽略。

3. 优选决策原理

教学系统设计以分析教学需求为基础，以确立解决教学问题的步骤为目的。解决教学问题的步骤就是教学策略，主要包括媒体选择与教学过程结构的设计。在教学策略设计过程中，必须使用系统方法中的模型化方法、优选方法与决策技术等具体方法，对各种设计方案可待选的对象进行分析、比较、评价，从而选取最佳的策略。

根据这一原理，在教学系统设计的实际操作中，使用媒体选择概率公式、媒体选择坐标判定决策模型、流程选择方法、等级综合评判方法等优选决策方法，使教学策略更能符合教学目标的需要。

4. 反馈评价原理

反馈控制是系统科学的重要方法，它利用反馈信息对系统的反应输出状态与预期目标进行比较，然后根据比较的一般结果，对输入值进行修正，以达到系统输出状态与目标要求相一致的目的。

根据这一原理，教学系统设计必须重视对反馈信息的收集，即必须进行学习评价，设计各种输出反应的测量工具，确立学习评价指标体系，以获得反馈信息，控制和调整教学过程。

（二）教学系统设计的基本方法

教学系统设计是应用系统对教学活动进行系统规则的过程，因此系统方法是进行教学设计的主要工作方法。

1. 系统方法的概念

系统方法，就是按照事物本身的系统性把对象放在系统的形式中加以考察的一种方法，即从系统的观点出发，在系统和要素、要素和要素、系统与其外部环境的相互联系、相互作用中揭示对象的性质和规律，以达到最优处理问题的一种方法，它的显著特征是整体性、综合性、历史性和最优化。

2. 系统方法的基本构成

系统方法是结构方法、功能方法和历史方法的辩证统一。

结构方法是一种向内的研究方法，它基于系统的内部描述，着重研究产生系统功能所能依赖的结构，也就是解决和处理系统内部各要素的关系。

功能方法是一种向外的研究方法，它基于系统的外部描述，把系统当作“黑箱”，通过研究系统与环境的相互作用去研究系统的功能，也就是处理系统的输入和输出问题。

历史方法是从系统的历时性及系统进行的规律出发，研究系统随时间的变化，即系统产生、发展、老化和消亡的过程，主要解决的是系统发展的目标问题。

教学设计就是辩证统一地运用上述三种方法，达到系统最优化的目的。

3. 系统方法的特点

整体性是系统方法的基本出发点。系统方法，把对象看作由各构成要素形成的整体，整体的性质不等于形成它的各要素性质的机械加和，它具有“突现”的特征，这种“突现”特征是由系统的结构决定的。因此，系统方法从思维方法上改变过去“局部—整体”“分析—综合”的认知，强调“整体—局部—整体”“综合—分析—综合”的思维方法。

综合性是系统方法的一大特点。系统方法的综合性有两重含义：一是认为任何系统都是以要素为特定目的组成的综合体；二是要求对任何系统的研究都必须从它的成分、结构功能、相互联系方式、历史发展等方面进行综合的考察。

历时性是系统方法的另一特点。历时性是指运用系统方法分析对象时，要研究系统存在和发生的背景、发展过程经历的阶段、目前达到的水平、成熟的程度、并预测其发展的前景。因此，历时性原则要求我们不仅力图从相互联系中，而且力图从发展中考察客体。把客体当作随时间变化的系统来考察，是完全符合唯物辩证法的。

最优化则是指运用系统方法能达到的目标。最优化实施要求是从许多可供选择的方案中选择出一种最优方案，以便使系统运动处于最优状态、达到最优的效果。这一点是任何传统方法所不能做到的。系统方法要求根据需要和可能为系统定量地确定最优目标，这一最优目标不是样样最优，而是优化组合，达到整体目标的最优；还要求用最新的技术手段和处理方法把系统分成不同等级、不同层次，在动态中协调整体与部分的关系，使部分的功能和目标服从整体的目标，从而达到整体最优化的目的。

二、教学系统设计的基本过程

（一）教学系统设计的基本环节

1. 分析学习任务和学习对象

学习任务的分析，是教学设计中最为关键的教学资源分析阶段。学习任务不仅是制订教学目标的依据，也是整个教学工作的核心内容。学习任务分析包括对学习内容的结构、如何有效组织学习内容、如何使学生掌握学科的基本结构等的分析。学习任务分析与学习对象分析是密切相关的，这个环节要做的工作就是用特定的方法分析教学内容和教学对象，并使用评价工具和方法对学生学习前的起点行为进行分析。起点行为是指学生已有的与新学习有关的能力或倾向的准备水平。教学的起点总是以学生已有的水平为依据，起点过高或过低都不能收到好的教学效果。在教学设计实践中，分析学习者的工作常常与前一环节的工作交织在一起进行。

2. 确定教学目标

教学目标是师生活动的重要依据，也是建立教学评价标准的依据，这个环节要做的工作就是在分析教学内容和教学对象的基础上，参照学习者的特征确立和陈述出教学目标。这既有利于教学模式、方法的设计和教学媒体的选择，也有利于教学评价的进行。学习目标应该说明学习的结果，要以明确、具体的术语来表述，在教学活动开始以前应把目标告诉学习者，使之心中有数，学习活动才能有的放矢。

3. 设计教学策略

教学策略是教师在教学过程中，为了达到某一特定的教学目标而采取的系统行为，它是教学体制或教学成果所要求的总括性的教学方法。教学策略具体指为实现教学目标而进行的思考、策划和谋略，因而教学策略是实现教学目标的一个重要工作步骤。

教学策略设计从宏观上来说，首先是设计者为达到教学目标，对教育价值观及各种教育、教学流派所提出的理论、原理、方法和模式的选择。从具体操作来说，包括以下三个主要方面：①划分教学单元、课时，组织教学内容，设计教学顺序；②选择教学组织形式和方法；③组合运用教学媒体。

4. 教学媒体的选择与设计

媒体组合教学最能体现教学的直观性原则，合理地选择和组织运用媒体，使学生在最佳的条件下进行学习，是实现教学最优化的重要措施。由于不存在普适的万能媒体，因此对于不同的信息和环境，要对媒体进行合理的选择、安排和设计以及实现对信息资源的查询和传播。同时，媒体的选择与教学方法的运用也是密切相关的。

5. 教学结构的设计

教学结构设计就是根据教学目标和学生的特征，对教学中师生的活动过程、形式、涉及的教学媒体和方法等多种要素进行整体优化的安排，形成特定的教学结构或模式。这种整体优化安排的结果就是形成实施教学的综合性方案，即教学策略。可以说，教学策略是教学结构设计的产品，从安排教学的措施和方案的角度看，课堂教学结构、教学模式与教学策略均属同一概念。

这个环节要做的工作是根据学生现有的准备状态，和要完成的教学任务、要达到的教学目标以及要学习的内容等情况，综合地、整体地选择教学方法和媒体，合理地确定教学组织形式和程序，形成行之有效的教学方案，即课堂教学结构或模式。

6. 实施教学评价

按照既定的教学方案或模式进行的教学是否有效、能否达到目标，都需要进行检验，这是学习评价的主要任务。此环节要做的工作是根据教学目标，运用评价的手段和方法，在教学过程中或过程后，对学习效果给予价值上的判断。前者属形成性评价，目的是检验教学设计的方案在实施中的效果如何，若存在问题，便及时调整、补充教学方案；后者是总结性评价，目的是对一个阶段的教学给予全面的评定，并依照学生的学习结果给出成绩。

教学评价的目的是获得教学设计产品的反馈信息，以对教学设计产品做进一步的修改，不断提高教学设计产品的质量。

（二）教学设计过程模式

教学设计的理论建设不应该只停留在理论研究阶段，而是要扩展到实践应用的领域。许多教学设计专家把教学设计的相关理论应用到实践中，形成了一系列的设计过程模式。设计过程模式一方面综合了理论和技术等各方面的因素，另一方面却简化了复杂的教学过程以及教学过程各要素之间的关系。

三、教学系统设计的要素分析与操作工具

（一）教学系统设计的基本要素

关于教学设计过程，目前有许多不同类型的理论模式。但是，可以从各种理论模式中抽取出一些基本相同的组成部分，如学习需要分析、学习内容分析、学习目标的阐明、学习者分析、教学策略的制订、教学媒体的选择和利用以及教学设计成果的评价，这七个基本组成部分可以构成教学设计过程的一般模式。从这七个基本组成部分中还可以进一步抽取出以下四个最基本的环节（或要素）：分析教学对象、制订教学目标、选择教学策略、开展教学评价。各种完整的教学设计过程都是在这四个基本要素（学习者、目标、策略、评价）的相互联系和相互制约所形成的构架上建立的。

教学设计过程的一般模式描述了教学设计的基本过程。这个过程可以分为四个阶段，即前端分析阶段、学习目标的阐明与目标测试题的编制阶段、设计教学方案阶段和评价与修改方案阶段。教学设计的四个阶段是相互联系、相互作用、密不可分的。

这里应强调说明的是，人为地把教学设计过程分成诸多要素，是为了更加深入地了解和分析并发展和掌握整个教学设计过程的技术。因此，在实际设计工作中，要从教学系统的整体功能出发，保证学习者、目标、策略、评价这四要素的一致性，使各要素间相辅相成，产生整体效应。

另外，还要清楚地认识到所设计的教学系统是开放的。教学过程是个动态过程，涉及的如环境、学习者、教师、信息、媒体等各个要素也都处于变化之中，因此，教学设计工作具有灵活性的特点。我们应在学习借鉴别人模式的同时，充分掌握教学设计过程的要素，根据不同的情况要求，决定设计从何着手，重点解决哪些环节的问题，从而创造性地开发自己的模式，因地制宜地开展教学设计工作。

（二）教学系统设计的要素分析

1. 学习者特征分析

通过对学习者特征的分析，主要是为了说明所要进行的课题对学生的知识、能力等智力因素方面和非智力因素方面的要求，以及学生是否已具备了本课题学习的要求。

学习者特征分析就是要了解学生的学习准备状态和学习风格。学习准备包括初始能力和一般特征两个方面：初始能力是指学生在学习某一特定的课程内容时，已经具备的有关知识与技能的基础，以及他们对这些学习内容的认识和态度，学生的一般特征，指的是在学习过程中影响学生的心理和生理的特点，包括年龄、性别、年级、智力才能、学习动机、个人对学习的期望、生活经验、文化、社会、经济等背景因素。学习风格是指对学生感知不同事物并对不同事物做出反应这两方面产生影响的所有心理特征。

2. 教学目标分析

教学目标是师生活动的重要依据。教学是一个受多种因素影响的复杂活动，需要有一系列明确、具体的教学目标作为教学活动的参照点，教学目标可以用来指明教学活动运行的方向。它让教师知道学习者应学习哪些内容、学到何种程度，还能引导学生的活动，使他们明确要掌握的内容，减少学习中的盲目性。教学目标主要包括知识目标、能力目标、情感目标三部分。分析教学目标是为了确定学生学习的主题，即与基本概念、基本原理、基本方法或基本过程有关的知识内容。根据学科的特点，将教学内容分解为许多的知识点，可以按照一定的学习内容分类方法，确定每个知识点内容的属性事实、概念、技能、原理、问题解决等，然后进行学习内容与学习目标的分析，确定各知识点认知领域的教学目标，即识记、理解、应用、分析、综合和评价。

3. 学习内容分析

学习内容分析是根据总的教学目标，去规定学习内容的范围和深度，并揭示出学习内容中各个组成部分之间的联系，以实现教学效果的最优化。学习内容分析以学生的学习结果为起点，并以学习起点为终点，是一个逆向分析过程。

4. 教学策略分析

教学策略是对完成特定教学目标而采用的教学顺序、教学活动程序、教学方法、教学组织形式和教学媒体等因素的总体考虑。教学策略主要是解决教师“如何教”和学生“如何学”的问题。教学策略的选择与制订就是一项系统考虑教学要素并且总体上择优的富有创造性的设计工作，其设计最能体现教学设计的创造性。教学策略一般有两种类型，分别是产生式教学策略和替代式教学策略。产生式教学策略强调让学生自己产生教学目标，学生自己对教学内容进行组织并安排学习顺序等，鼓励学生自己从教学中建构具有个人特有风格的学习。也就是说，学生自己安排和控制学习活动，在学习过程中处于主动处理教学信息的地位。这种策略的有效应用可以将学生的信息与其认知结构联系起来，实现对信息的进一步加工和处理，并且也可以允许学生自主地设计、实践和改善学习策略，提高自我学习能力，它还可以激发起学生对学习任务、学习过程和学习策略的积极性，培养学习兴趣等。替代式教学策略在传统教学中比较常用，它更多地倾向于为学生提出教学目标，组织、提炼教学内容，安排教学顺序，指导学生学习，主要是替学生处理教学信息，使学生在短期内学习到许多内容，使知识储备有限和学习策略不佳的学生更加有效的学习。

5. 教学媒体的选择

当确定了教学目标、选择与组织好教学内容后，教师就要考虑组织教学活动去实现目标。在教学活动的组织中，要做的一项重要工作就是对教学媒体的选择。如何才能在众多功能各异的教学媒体中选择出恰当、适宜的媒体来开展教学活动呢？这需要了解影响教学媒体选择的因素，掌握选择教学媒体的方法，对教学媒体的选择一般考虑各种教学媒体的功能特性和教学的实际需要，将两个方面结合起来加以分析，然后决定取舍。首先要考虑教学目标、教学任务和教学内容的要求，在教学中，不同的教学目标常需使用不同的媒体去传输教学信息，不同的任务要求教师采用不同的媒体和方法去完成，不同性质的教学内容对教学媒体也有不同的要求。其次要考虑学生的需要和水平，不同年龄阶段的学生有着不同的认识能力和思维特点。再次要考虑教学媒体的功能，每种媒体都有不同的功能和特点，它们应用在不同的教学环境下会产生不同的教学效果。最后对教学媒体的选择还要考虑一定的教学条件，如技术问题、经费问题和教学环境问题等。

6. 教学评价分析

教学评价是教学设计中一个极其重要的部分。通过客观、科学的评价，教学设计工作将不断得以检验、修正和完善。教学评价已经形成一门独立的学科，有它自己专门的研究领域。教学设计过程中的评价以设计成果的形成性评价为主。教学设计成果评价的实质是从成果和影响两个方面对教学设计活动给予价值上的确认，使教学设计工作沿着预定的方向进展。

四、教学系统设计的意义

教学系统设计是开展教学活动的前提和基础，它为教学活动的实施提供了可靠的“蓝图”。通过教学系统设计，教师可以清楚地知道学生要学的内容，以及学生将产生哪些学习行为，并以此确定教学目标；通过教学系统设计，教师可以依据教学目标和学生的特征，采用有效的教学模式，选择适当的教学媒体和方法，实施既定的教学方案，保证教学活动的正常进行；通过教学系统设计，教师可以准确地掌握学生学习的初始状态和学习后的状态，便于有效地控制教学过程。

（一）进行教学系统设计是信息社会发展的要求

信息时代知识的爆炸和科技的日新月异，对人才的需求提出了更高的要求，书架型人才、工匠型人才，已难以适应时代的发展，而素质全面、接受继续教育能力强，智能型、创造型人才在时代的激烈竞争中越来越表现出充分的活力，这也就对信息时代的教育提出了更高的要求。现代教育是“信息化、多媒化、多元化”的三化教育，也是“高效率、高效益、高质量”的三高教育，它能帮助人以较小的代价获得较大的收获，用较少的时间和精力获得较多的教育和学习效果。在信息社会中，只具有专门的技术知识是远远不够的，信息社会变化速度快，对信息社会适应能力的高低决定了人才水平的高低。在获取专业知识的同时，掌握一定的信息知识、信息能力，具备一定的信息意识、信息观念，可以促进人的个性的全面发展。信息社会，要求人必须具有利用多媒体计算机和网络技术进行学习和工作的能力，具有获取处理和存储信息的能力，具有利用多媒体计算机和网络技术进行信息交互的能力。现代教育的发展方向之一是终身教育，信息教育在人的每个发展阶段都是必不可少的，从小学、中学、大学，到在职教育都离不开它，只有通过系统、完整的信息教育，社会成员才能更好地适应社会的发展、促进社会的进步。

综合分析以上信息社会的要求，可以看到教育、教学中迫切要解决的实质问题是应采取什么措施使人们接受到效率高、效果好的教育，采用什么策略教会人们“如何学习”，从而使生活在信息时代的人们适应社会的飞速发展，提高教学效率。促进每一个学习者自身的发展正是教学系统设计的根本思想，而对社会发展中出现的与教育有关的问题采取相应措施并进行解决，以满足社会的需要，也正是教学系统设计的方法。

（二）进行教学系统设计有利于教学工作科学化

传统教学中虽然教学系统设计的活动普遍存在于教师的教学实践当中，但只是把设计看作一门艺术，其设计思想之精华也只掌握在少数优秀教师的手中，赋有才华的老教师靠“师傅带徒弟”的传、帮、带的方式把自己的经验传授给其他教师和年青教师，但难以大范围普及他们成功设计教学的经验。

现代教学系统设计则是从教学的科学规律出发，把对教学问题的确定、分析，把解决问题方案的设计、试行乃至评价和修改等系列教学系统设计的内容和程序，都建立在系统方法的科学基础上，从而使教学活动的设计摆脱了纯经验主义，而纳入科学的轨道，使广大教育工作者容易学、乐于接受，并在教学中进行实践。教学工作的普遍科学化，可以大面积地提高教学效率和效果，提高教育、教学的投资效益，这正是教学系统设计的宗旨。由此可见，学习和运用教学系统设计的原理是推动教学工作科学化的有效途径。

（三）学习教学系统设计有利于提高学习者分析问题、解决问题的能力，培养科学思维能力和科学态度

教学系统设计是系统解决教学问题的过程，它提供的一套确定、分析、解决教学问题的系统方法、逻辑思维和决策技术，具有很强的迁移性，也可用于其他领域和其他性质的问题情境。学习教学系统设计除了使学习者掌握教学系统设计基本原理和必要的知识以外，更重要的是要让学习者学会创造性地解决问题的方法和技术，培养学习者创造性地分析问题、解决问题的科学思维能力和科学态度。

为了适应未来社会的激烈竞争，现代学生不仅要有良好的思想品德、扎实的专业基础知识和健康的身体，而且必须掌握现代教育思想和现代教育技术，将来在具体的学科教学中才能应用先进的教育思想和理念指导教学，利用现代教学系统设计理论和现代教育技术手段培养学生。这样，才能胜任未来教师的工作，才能适应教育改革的挑战。

（四）学习教学系统设计可促进教育技术的实践与理论的发展

教学系统设计是教育技术学科的重要组成部分，它是教育技术理论和思想方法运用于教学实践的一门应用性很强的新学问。教学系统设计的学习将进一步推动教育技术的实践，也必然会进一步检验教育技术的理论，从而使教育技术的理论在不断总结其实践经验的基础上得到完善和升华。

第二节　信息化教学设计

一、信息化教学设计概述

（一）信息化教学与信息化教学设计

1. 信息化教学的概念

信息化教学就是在信息化环境中，教育者与学习者借助现代教育媒体、教育

信息资源和教育技术方法进行的双边活动。其特点是以信息技术为支撑，以现代教育教学理论为指导，强调新型教学模式的构建，教学内容具有更强的时代性和丰富性，教学更适合学生的学习需要和特点。信息化教学不仅在传统教学的基础上对教学媒体和手段进行改变，而且以现代信息技术为基础对整体教学体系的一系列进行改革。

2. 信息化教学设计的概念

“信息化教学设计”这一术语由上海师范大学黎加厚教授提出，他将教育信息化环境下的教学设计简称为“信息化教学设计”，以区别于20世纪90年代以前没有使用计算机和网络等信息技术的教学设计。信息化教学设计就是运用系统方法，以学为中心，充分利用现代信息技术和信息资源，科学地安排教学过程的各个环节和要素，以实现教学过程的优化。应用信息技术可构建起信息化环境，便于学生获取、利用信息资源，支持学生的自主探究学习，培养学生的信息素养，提高学生的学习兴趣，最终优化教学效果。

（二）传统的教学设计与信息化教学设计

信息化教学设计是教学系统设计中的特殊一种，它在教育信息化环境下进行，是教学系统设计的一个发展方向。教学系统设计以客观主义为理论基础，例如行为主义理论和认知主义理论，整个设计过程是自上而下的，由教学专家制订严格的带行为目标的行动计划，前线教师按计划有组织、有顺序地展开设计过程，由此可见，教学设计专家对于成功的教学系统设计至关重要。信息化教学设计则以建构主义为理论指导，建构主义学习理论强调以学生为中心，教学设计从“以学生为中心”出发，并强调培养学生的首创精神和高级思维技能，所以，以这一思想为指导的整个信息化设计过程是非线性的，有时甚至是混沌的。这种教学设计需要懂得教学内容与情境的开发者，其教学的重点是在意义丰富的情境中发展理解，注重创设信息化的学习环境和提供学习资源。信息化教学设计并非仅仅指现代信息技术对教学领域的介入。传统的教学设计对信息技术持“媒体观”态度，即视信息技术为教学的媒体，用于辅助教师的讲解与演示；而在信息化教学设计中，现代信息技术是学生的认知工具，通过现代信息技术（以多媒体和网络为主）创设学习环境，为学生提供丰富的学习资源，支持学生的自主学习和协作式探索。信息化教学设计的基本特征之一是网络化，信息化环境需要网络技术的支持，网络能够为学生的学习提供丰富及开放的学习资源，具有极大可能的交互性和多样的选择性。信息化教学设计的一个必要条件就是网络环境，区别于传统的教学设计，信息化教学设计不再是一个封闭的回路，而是一个开放的系统。

总的来说，信息化教学设计把静态的教学设计转变为动态信息设计，让课堂充满活力、激发学生兴趣；把传统的教学设计，转变为网络教学设计，让解读教材变为引导知识学习；把集体、统一设计，转变为个性化设计；从重视结果评价，转变为能力评价，关注了学生综合素质能力的培养和提高，使学生学会学习、学会创新。

二、信息化教学设计的基本原则

在信息化教学设计中，要以建构主义理论为指导，充分利用信息技术手段进行基于资源、合作、研究等方面的学习，使学习者在意义丰富的情境中主动建构知识，它关注了学生能力的培养，关注了学生的学习过程。

为此，可以将信息化教学设计的基本原则归纳为以下几点。

第一，强调以学生为中心，注重对学习者学习能力的培养。

信息化教学设计，强调和主张在信息技术环境中进行学习，教师作为学习的促进者，引导、监控和评价学生的学习过程。

在信息技术环境中进行学习时，学习者的自主性将发挥巨大的作用，包括对于学习内容和学习方式的选择等，因此信息化教学设计十分重视学习者的主体作用。以学为中心，注重学习者学习能力的培养，无论以“任务驱动”还是“问题解决”等方式开展学习或研究活动，在相关的有具体意义的情境中教授学习策略和技能时，教师都应该充分尊重学生的主动性和自主选择。在这一过程中，教师作为学习的促进者，要引导、监控和评价学生的学习过程，帮助学生掌握主动学习的技巧，使学生能够更好地开展自主学习。同时，学生通过信息技术，也可以找到更多的高素质“隐性教师”。

第二，充分利用现代信息技术，注重情境的创设与转换，使学生尽可能在真实情景中灵活应用知识。

信息化教学设计强调学生的积极参与，而活动的参与需要一定情境的支持，因此，在信息化教学设计中应该注重情境的创设，使学生经历与实际相类似的认知体验。同时注重情境的转换，使学生的知识能够得以自然的迁移与深化。在情境的创设与转换过程中，可借助信息技术手段，选择和组合各种信息技术，创设一个学习者可以互相合作和支持的地方，在那里他们使用许多工具和信息资源参与解决问题的活动，而不是创设一个学习只能单独孤立进行、不重视知识的实际运用的场所。让学生的学习总是与一定的社会文化背景（即情境）相联系，在实际情况下学习，使学生利用自己原有认知结构中的有关经验赋予新知识以某种意义。

第三，充分利用多种工具和丰富的资源，为学生提供良好的学习环境，以保障学习活动的有效开展。

信息化教学设计注重对信息技术工具和信息资源的使用进行设计。现代信息技术的发展，尤其是多媒体和网络技术的发展，能够为学习者提供信息化学习工具和丰富开放的信息化学习资源，为有效开展基于问题的学习和主动探究学习等提供了充分的条件。

这些工具和资源应当与学生的主题任务相关，能够帮助学生完成问题解决的过程，促进学生的意义建构。例如，提供给学生与教学主题或问题相关的网络资源、典型案例，对学生的学习进行一定的指导和帮助等。信息技术工具和信息资源在信息化教学设计中具有不可替代的作用，因此，有关信息化学习工具和资源的提供与设计，也是教师在信息化教学设计中的一项重要任务。在信息化教学过程中，教师要充分发挥信息化学习工具的作用，利用各种信息资源支持学生的学习。

第四，以“任务驱动”和“问题解决”作为学习和研究活动的主线，鼓励学生自己体验学习和检验观点。

以“任务驱动”和“问题解决”作为学习和研究活动的主线，主要用于说明学习活动的展开可以围绕某一问题或主题，这些内容来自现实学习和生活中的一些具体事例。同时，也说明了学习活动具有明确的任务性、目的性，学生知道为什么而做，教师的重点放在如何有效地引导学生。借助于现实中的任务与问题给学生制订学习目标，让学生进行探究性学习、问题解决或完成任务，这样学生可以在相关的有具体意义的情境中获得学习策略和技能，可以通过对问题和主题的主动探索活动，体验学习的快乐、培养学习兴趣。

第五，鼓励合作学习，强调学生间的协作，努力营造良好的心理环境。

信息化教学中，协作学习不仅指学生之间、师生之间的协作，也包括教师之间的协作，如实施跨年级和跨学科的基于资源的学习等，但主要以学习者之间的协作学习为主。学习者通常以小组或其他协作形式展开学习，在学习过程中互相帮助，共同完成某一项任务目标，实现“问题解决”。每个学习者在中间承担一定的任务、担当一定的角色，学习活动过程成为“学习者身份和意义的双重建构”。在合作学习的过程中，学生之间相互协作，共享他人的知识和背景，共同实现了组织目标。

第六，学习过程中突出环境资源的开放性，要注意学习内容的适量，保持学习内容的灵活性。

整个学习过程的开放性是信息化教学设计的一个特征，也是学习环境、学习资源等信息化教学要素的重要特征。开放性包含了丰富性和多样性，信息技术本身也为开放性提供了可以实现的条件。信息技术也为教师和学生提供了形式多样的沟通方式和内容呈现形态，如同步与异步的一一对话、一对多广播与多对多讨论等，这些都为学生进行开放的学习创造了可能性。就学习指导者而言，除了教师，各行各业的专家都可以对学习者的学习予以指导和帮助。但在突显资源环境开放性的同时，需要注意学习内容的适量，并且要使学习内容具有一定的灵活性。

第七，学习结果通常采用灵活的、可视化的方式进行阐述和展现。

在学习活动结束时，学生应当对自己的学习结果进行总结和展示，同他人进行讨论和协商，以加深对学习过程的理解和反思，这些内容通常以研究报告、演讲、讨论等形式展开。在这些过程中，教师应当对学生的学习成果进行必要的指导和帮助，使学习者更好地将学习成果展示出来。

第八，充分发挥评价功能，强调针对学习过程和学习资源的评价。

信息化教学设计是一个连续的、动态的过程，在学习过程中，教师通过不断地研究、质量评估和收集数据，使过程性评价达到改进设计的目的。同时，信息化学习资源种类繁多，为了有效地利用信息化学习资源，必须对资源进行优化选择。

三、信息化教学设计的步骤与方法

信息化教学设计基本上可以分为单元教学目标分析、教学任务与问题设计、信息资源查找与设计、教学过程设计、学生作品范例设计、评价量规设计、单元实施方案设计、评价修改 8 个步骤。在整个教学设计过程中，对于各步骤的分析和操作通常是按照这样一个顺序进行的，但必要时也可以跳过某些步骤或重新排序。

就整个教学过程而言，首先要分析确定单元的教学目标，即确定通过教学以后学生应该达到的水平和获得的能力。目标的实现需要有效而适合的教学方法或策略，而方法和策略的选择在每个学习单元中都应各有侧重。这种选择需要相应的技术工具和资源的准备，要查找和设计信息资源。在信息化教学中比较注重任务驱动或是基于问题的教学，这样的教学需要根据教学目标，精心设计和准备真实任务和针对性强的问题。之后根据任务和问题以及学生的学习水平来确定资源的提供方式，例如让学生自主探索，还是教师事先收集和整理等。在教学过程中，信息技术的介入使学生的学习成果也可以通过一定的电子作品来体现，这样教师还要事先提供电子作品的范例及相应的评价标准。另外，在教学设计和整个教学实施的过程中，评价与修改必须始终贯穿，并作用于教学设计和教学实施的各个环节，不断地评价与修改能够保证整个信息化教学设计的开放性和动态性。下面就分步来介绍一下信息化教学设计中各步骤的具体要求。

（一）单元教学目标分析

分析教学目标是为了确定学生通过教学应该达到的水平或获得的能力，即教学活动展开后对目标的一个整体描述，例如，学生通过这节课的学习将学会什么知识和能力、会完成哪些创造性产品以及潜在的学习结果。

（二）教学任务与问题设计

教学任务与教学问题（包括疑问、项目、分歧等）的设计是整个信息化教学设计的关键，这个环节主要是根据已阐明的教学目标，设计真实任务和有针对性的问题，让学生在信息化学习中通过解决具体情景中的真实问题来达到学习的目标。

（三）信息资源查找与设计

学习资源对学习活动是一种支撑作用，不同的学习活动可能需要不同的学习资源和学习工具。因此，在信息化教学设计中就要根据任务和问题以及学生的学习水平，确定提供资源的方式，可以要求学生自己按照学习目标查找资源，也可以提供现成的资源给学生。前者必须要教师设计好要求、目的，后者要求教师寻找、评价、整合相关资源或提供资源列表。

（四）教学过程设计

教学过程设计是信息化教学设计的核心设计环节之一，通过教学过程设计，可以梳理整个教学过程，使之有序化，一般情况下应写出文字的信息化教案。

（五）学生作品范例设计

信息化教学设计中都有具体的成果，其形式多种多样，为了更好地帮助学生以完成电子作品的形式来进行学习，在教学过程中就应该提供电子作品的范例，使学生对将要完成的学习任务有一个感性认识。

（六）评价量规设计

运用结构化的评价工具量规来评价信息化学习（特别是电子作品）。量规的设计应当具有科学性，以确保评价的可操作性和准确性。

（七）单元实施方案设计

具体实施方案设计，内容包括实施时间、分组方法、上机时间分配、实施过程中可能出现的软硬件问题等。

（八）评价修改

在教学设计过程中，评价修改是随时进行的，伴随设计过程的始终。

四、信息化教学设计过程的关注点

教师在进行信息化教学设计的过程中，需要把握好以下几个要点。

（一）问题或主题的设计

问题设计的水平是衡量教学设计水平的重要标志，是信息化教学设计的核心。设计问题或主题是指在对整门课程及各教学单元进行学习目标分析的基础上，确定当前所学知识的“主题”。依据学习目标，选出当前所学知识的主题（或基本内容），然后围绕这个主题进行意义建构。最后由教学者或指导者总结，并考虑学习者的实际水平，对所有目标达成的可能性进行筛选，从而最终确定主题，作为对学习内容的规划和设计的主线。教师进行问题或主题的设计时，要求能够重新组织大量知识，激发学习者全身心进行探究学习，深刻理解所学知识，促进学习者高级思维的发展。

（二）学习情境的创设

学习情境的创设要以促进学习者的积极性和主动性为前提，尊重学习者探究的需要、获得新体验的需要、获得认可与欣赏的需要、承担责任的需要，充分利用网络技术，尽可能创设各种情境，包括问题情境（以激发学生强烈的求知欲、发现欲）和应用情境（让学习者能有多种机会在不同情境下应用所学知识，将知识外化），从而构造出一个利于学习者开展自主学习的网络化学习环境。

对于可创设的情境，主要包括故事情境、问题情境、模拟实验情境、协作情境等。

（三）学习资源的设计

学习资源的设计主要是为了支持学习者的主动探索和完成意义建构，它是指确定学习主题所需信息资源的种类和每种资源在学习主题过程中所起的作用。对于应从何处获取有关的信息资源，如何去获取（用何种手段、方法去获取）以及如何有效地利用这些资源等问题，如果学生确实有困难，教师应制作相关的资源列表，以方便学生查阅，提高学习效率。支持主题学习任务的学习资源多种多样，因此需要通过学习资源的设计使学生获得可靠、有用的信息，以避免学生漫无目的地查找信息资源，浪费学习时间。

（四）自主学习的设计

建构主义学习环境下的学习所追求的最终目标，就是让学生能建构知识意义。“意义的建构”要由学习者在适当的学习环境下通过主动探索、主动发现，即通过“自主学习”才能完成。在信息化教学设计中，要根据教学内容及所选择的教学方法，对学生的自主学习作不同的设计。自主学习活动的方式需要根据教学实践运用不同的自主学习策略来设计。自主学习策略是帮助学生“自主探索、自主发现”的学习策略，其核心是要发挥学生学习的主动性、积极性，充分体现学生的认知主体作用，其着眼点是如何帮助学生“学”。目前比较常用的自主学习策略主要有支架式教学策略、抛锚式教学策略、随机进入教学策略。根据不同的教学策略，对学习者的自主学习应做不同的设计。

（五）评价方式的设计

在信息化教学设计中，其评价理念和传统的教学评价相比较发生了较大变化，主要表现在以下几个方面：首先更多地关注了学生的表现和过程，侧重评价学生应用知识的综合能力；其次强调学生在学习过程中的主动参与，而且也强调评价过程中学生的自我参与和主动参与；再次资源的开放和多样性也促使了信息化教学设计中对资源要进行评价；最后评价标准是由教师和学生根据实际问题和学生先前的知识、兴趣和经验共同制定的。

在信息化教学设计中，除了理念上的转变以外，其评价方式也有了一定的变化，不仅包括传统的评价方式（测验、调查、观察），还运用了学习契约评价、量规评价、范例评价、学习档案袋评价、概念地图评价、自我评价等新方式。

1. 学习契约评价

学习契约又称学习合同，这种评价方法来源于真正意义上的契约或合同。评价设计是否合格的主要依据将是合约，学习契约的意义和实施方法与日常生活中所说的合约相差无几。在信息化教学设计中，任务的完成、问题的解决、作品的提交、项目的设计等是非常重要的。学习契约这种评价方法能够让学生在完成任务和解决问题时有一个具体的目标或依据，能够对信息化教学进行客观合理地评价。

2. 量规评价

量规评价是利用量规对学生学习水平进行评价的方法。量规是一种结构化的定量评价工具，往往从与评价目标相关的多个方面详细规定评价指标，具有操作性好、准确性高的特点，有利于避免评价的主观因素。随着教育信息化的发展，越来越多的学习任务以非客观性的方式呈现，因而，量规这种评价工具的应用逐渐受到重视，量规评价也成为信息化教学评价的重要方法之一。

3. 范例评价

范例评价是通过展示范例，参照范例完成学习任务，评价学习过程和成果等环节对学生进行评价的方法。在完成学习任务之前，由教师根据学习任务给出解决该类问题的典型范例。这些范例可以是教师或其他人完成的，也可以是以前的学生完成的作品。学习者可以参照这些范例中解决问题的思路、方法，对照自己的学习过程和学习结果进行自我评价，也可以进行互评。

4. 学习档案袋评价

学习档案袋评价是利用学习档案对学生在信息化教学过程中的学习水平进行评价的方法。学习档案是按一定目的收集的反映学生学习过程及最终产品的一整套材料。

学习档案中可包含各种形式的学习材料，如录像带、书面文章、图画、计算机编程等。学习档案能使学生检视自己的成长，也能使教师有效地辅导和支持学生达到学习目标的要求。在信息化教学中，学习档案的建立和维持可以自动进行，成为电子学习档案，其中不但可以记录并保持学生学习过程，还能汇集学生的电子作品等。通过学习档案评价，可以非常清楚地了解学习者在整个学习过程中的表现和学习收获，有利于做出公正的评价。

5. 概念地图评价

概念地图评价是利用概念地图对学生在信息化教学过程中的学习水平进行评价的方法。概念地图是一种用来帮助表现思维过程与结果的工具，可用于指示课、单元或知识领域的组织形态。学生可通过手绘或电子工具的方法将概念沿着空间等级层次或时间先后顺序的维度联系起来，形成他们对这些概念关系的理解。利用概念地图进行评价时，可以通过要求学生画出所学内容的概念地图的方式，对学生的学习水平做出评价。

6. 自我评价

自我评价是学习者运用一定的评价工具对自己的学习结果以及在学习过程中的表现进行评价的方法。自我评价的作用是让学习者有针对性地反思与提高自身的学习水平。自我评价多采用问卷调查表的形式设计表单，帮助学习者通过回答预先设计好的问题来产生某种感悟，从而促使学生对自己的学习过程和学习结果进行更新审视和修改，增强学生的自主学习能力。

五、信息化教案的主要内容

（一）单元教学计划

单元教学计划用以具体地描述教学单元的主题、学习目标、学习活动（教学过程）、学习资源等，其中的学习活动和学习资源在很大程度上是由信息技术支持的，因此这种教学计划可称为信息化教案。

（二）学生电子作品范例

给学生提供参考用的电子作品，可以从各种电子信息源中选取或由教师自行制作。

（三）学生作品评价量表

结构化的定量评价标准，从内容、技术、创意等方面详细规定了评级指标。利用这种量规来评价学生电子作品，既可以让教师评，也可以让学生自评和互评。

（四）教学支持材料

为支持学生有效进行学习活动准备的各类辅助性材料，如软件工具、资料光盘、在线参考资料、教师电子讲稿等。

（五）单元实施方案

包括教学活动的时间安排、学生分组办法、上机时间分配等。

（六）信息化教学设计评价的主要内容

①对学生收集信息能力的评价：能运用网络收集信息资源。②对学生整理信息能力的评价：资料的相关性。③对学生运用计算机能力的评价：演示文稿或网站的制作。④对学生基本实验操作能力的评价：相关工具或软件的操作。⑤对学生感悟运用所学知识能力的评价：整理某一事物的发展历程。⑥对学生创新能力的评价：寻找身边事物的不足，提出有新意的创想。

第三节　多媒体教学设计

一、多媒体教学的指导思想和评价

有怎样的教学思想就会产生怎样的教学设计和教学过程。利用多媒体技术进行课堂教学，如果是以传统思想作为指导，就一定是把多媒体作为一种单纯的先进教学工具，不可能融多媒体优越性于教学过程中，这样做就抑制了多媒体功能优势的发挥，难以转变教学方式，将电化教学变为“电灌”，这样将可能适得其反，会把传统的应试教学的弊端推向极端，对新课程试验将产生消极的影响。以建构学生认知结构、倡导自主学习为目的的建构主义，已成为多数人认同的先进学习理论基础，它与新课程试验重视基础、面向现代化、提高能力、培养综合素质、面向全体学生、发展学生个性的要求有着相当的共性。试验中的课堂教学，必须建立在以学生为主体、充分发挥学生能动性的基础之上，必须在教学过程中形成平等的师生关系，使教师既是知识的传授者又是学生形成认知、探索未知世界的引导者。

多媒体教学设计首先要突破传统教学方式中学生被动受教育的格局，使老师学生都成为教学过程中的主体、共同协调发挥作用，拓宽学生的学习视野和学习空间；其次，要改变传统教学中只能以顺序方式进行教学的落后教学形式，使教学过程具有交互性、交叉性、拓展性和研究性，培养学生的应变能力和创新意识；最后，要转化学生听、看单一的刺激反应形式，将教学过程变为教师的感染力、示范性与生动的形象、丰富的色彩、轻松愉悦的声乐融于一体的过程，学生在犹如身临其境的环境中，各种器官协同发挥作用，在学习的情境中全面发挥学生的潜能。

新兴的多媒体课堂教学的效果，不能用应试教育评价的标准来衡量，而应从学生认知结构形成的快慢，结构的优化，学生素质、能力的提高程度来确定；应从新课程试验的目的出发，全面衡量教学改革任务的落实情况。现代学生处在科技日益发展、视野不断开阔、新鲜事物层出不穷的社会环境里，思维发展由直线型变为发散型，感知事物的能力由片面型转向立体型，接受知识的方式由被动型进化到主动型，掌握知识的方法由记忆型逼近于探索型，所以只教授条条本本的传统教育方式不能完全满足他们了解事物全貌的需求，应试不是现代学生希望的方式，也不是现代教育的根本目的。教育的全部内容应是使下一代人学会如何适应他们所面对的不断进步的社会生活环境，如何推动社会的发展。多媒体教学有可能使学生全方位地对事物进行观察分析，对知识形成自己独特的见解和结构，各种素质同步提高，特殊素质优先发展。一堂多媒体课的好坏，主要以教师的前缘性引导、教师个人的教学魅力、学生的主动学习、师与生以及生与生之间的交流、学生对知识的深刻理解和认知结构的优化、学生的探索创新能力来评价。

二、多媒体教学设计的基本原则

多媒体教学是当前和未来教学的一种普遍形式，它的教学设计直接地影响教学的质量，也是推广应用多媒体技术的必然准备。根据多媒体教学的指导思想和多媒体技术的特点，可将多媒体教学的基本设计原则归纳为以下几方面。

（一）信息情境与学习目标相一致

多媒体技术引入课堂教学，使教师用文字、符号进行讲授和以语言启发思考的静态刺激形式变得丰富多彩，使课堂能够组织、输出更多的信息形式和信息量，使课堂变成一个较大的学习空间。所以每一堂课的信息情境不能是简单的声像堆砌，也不能一味地让无连贯性的未经选择的声像干扰学生的注意力，良好的信息情境应该是在意义上有一定秩序形式、在情境中有趣味、能为教学目标服务的生动的信息集合。多媒体课堂教学，既要创设资源丰富的学习环境，更要对信息资源、自主学习、协作学习环境进行设计，形成信息情境与学习目标的高度一致。

（二）教师前缘引导与学生自主学习的原则

以教师为主导、学生为主体是试验教学乃至今后教学的主要教学思想。利用多媒体进行教学，学生对各种信息的接受与处理应有全新的方法。学生要在丰富的情境中利用自己某一方面的信息加工优势，灵活地理解掌握所学知识。因此，教师不能对每条信息都进行解释，或者一味地进行“启发”，当然也不能让学习像看电视节目或听音乐一样轻松自在，只凭自己喜好，教师应站在超前于学生智力发展的边界上（最邻近发展区），进行前缘性的引导，应适度分析当前的信息，引导学生观察发现、研究归纳，引导学生优化认知结构进行意义建构。这样既可排除非主要信息给学生带来的干扰，同时又积极使学生独立思考自主学习。在教学中，教师要克服过多的启发，避免抑制学生主动性的发挥，也要通过恰当的引导使学生形成正确的思维品质，进而形成并改善认知结构。

（三）刺激适度与充分记忆的原则

任何教学方法和教学形式，都应遵循学生生理发展的规律，按照其特点组织教学。较大的刺激量，能使学生增强注意力、提高学习效率；而过度的刺激会引起过早疲劳，分散学生的注意力、降低学习效率。多媒体教学应根据教学要求设计刺激的方式，准确把握刺激量的大小，积极调动学生的各种情绪，即利用非智力因素达到提高学习效率的目的。一般的多媒体教学，其课堂容量往往比传统教学形式的容量要大，给学生的刺激程度也较高，这样加速了学习的进程，增加了单位时间内的学习内容，同时也就减少了学生理解、记忆的时间。如果不充分认识到这一问题，就会造成欲速而不达、事与愿违的后果。大量的教学实践告诉人们，如果对刺激量大小的认识不足和控制不当，就会产生事与愿违的结果。这就要求教师在教学中安排的刺激量要适度，要准确把握教学节奏，使学生有充分理解、记忆的时间和过程。

（四）人机交互与师生交际的原则

多媒体课堂教学通过超文本链接和网络学习，能够实现人机的交互学习，提高了学生学习的自主性，这是多媒体教学中的一大显著特点。在教学中，学生可以脱离教师进行学习，而许多的教师也容易依赖于机器，使讲课的对象与教师分离，减少了师生之间的思想交流和情感交流，忽视了教师的形态、参与及个人气质和教学艺术魅力对学生情感和知识掌握的巨大影响力。因此，在教学中既要充分发挥人机交互的作用，更要在协作学习中体现师生的相互作用，注重师生交际，使交互与交际两者有机地结合起来。

三、多媒体教学设计的基本过程

多媒体课堂教学要设计什么，怎样进行设计，是本章节要解决的重要问题。必须要做到的是根据多媒体课堂教学的任务，遵循其教学基本原则，确立如何去实现教学目的，选择信息的组织和输出方式，明确教学中教师的地位和学生学习的方式及学习效果等问题，从整体上去设计教学。

（一）分析教学内容，确定教学目标

按照课程的逻辑结构（章、节、问题）明确所讲授的知识点，确定每个知识点内容的属性，并分析这些知识点的内容是属于哪一种类型（事实、概念、技能、原理、问题解决等），进而确定教学目标。

（二）选择教学媒体

选择教学媒体，就是根据教学内容和教学目标，选择记录和储存教学信息的软件和硬件。注意其目的性、针对性、多样性以及适度性、经济性等原则，按照教学媒体选择的方法和流程进行科学选择。

（三）创设信息情境

多媒体信息是多样化的，所以对创设信息中情境所需的信息要进行合理、适度的组合，以便刺激学生实现当前学习主题和教学目标。

1. 信息资源的设计

确定为实现教学目标所需的信息资源的种类，合理利用资源以突出主题，使组合成的信息资源在学习过程中具有可接受性，以达到深化学习主题、突破难点突出重点的目的。

2. 情境创设的设计

情境，又称教学情境或学习情境，是学生参与学习的具体现实环境。知识具有情境性，是被应用的文化、背景及活动的部分产物。知识是在情境中通过活动而产生的。具体的、充满情感和理智的教学情境，是激励学生主动参与学习的根本保证。教学情境的创设是指创设有利于学生对所学内容的主题意义进行理解的情境，是教学设计中的一个重要环节。通过有关的信息资源，使教学内容在社会文化背景下，接近实际生活并与当前学习主题相吻合。通过生动、直观、运动的形象，营造与学习主题气氛一致的情境，可以有效地激发学生的联想、引起积极地观察，唤醒学生长期记忆中的相关知识和感受，从而使学生有新的认识、有新的理解，掌握深化的知识、进行新的建构。情境创设要使学生在不同的环境中选择适合他们个人的学习兴趣和爱好，主动地发现和探索，激发学生参与交互式、协作式学习的积极性。通过教师前缘性的引导，使学生在营造的氛围里感受新的

事物，完成对问题的理解，进而运用新的知识形成意义建构。

3. 信息刺激的设计

情境的创设与刺激量密切相关。要正确处理各种信息输出方式、时机和量度的问题。动态的设计有利于引起注意，超量的信息则容易造成可记忆时间的缩短、深度的分析理解不能完全消化的结果，从而使信息输入浮于表面，对知识的自我链接不牢靠；音像有助于营造气氛形成新的感受，使学生与学习内容一致的愉快氛围里产生共鸣，可减轻学习疲劳，但使用不当会干扰学生对事物的深入分析和干扰严密思考的进程。因此，信息刺激的设计要从方式、时机、量度、动态、声态几个方面进行全面的安排，达到和谐的效果。值得注意的是，多媒体课堂教学显示内容相对较多，速度高于一般情况，特别是显示的内容屏与屏之间切换太彻底，学生对知识系统的整体感受相对下降，因此要通过概括性的小结和高度浓缩，来刺激学生回忆、记忆和进一步理解教学内容，完整和连贯学生的感受系统，使学生自发地完成知识系统的建构。

（四）设计学习方式

多媒体教学的特点能够很大程度地改变也必须改变学生学习的方式。多媒体课堂教学中学习方式的设计，直接影响学生的学习效率和效果，影响多媒体教学目的的实现。

1. 交互式学习设计

交互式学习设计要体现各种学生层次的需求，并由不同基础向深化知识趋近，学生通过主动地交互式对话，被引入一个更高的水平。因此，交互的内容要有随机的进入和随机的处理方式，能够通过选定的典型问题、情境，引导正向迁移；也要通过框架式、树式等形式的填充使学生形成整体认识。交互式学习设计的三个主要要素是主动性、引导性和探索性。

2. 协作与引导学习设计

协作学习是自主学习的一种特殊形式，通过分组讨论、协商以及小组之间提出各组不同见解的方式，用集体智慧深化个体理解，协作学习离不开教师的引导和指导，各小组需要在教师设计的问题范围内进行充分的思考。因此，协作学习可以是在每堂课的初始期，由教师提出能引起争论的议题开始，并通过设计，步步向教学目标靠拢的后续问题，统一学习认识，使学生在协作之中发挥主动性，进行认知建构；也可以是在教学中对遇到的实际疑难问题展开讨论，教师通过一些变式的问题让学生明辨是非，深化对问题的理解。在协作学习中，教师的主导性要充分地发挥，让学生在老师教学艺术的感染下、在其魅力的呼唤下，进入智力邻近发展区，达到充分调动学生的积极性，使其自主地解决问题的目的。

（五）学习评价

学习评价是指对学生的学习过程及结果进行评价，它是依据一定的标准，采取一定的手段对学生通过教学所发生的行为予以确定的过程。学习评价的对象是学生的学习过程及其结果，评价者主要是任课教师。学习评价不能等同于学习测量，测量是人们对事物进行某种数量化的测定，运用各种测量手段获取各种信息，学习测量只是对学生行为进行的描述，而不管其价值如何，学习评价则以这种描述为基础进而试图确定学生行为的价值，即根据测量结果对学生的行为做出价值判断。简言之，学习测量着重于对学习状况的数量化确定，而学习评价则是在测量的基础上着重对学习状况的“解释”与“判断”。在学习评价中，测量的手段或工具很多，但主要是测验，教师根据测验结果对学生的学习做出价值判断。

第十章　云计算移动自主课堂教学模式的构建

第一节　云课堂中师生进入自主学习角色

一、学生角色

学生进入移动自主课堂后会看到自己未完成的任务，其中包括老师发布的考试、作业和学习资源，自己制订的学习任务，如查看学习资源和错题练习等。系统根据学习曲线算法在适当的时间布置给学生的相应学习任务，如学生长时间没有复习和练习某个知识点时，系统会将相应的学习资源和练习推送给学生进行复习和练习。学生可以查看自己最近一段时间的学习记录，及时了解自己的学习情况。学习记录中包括最近学习了哪些资源以及学习每一种资源所用的时间、测试情况的反馈，包括每一个知识点测试题目的数量、正确率等信息。平时考试、做作业会产生错题，利用好这些错题可以有效提高学习效率。学生可以利用移动自主课堂的“错题本”功能，根据时间顺序（倒序）、试题错误次数（倒序）、知识点归类和随机这几种方式查询最近的错题，每一道错题都可以进行即时练习，每一次练习都自动存入系统，并根据结果的对错调整该错题的权重。同时，系统可以自动推送与某道错题相关的知识点和学习资源，以方便学生进行针对性的学习（因材施教）。移动自主课堂考试、作业功能可以根据学生的学习记录自动剔除学生已经牢牢掌握的试题，从而缩短学习时间，提高效率。学生可自主在题库中随机（由系统根据算法进行预筛选）或指定筛选条件等多种方式抽取试题学习，以及根据学生的特点推送与学生掌握不好的知识点相关的试题供学生进行练习（缩短学习时间）。同时，系统根据高分学生的学习记录，推送这部分学生的学习资源和练习题供当前登录的学生进行练习，并根据练习题的测试情况调整推送参数，以探索最适合该学生的学习模式。针对每名学生的不同学习特点，系统地对学习资源进行有效分类。系统将知识点和学习资源建立网络结构，并根据教师指定的难度和实际测试过程中形成的难度数据建立分层结构（海量资源分类）。学生可选取知识点的学习资源，系统自动记录学生学习每个资源所用的时间。

二、教师角色

教师可利用平板电脑或其他方式出题，同时指定试题的属性，如关联的知识点、体现的能力和难度系数等。对于试题的难度系数，系统可以根据学生答题的情况计算出来，自动将错误率较高的题目推送给教师并给出建议，如题目太难、讲解不够等，从而优化题库。为了提高教学效率及资源利用率，系统可以统计每个资源的使用情况，包括学习次数和时间等，并针对使用过于频繁或者过少的资源推送通知。同时，系统还监控学生学习指定资源的情况，包括近期学了哪些资源，投入时间如何，与这些资源相关的试题成绩如何等，从而更准确地了解学生的学习情况，提高课堂教学效率。教师可以通过考试系统发布随堂练习，及时查看学生学习掌握程度，以便当堂解决学生本节课学习中存在的问题。考试系统根据历史数据，对试题库中的试题进行预筛选，剔除正确率非常高、近期出现频率过高的试题，同时将错误率过高、近期很少出现的试题前置显示，为教师提供更多的建议，从而提高出题质量，实现因材施教。在体现个性化教学方面，系统中的学生学习情况查询功能可以使教师了解学生的整体情况，包括错误率较高的知识点和题目。同时，将查询到的数据与相应学生学习资源的时间投入情况进行对应，以协助教师分析学生失分的原因。还可以针对指定学生，了解其最近的学习档案和考试、练习情况，包括其薄弱知识点、资源学习的盲区等，以便针对个体给出个性化的学习建议。

三、营造师生及生生互动的学习空间

（一）师生、生生互动

移动自主课堂采用先学、精讲、后测、再学，并有教师参与的教学模式。在移动自主课堂中，教师根据学科类型、知识点特点、学生特点、教学目标与教学内容等，可采用灵活多样的教学方式，并且系统可自动记录学生行为和教师行为数据。教师根据系统提供的数据可以了解每一名学生的学习情况，学生也可以通过“点赞”或“不赞成”“笑脸”或“哭脸”等方式对某知识点的学习心情、学习效果、教师讲解等情况做出回应。学生之间可以针对某知识点的学习进行竞争学习，教师和学生之间可针对某知识点发起话题讨论等，在课堂教学中实现师生、生生互动。更重要的是，这样可采集到用于学生分析和管理的真实数据。

（二）个性化学习

在课堂教学中，虽然学生是在教师的安排下有序学习，但课上时间主要集中在教师对疑难问题的解答或教学内容精讲上。而那些课上没学会或缺课的学生，则可以在课外登录“移动自主课堂”，自主学习课堂教学中的相同内容。在课外，系统根据每位学生的学习路径和近期学习情况，针对教学过程中的重点、难点和每位学生的错误点进行个性化推荐。根据系统记录的学生错误试题的数据，教师也可以进行个性化指导。

（三）学习轨迹与成长记录

移动自主课堂可以详细记录学员的学习过程和学习习惯等相关数据，再加上教师的指导，更能充分发挥这些数据的作用。

四、移动自主课堂教学模式的设计

移动自主课堂包含的角色有学生、教师和管理员，他们都可通过 Web 或者平板电脑与服务器交互，实现所需的功能，如出题、出卷、布置作业、考试、做题、批改作业等。

Web 浏览器方式主要给管理员和教师提供图形用户接口，以方便使用电脑进行系统的管理工作，主要包括系统参数设置、用户管理、题库管理、试卷管理、考试管理和教学质量分析等相关功能。

平板电脑方式可为所有角色服务：管理员可以了解指定教师和班级情况；教师可以实现实时出题、出卷、布置作业、批改作业、改卷，查询学生学习情况等；学生可以实现实时学习、考试、练习等功能。

信息化环境下移动课堂教学模式探究以“移动自主课堂”为核心，我们还设计了“四课型”渐进式自主学习方式。其基本模式是：先学、精讲、后测、再学，即教师提前通过学生学习支持服务系统向每位学生发送资源包，包括导学案、课件、测试题及有关学习资源（包括微视频等）学生参考资源包，依据课本进行预习自学，并记录问题或疑问，学生通过平板电脑或其他媒介展示反馈学习成果，或通过学生学习支持服务系统进行前测，通过测试展示学习成果或问题对重难点内容由学生或教师进行点拨，在充分质疑交流的基础上进行归纳总结（老师与学生互动），最后通过学习平台进行练习评价课，系统自动统计测试成绩并进行分析，之后由学生、教师或系统进行讲评、评价。

第二节　云计算网络移动自主课堂的改革突破

一、构建自主学习的移动课堂

自主学习（意义学习）是相对于被动学习（机械学习、他主学习）而言的，是指教学条件下学生的高质量的学习。自主学习概括地说，就是“自我导向、自我激励、自我监控”的学习。对学生明确提出课前自学，提出疑问。教师在课堂上引导学生分组讨论，解决问题，对一些共性问题进行点拨。

要强调自主学习、合作学习、探究学习，要把所有学生的学习都提高到一个自主学习的高度。自主学习就是学生自我导向——明确学习的目标，自我激励——有感情的投入，自我监控——发展学生的学习策略和思考策略，作为教学的一个目标，应通过具体真实的问题解决才能更好地明确解决问题所依持的原理，让学生能够把这一原理应用到更广泛的情境中。原有的试图说服学生、命令学生、简单重复已有的正确结论的学习方式，禁锢了学生的思想，剥夺了学生质疑的权利，压抑了学生的创造潜能。

根据国内外学者的研究成果，具体地说，自主学习具有以下几个方面的特征：学习者参与确定对自己有意义的学习目标，自己制订学习进度，参与设计评价指标；学习者积极发展各种思考策略和学习策略，在解决问题中学习；学习者在学习过程中有情感的投入，学习过程有内在动力的支持，能从学习中获得积极的情感体验；学习者在学习过程中对认知活动能够进行自我监控，并做出相应的调适。

自主就是尊重学生学习过程中的自主性、独立性——在学习的内容上、时间上、进度上，更多地给予学生自主支配的机会，给学生自主判断、自主选择和自主承担的机会。过去的课堂是老师控制学生学什么，什么时间学，学生始终处于被动状态，这种过度控制压抑了学习的兴趣和学习过程中的美好体验。自主学习是可以有效地促进学生发展的学习。大量的观察和研究充分证明：只有在此种情况下，学生的学习才会是真正有效的学习。学生会感觉到别人在关心他们，对他们正在学习的内容很好奇，同时也会积极地参与到学习过程中，在任务完成后得到适当的反馈，他们看到了成功的机会，也对正在学习的东西感兴趣并觉得富有挑战性，感觉到他们正在做有意义的事情。

二、构建合作学习的移动课堂

合作指教学条件下学习的组织形式，相对的是“个体学习”与“竞争学习”。是学生之间和师生之间的互动合作，平等交流。学生不再是孤立的学习者，而是愿意与同伴一起合作学习，与人分享学习与生活中的失败与成功的体验。合作是一种开放的交流。培养学生合作的品质，乐于与他人打交道，是培养人的亲和力的基础。合作学习强调学生在小组或团队中为了完成共同的任务，有明确的责任分工的互助性学习，它有以下几个方面的要素：积极承担在完成共同任务中个人的责任；积极地相互支持、配合，特别是面对面的促进性互动；期望所有学生能进行有效的沟通，建立并维护小组成员之间的相互信任，有效地解决组内冲突；对于个人完成的任务进行小组加工；对共同活动的成效进行评估，寻求提高其有效性的途径。

合作动机和个人责任，是合作学习产生良好教学效果的关键。合作学习将个人之间的竞争转化为小组之间的竞争。如果学生长期处于个体的、竞争的学习状态之中，久而久之，学生就很可能变得冷漠、自私、狭隘和孤僻，而合作学习既有助于培养学生合作的精神、团队的意识和集体的观念，又有助于培养学生的竞争意识与竞争能力；合作学习还有助于因材施教，可以弥补一个教师难以面向有差异的众多学生教学的不足，从而真正实现使每位学生都得到发展的目标。在合作学习中由于有学习者的积极参与，高密度的交互作用和积极的自我概念，使教学过程远远不只是一个认知的过程，同时还是一个交往与审美的过程。研究表明，如果学校强调的是合作，而非竞争，既不按智力水平分班、又不采取体罚的措施，那么这种学校就不太会发生以大欺小、打架斗殴以及违法犯罪等事件，同时也不会因为强调竞争而降低学习成绩。事实证明，要提高一个孩子的学习成绩，更有效的办法是促进他的情感和社会意识方面的发育，而不是单纯集中力量猛抓他的学习。

合作学习可以帮助学生通过共同工作来实践其社会技能。在合作式的小组学习活动中可以培养学生的领导意识、社会技能和民主价值观。

三、构建探究学习的移动课堂

教师要积极在课堂上开展探究式教学，让学生不仅知其然，还要知其所以然。探究教学的含义是：在教学过程中构建具有教育性、创造性、实践性、操作性的学生主题参与活动为主要形式，以鼓励学生主动参与、主动探究、主动思考、主动实践为基本特征，以教师合理、有效的引导为前提，以实现学生各方面能力的综合发展为目的，促进学生整体素质的全面发展。所谓探究学习相对的是接受学习。接受学习将学习内容直接呈现给学习者，而探究学习中学习内容是以问题的形式来呈现的。和接受学习相比，探究学习具有更强的问题性、实践性、参与性和开放性。经历探究过程以获得理智和情感体验、建构知识、掌握解决问题的方法，这是探究学习要达到的三个目标。

探究创新就意味着不故步自封、不因循守旧、不墨守成规，总是试着改变，所以创新、探究和发展是健康人格的重要组成部分。缺乏创新意识和能力的人的人格是不完善的，一个自我实现的人总是带有开拓进取、勇于冒险的精神，不会固守不变的东西得过且过。探究学习即从学科领域或现实社会生活中选择和确定研究主题，在教学中创设一种类似于学术（或科学）研究的情境，通过学生自主、独立地发现问题、实验、操作、调查、信息搜集与处理、表达与交流等探索活动，获得知识、技能，发展情感与态度，特别是探索精神和创新能力的发展的学习方式和学习过程。中学生物学探究性教学过程：启发引导—自主研究—讨论深化—归纳总结—应用创新。

探究学习教学基本思路：明确学习目标，带着问题去学习探索新知识，可通过预习，列出知识框架，找出疑难点，查找资料，尽可能先解决。课堂上，教师要走下讲台，到学生中间去，当好导演，要调动好课堂，让学生在课堂上有问题提，有问题探究，有问题通过小组合作来解决。要允许学生发表不同的观点，但教师只在一些科学性的问题上给予明确答案，适时进行点拨指导，如果学生提不出问题，教师就要事先准备好有探究性的问题，不同类型的内容有不同的探究方法。有新的知识点的探究，有概念间区别的探究，有科学家研究问题思路的探究，有探究性实验的设计，有探究性问题的资料研究，有对照实验设计探究，有实习、实践等问题探究等。

四、教师落实移动课堂教学模式

教师走下讲台，努力创造活跃的课堂氛围，可以使学生迅速进入情绪高昂和智力振奋的内心状态，这样才能有效促进学生思维方式以及思维过程中能力的迁移，达到培养学生的联想类比能力的目的。这就是“激趣—探究”教学，其基本模式为：激发兴趣，提出问题，做出假设；设计方案，分组实验，合作探究；分析数据，发现规律；综合考虑，得出结论。真正使课堂成为一种民主、和谐、共进的平台，最大限度地提高了学习的自由度。这种教学模式改变了师生在课堂中的角色定位，学生成为课堂的主角，教师担当了导演，通过教师的“导”，让课堂成为一个真正的“学习共同体”，教师与学生分享彼此的思考、经验和知识，交流彼此的情感、体验和观念，共同创建一个“合作型的课堂”，使师生在合作的过程中都能有所收获，真正实现师生的共同发展。教学从“主体失落”走向自身觉醒，教学觉醒意味着教学主体的回归，教学觉醒意味着教学过程是一种对话。学生从边缘进入中心，需重视学生的多元化，需要教学回归学生的现实生活。

关注学生作为“整体的人”的发展。“为了每位学生的发展”“让每一位都自信，使每一位都成功”，谋求学生智力与人格的协调发展。倡导个性化的知识生成方式。学校教学应促进学生发现和创造的兴趣，满足学生主动认识世界的愿望，使学生形成独立思维的习惯，终身学习的能力。因为所处的时代是一个知识激增的时代，知识浩瀚无边，教师所能教给学生的只是知识总量中的极少一部分。学生只有通过自己主动的探究学习，才能形成对自然界客观的、逐步深入的认识，形成一定的概念和概念体系。变“组织教学”为“动机激发”；变“讲授知识”为“主动求知”；变“巩固知识”为“自我表现”；变“运用知识”为“实践创新”；变“检查知识”为“互相交流”。

五、移动课堂的定位

翻转课堂是对传统课堂的变革，是在优秀教师指导下，先学后教的课堂教学模式。它以发挥学生参与性与主动性为目标；充分尊重学生各方面的差异，注重学生个性发展；在知识高效传送的基础上，推动中小学课堂教学从“知识导向”向“综合素质导向”转变。

翻转课堂，是利用当前信息技术的条件和大数据分析的优势，为改变学生学习方式和教师教学方式而做的一种教学改革的尝试，把由教师重复讲授的内容，如概念讲解和事实展示等放在课堂教学之前，通过视频或其他形式来供学生学习；让学生学习更加主动，让学生逐步学会对自己的学习负责。同时，在当前信息化社会背景下，它充分利用数字化技术，实现教与学的及时互动与信息反馈，把握学生的个体差异，强化教育教学的针对性，使学生的个性发展尽可能地得到满足，尝试为班级授课制背景下学生的个性化学习提供可能和载体。它使学生在课后高效学习的基础上，充分利用课堂上的宝贵时间，用于完成作业、合作学习、动手操作、探究创造等，实现从“知识导向”向“知识与能力融合”“认知导向”向“认知与情感统一”的转变。

（一）翻转课堂的指向——让学生对其学习负责

从事翻转课堂的研究者和实践者一再强调，让每位学生而不是教师和家长，对自己的学习承担责任。个体终究要独立地面对社会，处理各种复杂的社会问题。培养个体的自主自立意识和能力，既是一个社会问题，更是一个教育问题。在基础教育阶段，如何培养学生的自主学习能力，让学生自己，而不是教师和家长对其学习负责，是学生学习成功的关键所在。当然，学生的自主学习意识的培养，自主学习能力的养成，是很难自然形成的，这需要老师和家长共同培养和教育。

然而，在之前一家只有一个孩子的政策下，家长对孩子生活的过度关照，教育的激烈竞争导致的学校对孩子学习的过度安排，使不少的孩子很少有机会发展其自主的意识和能力，这对其在校学习、在社会中生存等都不利。如何培养孩子的自主学习意识和能力，成为全球教育者共同关心的重要课题。

翻转课堂作为一种“先学后教”的模式，在促进学生自主当家方面有着天然的优势，最主要体现在：自定进度与步骤的自主学习方式有效地减轻了学生的心理负担，增强了学生主动参与讨论的积极性。

在班级授课制的情况下，教师在课堂上无法面对个别学生进行讲授，在部分学生并没充分掌握相关学习内容的情况下，教师已完成了他的授课任务。一句“大家都懂了吗”，似乎在提示不懂的学生可以提问。事实上，只要有学生提出问题，教师也是愿意为其做出进一步指导的。然而，在课堂上很少有学生会经常地提出问题，因为，他们害怕被别的同学认为自己比别人笨。

然而，在微视频学习的基础上，学生初步掌握了基本的知识，他们在课堂上感到自己有话可说，有话能说，由此，在课堂讨论中的参与性就得到了极大的增强。人的任何行为都是由动机所推动的。这种动机有时是内部的，譬如对阅读本身的喜欢，对探究知识的兴趣，对实验过程的好奇等。但是对于学生尤其是低年级的学生而言，学习的动机更多的是外部的，学得好就有更多机会在同学面前展示，就有机会教自己的同伴，每个人都有展示自己的欲望；学得好就能够得到老师的表扬、家长的鼓励、同学的赞扬等。翻转课堂给了学生展示自己的舞台，这无疑对学习自主性的增强产生了极大的意义。这是他们迈向自己对学习负责，自己对未来生活负责的第一步，其意义绝不能低估。

当然，在任何时候都会有一些孩子抵挡不住外界的诱惑，出于贪玩的本性，课后不学微视频，或借学习的名义在网上玩游戏等。现代数字技术已经发展到了可以实时了解学生在线学习情况的地步，由此，它就为家长与教师实时地干预学生的学习，帮助学生树立良好的学习习惯提供了技术支撑。

这一过程也就是逐步培养学生对自己学习负责的过程。事实表明，孩子贪玩并不可怕，因为贪玩是孩子的天性。对教育而言，可怕的是，让学习成为可怕的事。不幸的是，学生害怕学习，在我国不少中小学已经成为现实。翻转课堂旨在转变这种状态，让学生喜欢学习，让学生发自内心地感到学习是自己的事，而不是为了应付家长与学校的事，最终让学生能对自己的学习负责。

（二）翻转课堂的目标

客观地说，现行的课堂是在历史发展过程中形成的，与特定的历史阶段相匹配，它有着极大的合理性。然而，随着社会的发展，人们对教育的要求越来越高，它的一些弱点也逐步地显现了出来。这些弱点主要如下。

1. 整齐划一的教学步骤

在班级授课的制度下，面对着数以十计的学生，教师很难照顾到学生的个体差异。教师只能以大体相同的教学进度来面对各不相同的孩子。然而每个孩子都是独特的主体，智能发展、人格倾向、个人喜好都有所不同，教师的教学活动一般都很难照顾到个体之间的差别。一种教学方式适应一部分学生，另一部分学生可能感到无所适从。课堂中以教师的教为主，学生学习被动。学生学习什么，如何学习，什么时候学习，学到什么程度等，都是被规定好的。学生被动按照教师设计的轨道前进。

然而，每名学生都是独特的个体，有着不同的学习速度和学习风格。一个班级内，对于同一内容，有的学生很快学会了，有的学生可能需要花费 2 倍的时间才能学会；有的学生喜欢听讲的方式，有的学生可能喜欢看演示的方式，还有的学生可能需要亲自动手操作才能学会。一名学生学习数学很轻松，但是写作文就很吃力，另一名学生正好与此相反。有的学生喜欢分析各种物理现象，还有的学生擅长手工实践等。

无论是东方还是西方，在传统的班级授课制教学方式下，老师按照相同的课程标准、同一本教材、同样的学习时间、同样的教学方式，来面对这些学习个性差异的学生。显然，有的学生很快学会了，觉得老师讲解得很啰嗦；有的学生刚好学会；还有的学生跟不上老师的节奏，没有完全弄明白老师说的内容。下课时间到了，老师离开教室。课程进展到同一程度，留下了同样的作业，学会的学生作业很快完成了，学得不好的学生会一直困惑。第二天，延续同样的模式，困惑的学生会越来越困惑。教学的实践表明：只有学生每一步的发展得到保障，学生最终的成才才能得到保障。对于绝大多数“差生”来说，他们在学业上的落后并非是天生的，而是在学习过程中慢慢积累的。今天的学习比别人差一步，明天的学习再差一步，长此以往，所谓的“差生”就形成了。

2. 相对滞后的教学反馈

教师夹着厚厚一摞作业本走进教室，课后又带着一摞学生新交的作业本走出教室，这是目前我们在学校最常见的情景。如前所述，作业是学生巩固所学知识的重要手段，也是教师了解学生日常学习情况的主要途径。教师在课堂上布置作业，学生在课后完成作业，教师从学生完成的作业中了解他们学习的情况，这是当前教学的常态。师生们已经习惯了这样的教学反馈模式。

然而，事实上当教师在隔了一堂课后即使准确地了解了学生学习的情况，也已经很难在课堂上及时并有针对性地采取补救教学的措施。

与此同时，教师批改作业也成了很大的负担，以致出现了一些教师采取抽查作业甚至让学生互批作业的情况。这在客观上这已使作业失去了教学反馈的功能，使学生学业上的问题积累到了一定程度后，教师才能发现他们存在的问题。教学反馈的相对滞后在相当程度上影响了教学质量的提高。

3. 多数沉默的互动现实

为改变课堂教学中学生被动接受的现状，近年来，不少学者和教师做出了诸多探索和不懈努力，如减少班级规模，尝试班级内的同伴互助、小组合作等策略都是这方面的探索。实践中，这些措施都取得了一定的积极成效，但是在教学流程不变的情况下，其效果注定都是有限的。

在大班额的情况下，人们看到：在班级互动环节中，比较活跃的总是那么几个所谓“尖子”的学生，他们思维敏捷，性格开朗，在师生互动中积极带头；而另一批学生往往成了“沉默的大多数”，他们或者很少发言，或者只是在被教师点名以后才发言，或者跟在“尖子”学生后面发言。他们担心，自己对教学内容理解不深，掌握不透，因而发言水平不高，有可能被老师和同学小看，长此以往，这就造成了班级内的成绩分化。

4. 让每名学生成为最好的自己

如何让教学顺应学生的差异，为每名学生的充分发展提供指导和帮助，一直困扰着全球的教育工作者。翻转课堂为“让每名学生成为最好的自己”提供了可能。

首先，“先学后教”的模式为在教学过程中给每名学生提供公平的机会创造了条件。学生差异是客观存在的，然而，作为一种“先学后教”的模式，学生在课下就已经掌握了基本的知识，尽管他们掌握这些知识所花费的时间，以及所采用的方式可能各不一样，但是，由此他们就有了在课堂讨论中的发言权，他们就不再甘心于充当“沉默的大多数”这样的角色，他们也要在班级各种活动中积极参与，找回自信。

此外，及时而非滞后的反馈使得教师极大地提高了教学的针对性，而无须等到问题成堆以后再去解决。对于少数学生的个别问题，现代数字技术能够方便地找出其存在的原因，从而使得这些个别问题也能得以解决。

多种途径的学习为不同思维类型的学生找到适合自己学习的方式提供了更多选择的机会。慕课学习和翻转课堂的魅力在于，它让人们意识到了学习可以有多种媒介和途径，而不仅是在课堂内。事实上，一段在线教学内容，人们可以找到多种方式表述的视频，张老师的没看懂，可以再换李老师的，学生总能找到一段适合自己的。不让一名学生掉队，让每名学生成为最好的自己，这就是翻转课堂的目标。

（三）翻转课堂的追求——让教育从知识本位走向综合素质本位

所谓“综合素质”，当然包含学生的认知、情感与身体各方面的素质。所谓“教育从知识本位走向综合素质本位”，也就是说，教育要从以往只注重知识的掌握，走向也要注重学生能力，其中主要是学生高级思维能力的发展，同时更要注重学生态度情感价值观的养成，注重学生身体与心理的健康。

从知识本位走向综合素质本位，这是社会发展对教育的要求。重视学生综合素质的培养，尤其是价值观的养成，是基础教育阶段自始至终的重要任务，当前越来越受到世界各国的重视。教育应充分发挥其培育为人之道的核心作用，培养全球公民意识，帮助人们构建更公平、和谐和包容的社会。在教育内容上更加强调价值观的培养。

第三节　云计算构建网络移动自主课堂教学的重要性

一、“翻转教学模式”能帮助学生获取知识渠道的多元化

科学技术的发展，尤其是信息技术的到来，已大大变革了学生的学习方式。电子白板、移动学习终端等学习工具、教学工具的推广和普及，改变了教师作为单一知识来源的局面，“翻转教学”使学生获取的信息量更多，探索的空间更为宽广，可利用的学习形式更为丰富有趣，并使学生的学习从单一向多元化转变，从被动学习变为主动学习，从而真正成为学习的主人。

二、“翻转教学模式”能激发学生学习的热情，增加师生的互动

在传统的教学中，如果教师不能用知识的疑点去吸引学生，不能用优美的语言去感染学生，课堂教学就会呈现教师“单脚跳独舞”的现象。随着时间的推移，学生听得枯燥乏味，教师讲久了自己也觉得没劲。“翻转教学”最大的好处

就是全面提升了课堂教学的互动性，教师的角色已经从内容的呈现者转变为学习的教练，教师有时间与学生交谈，回答学生的问题，参与学习小组，观察学生之间的互动，对每名学生的学习进行个别指导。在这样的环境中，学生体会到教师是在引导他们的学习，而不是发布指令，也不会因怕答错问题而拘谨，而是轻松、自信、有意义地学习。

三、“翻转教学模式”能让学生自己掌控学习的主动性

每名学生的学习能力和兴趣都是不同的。在传统课堂教学中，最受教师关注的往往是最好和最聪明的学生，他们在课堂上积极举手、响应或提出很棒的问题。而与此同时，其他学生则是被动地在听，甚至跟不上教师讲解的进度，也无法真正实现分层教学。“翻转教学”则利用教学视频，使学生能根据自身情况来安排和控制自己的学习，真正实现分层教学，每名学生都可以按自己的速度来学习。学生在课外或回家看教师的视频讲解，完全可以在轻松的氛围中进行；而不必像在课堂上教师集体教学那样紧绷神经，担心遗漏什么，或因为分心而跟不上教学节奏。学生观看视频的节奏快慢全在自己掌握，懂了的快进跳过，没懂的倒退反复观看，也可停下来仔细思考或笔记，甚至还可以通过聊天软件向老师和同伴寻求帮助。

四、“翻转教学模式”能改变课堂管理

在传统教学课堂上，教师必须全神贯注注意课堂上每名学生的动向，关注自己所讲的每一个知识点是否讲清讲透。大家都清楚，讲课不可能每一节都有趣，一旦知识较难或教师准备得不充分，或因一些学生稍有分心就会出现跟不上的情况，此时学生就表现出无聊的神态或搞小动作而影响其他人的学习。实施“翻转教学模式”，每名学生都在忙于活动或小组协作，缺乏学习兴趣想捣乱课堂的学生也有事可做，表演失去了观众，课堂管理问题也就消失了。

五、“翻转教学模式”能让教师与家长深入交流

“翻转教学模式”改变了教师与家长交流的内容。每次开家长会，父母问得最多的是自己孩子在课堂上的表现和成绩，比如，是否专心听讲，行为是否恭敬，是否举手回答问题，是否完成作业等。这些看起来很普通的问题，其实在那种情景时刻回答起来却很纠结。而实施“翻转教学”后，在课堂上这些问题也不再是重要的问题。取而代之的问题是：学生回到家是否在学习？如果他们不学习，家长能做些什么来帮助孩子学习呢？这个更深刻的问题会带领教师与家长商

量：如何把学生带到一个学习的环境，引导学生主动地去学习，帮助学生成为更好的学习者。总之，经过“翻转教学”后，教师有精力、有时间去获取新知识和新理念，以便不断丰富自己。这样在45分钟课堂上不再是满堂灌，而是用高度概括的语言把知识精要讲给学生，重视知识的生成过程，教会学生归纳概括的能力。做到有的放矢，真正做到讲课的高效、学习的高效、时间的高效、效果的高效。

六、翻转课堂翻转了传统的教学模式

传统的教学过程，以教师讲解和学生听讲为主，在这种传统的教学模式下，出现了教师很努力但学生学习兴趣不高的现象，这样的课堂无法形成真正的师生互动，更无法形成真正的生生互动。并且在这种教学模式下，学生的学习兴趣很低，学生的学习效率也很低，尤其是以科学和严谨著称的信息技术课程，很多学生的学习积极性应该很高，但是在传统的教学模式下，必然有很大部分的学生不喜欢信息技术。但是翻转课堂教学模式将这种传统的课堂进行了一次翻转，学生成了课堂的主体，他们在教师的引导下合作探究、互相讨论，彼此之间协作竞争、互相提高，并且教师在教学的过程中，教学水平和业务能力也有了很大提高。

七、翻转课堂营造了个性化的学习环境

传统的教学模式中，教师准备一堂课，但是这堂课却要顾及班级里各种各样的学生，而这堂课的内容却仅仅适合其中一小部分的学生。这样的情况下，新课改所倡导的分层次教学就无法得以实施。但翻转课堂的出现打破了这一僵局，教师可以在上课的过程中，利用多种教学情境，引导学生相互协作、积极探究，在触发学生学习能动性的同时内化了所学知识。这样的课堂适合每一名学生，适合每一个层次的学生，他们能根据教师发放的学习任务书来达成自己的学习目标。

在利用翻转课堂的时候，电脑的基础知识很重要，但是单纯的信息技术知识很枯燥，学生不喜欢学习这些电脑知识，所以教师就可以通过翻转课堂设置一些个性化的学习环境让学生去学习、去应用，比如现在的中学生对于电脑游戏比较感兴趣，所以为了让学生更好地学习电脑的基础知识，教师可以设置一些连连看之类的小游戏，让学生进行通关式游戏，在通关的过程中，让学生学习电脑相关的硬件知识，这样学生不仅学得比较牢固，并且学生通过互相的帮助，也能够一起通过探索合作完成整个游戏，这个合作的过程中，学生的合作能力也有了显著提高。

八、翻转课堂构建了互动、协作、探究的学习模式

学习的过程不是一个学生能独立完成的事情，它需要教师与学生交流、互动来共同完成，在这个过程中学生完成了知识的内化，但是传统的课堂上，这种知识的内化实现起来非常困难，因为教师面对的是整体的学生，而翻转课堂却将这一内化的过程拉长，学生不仅仅在课堂上通过学习得到知识，学生在课堂外也照样能够习得知识。并且翻转课堂还可以利用多媒体及网络来实现教师授课的随时暂停、反复播放等有利于学生参与其中并且反复观看、揣摩、思考等行为的实施。并且翻转课堂也实现了教师与学生、学生与学生之间的互动，以合作探究小组的形式一起探究，最终达到学会的效果，并且能够灵活地应用知识。

因此在平时教学过程中，教师应该专门建立一个学习、交流的平台，然后将自己制作的课件或者是攻克难点和重点的过程放在这个平台上，供学生下载学习，比如信息库的设计方式，如何发布信息和处理信息等方式。有了这个平台，学生就可以随时随地地学习，复习这些知识，即使有些学生在上课的过程中没有听懂这些内容，在课下自己学习和再复习的时候，也能慢慢地理解这些内容，这其实就是翻转课堂的一种方式。

第十一章　我国高等教育课程管理改革

第一节　课程管理改革的目标及价值取向

课程是人才培养目标实现的具体化，课程管理的最终目标能否实现会落实到人才培养的质量上。因此，我国高校课程管理制度改革应坚持人才培养质量为中心、学生为本、实现多元主体利益诉求的价值取向，进而实现课程设置目标明晰、管理过程规范以及多元协同管理的目标。

一、高校课程管理制度改革的目标选择

要实现人才培养目标的使命，课程管理制度改革是关键。而课程管理制度改革的目标选择，则是保证制度改革成效的具体目标定位。科学合理地选择目标定位，既是实现最终价值的重要中间过程，也是课程管理制度改革顺利开展、人才培养目标实现的关键因素。

（一）课程设置与人才培养目标相适应

高校课程管理制度改革最终服务于人才培养目标的实现。通过高校课程管理制度改革，明确课程设置，实现人才培养目标。

1. 学科的融合与交叉

创新人才培养前提条件是不同学科之间的融合与交叉，不但是创新人才培养的重要途径，而且是新知识发展的有效方式。高校应依据自身办学特色及学生兴趣进行课程设置，以此与人才培养目标相适应，满足人才培养需求。课程设置需打破原有的“条块分割”模式，以学科群定专业代替以专业定学科群，使课程知识结构更具结构化和创新化，更容易与学生认知结构体系相关联，促使学生创新思维与价值理念的形成。

2. 高校应以通识教育为基础

随着社会经济发展，高校课程设置与人才培养目标不相匹配的特征凸显，影响人才培养目标的实现。为此，使专业与通识相结合、理论与应用相结合、科学

与人文相结合、基础与前沿相结合，突破学科之间、专业之间的界限，拓宽专业设置口径，形成综合化的课程结构体系，进一步加强专业调整，完善专业调整机制。这样不仅深化专业知识，而且丰富了课程内容，为实现人才培养目标打下坚实的基础。

在世界不同国家的课程改革实践中，追求人文教育与科学教育的整合，有利于促进不同知识结构体系的融合与发展，而综合性和基础性的强化始终是设计课程的基本选择。

（二）完善课程实施过程的支持体系

创新人才的培养应渗透于课程实施的全过程，而不应游离于课程实施之外。以学生为本的课程管理制度改革应遵循现有的教学规律和学生的发展规律。

1. 构建以学生为本的课程教学创新体系

在课程实施过程中，把以教师为中心、以灌输式教学为主的课程教学模式转变为以学生为本、以参与互动式教学为主的课程教学模式，给予学生一定的参与权，激发学生学习的积极性，让学生能够畅所欲言，积极思考，促进学生发展。

2. 完善的教学资源支持体系

同时，课程实施的顺利开展，在以学生为本的理念指引下，通过高校课程管理制度改革，整合教学资源，使教学融入科研，形成教学与科研资源的共享平台，促进人才培养。

例如，清华大学提出了综合型、研究型的课程教学模式，将实践教学和科学研究引入课程实施过程中，鼓励学生参与实践活动和科研活动。通过实践教学和创新实践，使第一课堂贯通第二课堂，校内结合校外，实现教学与科研的资源互补与共享，促进学生的思维能力、实践能力以及创新能力等方面的全面发展，从而为创新人才培养注入新血液。

当然，要实现创新人才培养目标，课程实施效果是基础。需建立课程评价制度体系，对教师教学效果与学生学习成果进行评价，并给予学生应有的课程权力，让学生也参与到课程评价中，以此提升课程教学水平，实现人才培养目标。

（三）实现多元主体的管理目标协同

1. 政府的利益诉求需要通过自身参与高校课程管理制度改革来实现

随着社会市场经济的发展，政府的作用与职能日益显著。政府出资办学是高校发展的主要动力，对高校的课程质量具有间接影响。通过参与高校课程管理制度改革，转变自身的角色定位和职能，成为课程管理的“掌舵者”，制定课程管理的宏观政策，实现人才培养目标，以此获得政府宏观效益。

2. 高校发展离不开教育资源的支撑

随着市场经济的转型，高校逐渐拥有了办学自主权，可以自主进行课程管理。因此，高校通过课程管理制度改革，对课程资源加以整合和优化，充分利用和调动一切教学资源，制订科学的教学计划，并推行完全学分制和弹性选课制，确保课程的多样化和丰富化，满足不同层次人才培养的需求，实现人才培养目标，促进高校自身发展。

3. 为学生提供利益表达渠道

学生是学校培养的对象，是学校的最终“产品”，因此，学生的特殊身份，使其成为高校课程教学中重要的利益主体。高校应给予学生充分的重视，如让学生参与高校人才培养方案制订、教学内容选择、课程教学过程，使学生充分表达自己的想法和见解，以此发挥他们的主体作用。

同时，高校教师是课程教学主体，对高校课程和学生的需求最为了解，是人才培养模式设计不可或缺的利益主体，所以高校也应给予教师充足的课程权力，让他们参与课程方案制订、课程教学实施以及课程评价等，发挥教师的作用，提升课程教学水平，促进学生和教师的共同发展。

4. 社会力量也成了课程管理的利益主体之一

随着高校逐渐拥有办学自主权，开始面向社会开放办学，这将要求高校课程管理制度改革应顺应社会发展，满足社会发展的需求。通过课程管理制度改革，让社会力量切实参与课程编制和课程评价以及监督等过程中，为制度改革及时提供反馈意见，促进课程发展，实现人才培养目标，满足社会发展需要。

二、高校课程管理制度改革的价值取向

高校课程管理是高校教学运行的核心，其制度改革的价值取向则是高校教学运行机制的方向和灵魂。不同历史阶段，高校课程管理制度改革的价值取向有所不同。在计划经济时期，高校课程管理制度改革秉持以社会本位为中心、人才本位为辅助的价值取向。随着计划经济向市场经济转型，传统的价值取向已不再适应社会经济发展，也与课程改革目标不相符合。

经济市场社会发展对高校课程管理制度改革的价值取向提出了新的要求，即要求高校课程管理制度改革应倡导“以学生为中心”的管理理念，提升人才培养质量，并实现多元利益主体参与的目的。

（一）提高人才培养质量

人才培养既是高等教育职能之一，也是高等教育的主要任务。从本质上来看，人才培养质量能具体体现高等教育质量的优劣程度。提高人才培养质量，不

但需要改观人才培养理念，培养学生的创新精神，而且需要改革课程教学方式，提高学生的实践能力，促进创新人才培养。然而，无论是人才培养理念的改观，还是课程教学方式的改革，都需要通过高校课程管理制度改革得以实现。一般而言，高校课程管理制度改革是提高人才培养质量的重要途径，是教育理念转化为教学实践的运作范式。

1. 需从理念入手

高校应树立先进的理念，引领高校人才培养，把提高人才培养质量放到首位，坚持质量至上、内涵发展的质量观，围绕“培养具有实践能力、创新能力和动手能力的高素质应用型人才”的目标，以提升课程教学质量为基准，建立课程教学质量监控体系，健全课程教学评价机制，使人才培养过程更加规范化和科学化，以此保障人才培养质量。

2. 需从实践着手

一是学校应以“培养具有较强的创新意识、良好的人文、科学素质以及较强的独立学习能力的人才”作为培养目标，转变传统的课程教学方式，探索新的课程教学方式。在课程教学过程中，打破机械式、被动式的“传授——接受”教学传统方式，采取课程研讨式、案例分析式的“问题——发现”创新型教学方式，激发学生学习的创造力，培养学生的思维能力。

二是学校应以强化学生的实践能力和创新能力作为培养目标，进行课程实践教学。例如，通过创建实践教学的良好环境，完善实践环节的教学体系，鼓励学生参加各种实践活动，提高学生的实际操作能力。

三是通过构建专业课程与通识课程相结合、课内与课外相结合、人文素质与科学素质相互渗透的教学体系，使课程体系趋于综合化和多元化，从而为学生提供多样化选择，促进学生个性化发展及创新能力的提升，保证创新人才培养目标的达成。

（二）以学生发展为本

理论上，高校课程管理是“以学生发展为本”的实践活动，其中学生既是课程作用的客体，也是课程建设的主体，理应在课程管理过程中扮演重要角色。所以课程教学实践活动需要制度加以规范，以学生发展为本既是课程管理制度的出发点，也是课程管理制度的归宿点以此实现学生发展。

1. 尊重学生的个性化需求，创建以学生发展为本的课程教学体系

（1）改革课程教学模式

以学生发展为本，把学生看作教学活动的主体，通过开展启发互动式课程教学模式，让每一个学生都参与到课程教学活动中，充分调动学生学习的主动性。

启发互动式课程教学模式实质上是在教师的正确引导和启发下，学生自主创设学习情境，自己提出问题、探索问题、研究问题，最终寻求结论。教师在进行课程教学时，应以学生为本，充分考虑学生的感受，并为学生提供自由发表见解的机会，给予学生充足的学习空间，促进学生自由发展。通过开展启发互动式课程教学模式，打破了“一言堂”的传统课程教学，鼓励学生参与其中，提高学生主体地位，促进学生自主学习、自主思考能力的提升。

（2）创新课程教学内容

课程内容创新是培养创新人才的基本要素，通过课程内容创新，使课程以标新立异的姿态展现在学生面前，促进学生创造力发展。当然，教师自身应具备较高的审美和创新思维，能站在学生的角度与立场实施教学，满足学生不同的个性需求，促进学生个性化发展。

2. 创建为学生服务的有效机制

（1）把以学生发展为本的理念融入课程管理全过程

一是课程决策方面。一般而言，高校课程决策是一个民主开放、自下而上的决策过程，其不仅包括高校行政管理人员和教师，还涉及学生的参与和互动。如果课程决策缺乏民主性，导致学生无法参与，那么校本课程开发工作就会阻碍学生发展。因此，应创造机会让学生参与到课程决策中，使其体会到在其中的主体地位，激发学生学习的热情，促进学生发展。

二是课程实施方面。课程实施的前提是课程实施方案的制订。而制订课程实施方案除了需遵照课程文件有关规定外，还必须依据学生的身心发展特点。同时，在教学实施过程中，教师的教学着眼点要放在促进学生发展上，并把教学主动权分给学生，促使学生主观能动性的发挥。

三是课程评价方面，学生是课程的实践者与体验者，对高校课程有不同的感受，能对课程做出客观的评价。因此，在课程评价方面应把学生视为评价主体，引导学生对课程进行自主评价，形成以学生为本的评价机制。这样，既调动了学生学习的积极性，促进学生发展，也使课程评价功能得以实现。

（2）人才培养是高校有关人员参与课程管理运行的系统工程

在高校课程管理过程中，每个成员都应秉持以学生发展为本的理念，为学生服务。

一是高校行政管理人员在课程管理制度制定上，应消除“自上而下”的管理理念，保障学生课程权力，满足学生发展的需求。

二是高校教师在课程教学设计上，应根据学生多元化和个性化需求，设计不同的模块化课程教学方案，为学生实现个性化发展服务。此外，其他人员在提供课程教学资源上，也应以为学生服务为前提，从实践出发有效引导和整合教学资源，把有助于学生发展的教学成果引入课程管理中，建立课程教学资源多元化。

例如，某高校通过校企合作，将前沿项目引入大学生毕业设计和工程实践中，促使前沿行业知识与学生所学课程相融合，为学生掌握前沿知识服务，并在专业人士和教师的指导下，利用此平台开展各式各样的教学实践活动，促进了学生实践能力和创造力的提高。

（三）实现多元主体的利益诉求

就实践方面而言，课程不仅是高等教育活动的核心，也是高校课程教学的基本单元，直接影响人才培养质量。随着高等教育大众化发展，人才培养质量问题引起了教育界及社会人士的广泛关注，并期望通过课程管理制度改革提升人才培养质量。课程管理制度改革是否有效将会决定人才培养目标的实现程度，进一步影响多元主体的利益诉求。

1. 实现政府的政治与经济价值的利益诉求

我国高校主要由政府出资办学，政府不仅作为主要出资人，而且是高校办学的监督者和管理者，他们希望高校能履行其职责，以获取自己的利益诉求。

一方面是政治利益诉求。即通过高校培养高层次人才，促进社会文化水平的提高，进一步推动国家民主政治的发展。

另一方面是经济利益诉求，即通过与高校、社会的互动与合作，促进区域经济的发展，提升劳动者的综合素质，提高工作效率，进一步开发服务技术，培养所需的高端技能型人才。

2. 实现高校教职员工自身价值的利益诉求

就管理者而言，不仅包括校长，还包括院长、系主任以及其他教学管理人员。他们是课程教学管理的组织者和服务者，在课程管理过程中起到组织、领导和协调作用，他们希望用较少的课程资源和较低的教学成本，实现高水准的教学质量和课程质量，实现人才培养质量提升。

对教师而言，教师是教育产品的生产者和创造者，会直接影响人才培养质量，因此教师是最核心的利益诉求者。他们希望有权力参与课程管理，给予其应有的社会地位和人格的尊重，并以身作则完成教书育人的使命，得到组织对其课程教学能力和成果的认可，实现个人自身价值。

3. 实现学生人力资本增值的利益诉求

高校之所以存在，学生是主要原因，无论是课程教学质量提升，还是人才培养目标实现，毫无疑问学生具有实质上的合法性。他们希望有权力参与课程管理，获得所需的知识和技能，提高综合素质和就业能力，以此满足自身发展需求，从而使个人资本增值的利益诉求得以实现。

4. 企业等社会力量投资回报的利益诉求

企业是课程教学和科学研究的主要合作者和支持者，企业期望高校能为其提供高素质人才，正如知识生产的溢出效应一样，对企业发展起到带动作用。同时，企业也是高校进行课程实践的投资者和提供者，通过为高校提供科研场所和实践基地，让高校能更高效地利用资源，提高办学效益，提升人才培养质量，为企业提供所需的技术和人才，以此实现投资回报利益最大化。

第二节　我国高校课程管理的问题

高校课程管理制度是课程管理的主要依据和行为准则，也是人才培养目标得以实现的前提条件。本章节基于利益相关者理论视角，围绕政府、高校以及社会力量 3 个主体维度，对目前课程管理制度加以现实审视与探析，揭示其中存在的现实困境与问题，为高校课程管理制度改革顺利开展奠定基础。

一、高校课程管理的困境

近几年来，高校课程管理制度改革获得了一些成效，但由于课程管理制度自产生之日起就带有自身特征，导致政府对高校课程管理的不完善，以及高校课程管理范围过于宽泛，严重影响高校办学的积极性，进一步阻碍高校课程的发展。

（一）高校课程管理的不完善

1. 高校课程管理的执行体制不健全

随着高等教育改革的不断深入，加大政府对高校课程的宏观管理力度，高校课程管理也趋于民主化，但政府对高校课程管理仍不健全，民主化程度也不高。主要体现在：高校课程管理政策主要由教育部门制定并实施，除了制定宏观课程管理政策之外，还制定一些思想政治、体育以及外语等公共类课程管理政策。尽管近几年来呼吁扩大高校和地方的办学自主权，使高校办学自主权逐渐回归，高校在课程设置方面拥有了一定的权力，但实际上政府仍对高校课程管理干预较多。

教师对于自己应该教什么以及学生对于自己应该学什么等方面的课程管理决策权力被忽视，只有在课程如何实施上，才能凸显学生和教师两者的本来面目。也就是说，课程管理的不健全导致高校以及高校的教师的课程管理权力不足，学生的课程权力更是无从谈起。

2. 高校缺乏对课程管理的保障机制

（1）相应的硬件支撑的缺乏

只有强大的硬件资源作为支撑，课程管理政策的制定才会更加科学化、合理化。但是，高校财政经费投入十分有限，尤其是地方院校经费不足现象较为明显。在课程管理政策制定上，有关经费支持方面的内容也涉及甚少，导致支撑制定政策的硬件资源相对匮乏，降低了高校课程管理政策实施的效率。

（2）政策制定稳定性有所缺乏

高校课程管理政策频率高、数目大，基本上是一个政策刚颁布没多久，新的政策就会接踵而来，所颁布的课程管理政策实施成效并不显著。

例如，教育部实施了“高等教育面向21世纪课程体系与教学内容改革计划”后，又在此基础上实施了“高校教学质量与教改工程”“质量工程”等。这些课程政策顺应了时代的发展潮流，也推动了高校教学改革与发展，在一定程度上有其合理性。但是，政策制定本身具有不稳定因素，使高校课程管理制度改革容易迷失方向。据了解，高校在课程政策修订、执行和实施方面所需周期较长，但课程管理政策文件繁多，导致高校具体实施时不知所措。经常一个课程管理政策没有彻底落实或完全实施，就不得不转移改革重心到新颁布的政策上，不仅造成人力和物力的耗费，而且也成为高校课程管理制度改革的累赘，导致高校课程管理执行效果不佳。

（二）高校课程管理范围过于宽泛

随着政府权力下放，高校拥有一定自主办学权，可以根据自身的特点和条件，自主进行课程管理。虽然高校拥有了一定的课程管理权力，但行政管理部门对高校课程管理内容干预仍然繁多，对高校课程管理层面也依旧广泛，本应赋予高校的课程权力没有得到充分落实。

1. 高校对课程管理的内容缺乏自主性

虽然颁布的《高等教育法》中指出，高校可以依法自主对专业进行调整和设置；可以根据课程教学所需，对教学活动进行组织实施。但实际情况并非如此，如本科专业规范与专业目录制定都由国家进行控制，并通过规范化程序来实现对专业设置的管理，而高校必须按照国家颁布的专业目录进行专业设置。

在专业设置与课程建设方面，政府仍保留课程设置等相关工作的审批权，无形中束缚了高校办学的自由，导致高校在引入目录以外专业以及调整专业方向等方面权力的局限，这样不但违背了教育自身发展的规律，而且也不利于高校发展的需求。

2. 高校课程管理的层面涉及广泛

一方面，从教学管理方面来看，随着高等教育管理体制的改革，政府开始逐步调整高校课程管理方式，即逐渐从微观管理向宏观管理转变。然而，在实践中高校教学工作仍一直由中央教育部门严格控制，高校内部组织实施教学需遵照国家统一颁布的教学大纲和教学计划进行，各专业的教学学时、学分比例也都必须在教育部制定的总学时和总学分范围内设定。

例如，近年来教育部实施的“质量工程”，针对精品课程建设，对其课程设置比例、教学方法选用、教学内容选择以及教材编制等方面进行了全方位管理。

另一方面，从课程管理机构来看，管理机构不仅没有减少，反而增设了。教育部新设立高校学科教学指导委员会，涵概 40 个学科，如文、法、理、工等学科都包括在内。同时，这些委员会按照专业或者课程下设多个课程建设组。

从形式上看，这些机构的建立是政府的简政放权，但实质上加大了对高校课程管理的干预力度。显然，对高校课程管理范围过于宽泛，导致高校自主办学权受到束缚，赋予高校的课程管理权力也难以彻底落实。

二、高校课程管理权力失衡

目前，高校内部课程管理普遍存在“头重脚轻”的现象，即权力过多地集中于学校行政职能部门手中，而院系课程管理自主权则相对不足，学生和教师参与课程管理的权力更加匮乏，导致院系在课程管理工作上缺乏活力，学生和教师参与课程管理的主动性和积极性也很低。

（一）行政权力泛化限制了院系课程管理权限

相比校级所设的机构，学院机构设置较精简，一般仅设有教学工作委员会，主要由教师和教学管理人员组成，具体负责本学院的教学管理工作。有些高校的学院下设系、教研室或学科组，教学管理工作主要是在系主任领导下，由专职教学人员负责实施。

作为高校最基层组织—教研室或学科组，主要负责完成教学计划规定内的课程教学工作，并适时开展课程改革与教学改革的相关活动。就当前高校内部管理状况而言，学院教学管理工作长期由校长领导下的教学行政管理部门领导和管理，而教学管理工作委员会却有名无实，在教学管理中发挥的作用并不大。

1. 院系课程管理观念比较陈旧

（1）未确立“课程管理即管理创新”的观念

由于受到高校行政权力泛化现象的影响，院系课程管理观念没有发生实质性的改变。在传统观念的束缚下，教学管理人员习惯于墨守成规，乐于长期从事一成不变的工作模式，如在人才培养方案的修订上，仅是对原有教学计划包括指导思想、培养目标、基本要求与原则等内容做简单修改，而没有突出创新和改革的理念。

（2）未确立“课程管理即服务”的观念

高等教育目标是促进学生发展，理应把为学生服务放到课程管理的首位。但实际上，高校课程管理重心仍停留于行政部门的监督和控制上，忽视了课程管理的服务功能，从而无法满足学生发展的需求。

教育部在《关于进一步深化本科教学改革全面提高教学质量的若干意见》中指出通过采用学分制等措施，加大选修课比例的同时将必修课比例降低，扩大学生自由学习的空间，增加学生自主学习的时间，使学生的知识面拓宽的同时，学生的学习兴趣也随之不断增强，从而促进学生自主性的发展。鉴于此，各大高校普遍开始实施学分选课制，并增加选修课比重。学生逐渐拥有了选课权，可以根据自己的特点和兴趣选择课程。

然而，受传统管理观念的影响，高校行政管理人员仍十分注重对人才培养采取整齐划一的僵化式管理，而对学生个性化和自主化发展的需求没有给予足够的重视。例如，某高校颁布的有关本科人才培养方案制订的相关原则意见中，在课程体系的学分与学时分配中，体现出选修课设置不足的现象。可见，为学生服务的观念仍没有得到有效落实，致使服务功能不能充分发挥。

2. 院系课程管理自主权受到了限制

随着权力下放，高校逐渐拥有了办学自主权，然而新的管理势力却又在高校内部组织中骤然形成，学校行政管理部门掌握着课程管理权，院系课程管理权力则相对不足，在很大程度上其地位和作用受到了影响。

尽管学校下达的任务比较明确，但在实际操作中，往往状况频现。

①必须在规定时间内完成学校下达的任务，并准时向上级汇报工作进度，如组织精品课程、优质课程及特色课程等建设项目的立项申报与推荐上报等方面的工作。

②还需进行本学院自身的课程管理事务，如制定适合本学院的课程建设规划和课程管理办法等，导致工作毫无头绪、无从下手。在高校课程决策上，决策程序也十分复杂。本应学院有权管理的课程事务，如学科建设、课程建设等都得经过学校上级的层层审批和备案。因此，完成一项工作时间周期会延续很长，时常顾此失彼，降低了工作效率。

由此可见，高校课程规划、决策、组织等方面的工作仍由高校行政机构—教务处进行管理，而院系课程管理权力受到一定的限制，造成课程管理相关部门之间出现职责分配不明确、管理权限重叠和交叉等现象。

其一，院系在课程建设方面缺少自主权。作为办学实体的院系，本应在课程、专业、教材建设等方面最具发言权，但在实际中院系并不能感受到主体地位，在课程管理中发挥的作用也十分有限。

其二，院系在课程管理方面缺乏主动权。学院在课程选修管理、教材编写、课程管理工作的检查和评估等方面都缺少主动权，严重影响院系管理工作的积极性。

（二）教师权力在课程管理中的作用得不到发挥

高校教师是课程的实施者，在课程管理中具有诸多优势，可以说是其他利益相关者无可比拟的，因此教师理应成为课程管理主体。但在传统管理制度的影响下，教师在课程管理中的作用和主体地位难以得到彰显。

1. 高校课程管理制度不规范

在课程管理中其他利益相关者同样拥有课程管理权力，教师的权力凸显出其独特性，因为课程是否能从制度向实践成功转化取决于教师的决策。可见，教师是课程的实践者与创新者，在课程管理中应最具发言权，他们有权力决定“如何教”以及“怎么教”。但由于传统管理的“惯性”，高校课程编制管理、课程实施管理和课程评价管理等工作仅被视为行政管理人员的事务，与教师无关，致使从一开始有关课程管理的活动就缺少教师参与和互动。

在课程教学过程中，教师基本也没有教学自由，对于教什么以及如何教几乎没有权力过问。在课程评价过程中，教师就什么样的课程适合学生，什么样的教学方式有利于学生学习等问题也很少有发言权，他们仅以服从“教学信条”的方式去执行。教师成了课程实施过程中忠实的执行者，在课程规划上也无法体现其应有的主体地位，导致教师的作用无法发挥。

2. 高校内部缺乏良好的民主氛围

高校课程管理体现为典型的“内控式管理”，对于行政管理人员而言，管理是“控制”；对于教师而言，服从是“宗旨”。恰恰就是控制—服从的管理方式，使教师与行政管理人员之间形成了服从者与命令者的关系，严重妨碍了两者之间的沟通与合作，导致高校内部缺乏良好的民主氛围，具体体现如下。

①在课程管理过程中一旦出现问题，高校行政管理人员只会按照自己的意愿进行商讨，或者独断的咨询课程专家，以此寻找解决课程问题的策略，却把教师置于局外。

②教师在课程实施过程中遇到疑难问题，也很难得到行政管理者的关注与反馈。这样的情况加剧了教师与管理者之间的矛盾，也影响了教师参与课程管理的

主动性。

（三）大学生参与课程管理权力十分微弱

我国高校管理具有典型的“金字塔”模式，学生处于最低层，学生学习的自由受到极大限制，在课程管理上体现出学生参与课程管理主体地位和权力的缺失。

1. 学生参与课程管理主体地位的缺失

高校在课程管理体制上没有凸显出“以学生为本”的理念，不能让学生从中体会自身应有的主体地位。在课程管理过程中，大学生是被严重忽略的主体，无论是参与权力还是作用，都处于薄弱低下的地位。

2. 学生参与课程编制权力的缺失

课程可谓是人才培养的一个美好蓝图，它可以将课程教学内容以及课程实施过程转变为便于学生学习的完整教学体系框架。因此，高校课程管理制度改革必须以学生的发展和需求作为基础，学生的课程管理权一旦受到忽视，极易导致课程设置不合理，影响人才培养质量。

3. 学生参与课程实施权力的缺失

从理论上讲，学生参与课程实施，不仅有助于课程教学的有效开展，而且有利于学生学习能力的提升。如果学生参与课程实施并做出反应，会对课程实施的顺利开展起到十分重要的作用，但事实并非如此。

大学生在课程实施中并不是主动发展者和主要行动者，而仅是课程实施的被动接受者。有学者利用“核心——边缘结构”关系模型进行研究，发现高校仅把学生置于“被管理”的地位，而没有把学生放在应有的“校园民主”的位置上，凸显出课程实施过程与学生自身学习进度和兴趣不一致，降低了课程教学效果。

4. 学生参与课程评价权力的缺失

学生参与课程评价主要涉及对教师评价、对课程评价以及对自身评价。学生评价主要集中于对教师的评价，对自身的评价以及对课程的评价所占比例甚少，体现出学生在课程评价参与维度上的局限性，并显现出参与课程评价的一种失衡状态。这样，势必会影响学生发展，阻碍课程管理民主化的发展与进程。

学生的课程评价权力十分缺乏，主要体现的是学生对教师的评价，而忽略了学生对课程评价以及学生自评与互评，这样既不利于促进学生的自我评估与改进，而且也会进一步阻碍课程教学水平的整体提升。

三、社会力量参与高校课程管理的制度不健全

社会力量作为高校课程管理的个人、社会、国家“黄金三角”结构中重要的

组成部分，对课程管理制度改革具有重要的影响作用，它会以监督课程质量和影响课程实施的双重身份参与课程管理，在课程管理领域中的角色不容忽视。随着社会更加趋于民主化，社会力量参与课程管理逐渐备受关注。但由于受到制度缺失与行政化倾向的影响，社会力量的作用无法得到有效发挥。

（一）传统课程管理制度的制约

随着政府对社会开始从“集权”向“分权”转变，受传统管理制度影响，政府仍是课程管理的主要掌舵者，高校则是课程管理的主要执行者，而居于高校与政府之间的“第三方”——社会力量的权力被忽视，导致社会力量参与不足以及参与意识低下。

1. 社会力量参与不足

我国一直沿袭集中式管理制度，在高校课程管理上或多或少保留着以政府为主导的行政管理特征。政府拥有课程管理权，而没有把权力分散给社会人士，这是导致社会力量参与不足的主要原因。其结果是社会没有获得国家赋予的充足课程管理权，导致社会力量无权参与课程变革。

2. 社会力量参与意识不强

“人治”仍是管理的主要动力，致使社会所属范围和领域都被置于政府掌控之下。政府的强制化和控制力直接导致社会力量的萎缩，教育的各个领域基本也是这种状况。在很大程度上，高校习惯于依赖政府的指令，为了满足政府对课程的需求，无论是课程设计，还是课程实施与课程评价都会遵照国家的意志执行，而不会考虑行业企业或用人单位对课程要求和人才需求，从而影响其参与的积极性，导致社会力量参与课程管理的自觉意识缺失。

此外，社会力量对自身参与课程管理的主体意识缺乏一种理性认识，加之缺乏政策保障与引导，致使行业企业或用人单位普遍缺乏参与课程管理的动机，其认为高校课程管理是由高校和政府部门负责，与自身利益无关，久而久之逐渐失去了参与课程管理的兴趣与欲望，导致参与意识淡薄，压抑自身参与课程管理的主动性。

（二）参与课程管理制度环境的缺失

从理论上来看，社会力量参与课程管理需要合适的表达机制与参与方式，保障社会力量参与的合理性。目前，有关社会力量对人才培养质量的影响以及对课程管理水平的制约，引起政府及高校对社会力量作用的重视，尤其针对行业企业或用人单位做了一些积极的探索与尝试。例如，通过校企合作，为社会力量提供参与渠道，鼓励行业企业或用人单位参与高校课程管理。然而，制度环境的缺失，使其参与受到了局限。

1. 保障机制的缺失

国家明确提出了要建立行业企业或用人单位与高校合作机制，积极制定鼓励措施的总要求以及创建高技能人才培养制度。但当前这项制度在多个地方仍未建立起来，也没有将相关鼓励措施落实，推行校企合作机制需要政策的支持与制度的保障。高校向社会开放办学已是事实，行业企业或用人单位有权参与高校课程管理，但实际运行中，由于缺乏具体可操作性的法规和政策约束，致使行业企业或用人单位参与课程管理仅以非制度化形式出现，形成了“国家主导、高校参与”的课程管理制度环境。此外，政府引导力度也不够，还未形成完善的激励机制和管理机制的保障，致使产学研合作缺乏动力，行业企业或用人单位参与高校课程管理活动也无法持续发展。

2. 公平竞争的制度环境缺乏

社会力量参与课程管理应建立在民主、公平参与的基础之上。由于缺乏公平竞争的制度环境，导致社会力量参与的积极性和热情并不高。尽管政府为社会力量提供了一些平台，如出资帮助社会人士创办学校，但此类学校仅被视为高等教育的投资“企业”，在教育资源获得等方面无法与公办高校相提并论，在高校课程决策方面也基本没有话语权。加之政府仍未设立真正意义的专门机构，不能为行业企业或用人单位提供参与高校课程管理的有利渠道，因此，无法引领高校与行业企业或用人单位进行深入合作。

高校活动不能有效地融入行业企业或用人单位，行业企业或用人单位的文化与资源也不能引进高校，阻碍行业企业或用人单位参与高校课程管理活动。这样的制度缺乏直接映射出我国课程管理制度的弊端。如果仍不加以完善，那么社会力量就会游离于高校课程管理活动之外，完善课程管理制度的目标也就很难实现。

第三节　我国高校课程管理的改革策略

针对目前我国高校课程管理制度存在的实践困境与问题，本节提出了课程管理制度改革的具体路径，即健全政府对高校课程的宏观管理机制，完善高校内部课程管理权力制衡机制，以及创建社会力量参与课程管理的协同机制。以此完善课程管理内外部制度环境和运行机制，形成多元主体共同参与的和谐课程管理机制，保障人才培养目标的实现。

一、健全政府对高校课程的宏观管理机制

随着我国高等教育体制改革不断深入，政府开始着手调整课程管理方式：从强调对高校课程的微观控制到加强对高校课程的宏观机制，通过完善政府课程管理与评估机制以及转变政府课程管理行为与方式，实现政府的宏观机制功能。

1. 转变高校课程评估管理机制

课程评估是高校课程管理系统中最基本内容，它是提高课程教学水平与课程建设的重要手段。当前，十分强调课程评估的客观性、真实性、全面性以及准确性，需要多元主体共同参与课程评估，转变高校课程评估管理机制。即转变以政府为主体的单一课程评估管理机制，实现多元主体的共同参与。

①随着经济的飞速发展，高校之间的竞争愈演愈烈，以学生为中心、为学生服务的观念逐渐确立，学生参与课程评估受到重视，并且其评估的权重也随之加大。教师是课程的主要实施者，对课程问题最为了解，通过对课程进行评估，能及时发现并解决课程问题，推动课程改革与发展。

②高校开始面向社会自主办学，高校课程质量与人才培养质量直接关乎社会发展，因此，衡量高校人才培养质量是否满足社会需求，社会力量起着关键性的作用。政府应给予社会力量一定的权力，鼓励其参与课程评估与监督工作，这样不但增加了社会力量对高校办学的认可度，而且也激发了社会力量参与的积极性，促进课程管理整体水平的提升。

2. 创建课程分类评估的管理机制

由于评估标准的不定性以及指标体系的单一化，导致评估结果没有说服力。因此，应创建课程与专业分类评估管理机制。为了使评估标准更加清晰化，各类高校可以依据学科性质的特点，对评估单位加以进一步划分，并根据不同的课程分类标准实行分类评估。从评估性质角度出发，教育部将高校划分为两大类：一类是已受过院校评估的高校，另一类是未受过院校评估的高校。

已受过评估院校一般为国家重点高校，基本都具有较高的科研与教学水平，面临的是如何进一步提高人才培养质量与课程质量的问题，所以将其分为一类。未受过评估的院校多数是地方院校和新建院校，基本都面临如何提高课程质量和教学质量，以及怎样成为合格本科院校等问题，将其分为一类。

针对这两类高校，实行不同的课程评估标准和课程评估方案。对于受过院校评估的高校，应对课程进行审核评估；对于未受过院校评估的高校，则对课程进行合格评估。以此达到评估结果的有效化和科学化，促进高校课程质量提高。

当前已受过评估的院校已达上百所，导致院校之间存在条件不同、水平不等以及层次不齐等现象。就此，学者们提出是否将这类院校再进行分类。有些学者认为，对这类院校应进一步分类，并详细设计课程评估标准和指标体系；另一些学者则认为不应再分类，当然不再分类的前提重在学校自身对课程的评估效果，即学校在课程评估方面是否获得成效。但无论采取何种类型，分类评估机制的建立有利于高校课程发展已成为不争的事实。

3. 建立“管办评分离”的课程评估管理体制

高校不仅是办学主体，也是课程评估主体，落实高校自我评估是高校拥有办学自主权的根本体现。从评估者角度而言，面临教育环境的多变性、复杂性，高校课程评估除了包括学生评估、专家评估以及校内评估外，还包括社会人士评估。通过建立中介评估机构，使企业等社会力量成了高校与政府之间的“缓冲器”，协调两者之间的关系，同时参与高校课程评价。

实际上，世界绝大多数高校评估都不是由政府直接实施，而是通过建立具有法律授权地位的中介机构来承担，如英国的高等教育质量保障机构、美国的六大区域认证机构等便是如此。我国应在借鉴和学习国外经验的基础上，构建适合我国高校课程发展的“管办评分离”体制。

（1）政府向高校放权

在高校课程评估过程中，政府是宏观“指导者”和“规划者”，从整体上统一课程评估的指导原则与指导思想，负责课程评估政策制定、颁布课程评估指标等。如政府每年都会根据高等教育发展状况，定期进行国家精品课程评选与考核，加大对课程评估的宏观管理，而具体的课程评估则由高校实施。

（2）政府向社会力量分权

政府应分割权力给社会，通过建立课程评估中介机构，鼓励社会力量参与到课程监督与评估中。社会参与高校课程监督的主要依据，是以高校课程培养的人才质量与人才规格加以判断，并由社会中介机构通过开展课程评估活动得以实现。可见，通过建立官办评分离的评估体制既有助于政府管理职能转变的实现，也能鼓励社会力量参与课程管理，满足社会对人才培养的需求。

二、完善高校课程管理权力制衡机制

高校的最终目标应是实现所有主体的利益整体最大化，而不仅是使少部分主体的利益得以最大化，否则将会顾此失彼。目前，高校课程管理制度改革的关键是要完善高校课程管理权力制衡机制，保障院系、教师及学生的课程管理权力的实现。

（一）保障院系课程管理权力的实现机制

院系是高校教学的实体组织，它对所属专业、学科的实际情况最熟悉，就课程设置、课程实施等微观管理也最具发言权。为了保证高校课程管理的有效性，高校应走出微观管理的误区，完善院系机构设置，赋予院系课程管理权，调动院系工作的主动性。

1. 完善院系机构设置，建立课程管理委员会

反观当前高校内部课程管理组织，集中凸显出院、校两级在课程管理中的职责错位、职权重叠等问题，导致在落实教学质量评估、课程建设和课程管理运行等方面的工作上，难以厘清院校两级的职责分工，即本应由教学工作人员负责制订人才培养方案，却由行政管理人员负责计划和实施，致使课程管理运行效率低下。

因此，完善学院机构设置是院、校两级课程管理机制有效运行的基本保障。院系可以单独设立课程管理委员会，明确自身的地位和职责。教学管理人员遵照学院的课程规划和安排，负责本院系的专业课程、学科基础课程的建设和管理，并重视和协调教师和学生在课程管理中的地位和权力。

此外，根据高校教务处的统一要求，各个院系可以按专业成立培养方案制订小组，由各个学院院长作为组长进行领导，并吸纳一些专业骨干教师参与方案制订，以此改变师生与院系行政之间的管理关系，建立一种民主协商制度，提高院系参与课程管理的积极性，促进课程管理的有效开展。

2. 理顺院校之间的关系，赋予院系课程管理权

在高校中，院、校都是课程管理的主体，都具有课程管理权力，两者的关系与地位应是和谐平等的。但受传统管理观的制约和束缚，院、校两级在课程管理过程中凸显出关系的不协调、地位的不平等。具体体现为校级对课程事务管的过多、管得过死，并总在微观管理方面下功夫，促使校级行政管理人员走向一个严重的误区。而学院习惯听从于校级指令，使学校与院系之间形成了一种“命令”和“服从”的关系，影响课程管理的正常开展。

可见，在实践过程中，学校应从传统管理模式中走出来，摆脱对课程细枝末节的管理，赋予院系课程管理权力。

（1）改变传统的行政管理体制

在课程管理过程中，高校行政管理部门在课程管理上应通过制度建设，政策指导以及协调服务对院系加以宏观指导，具体的课程管理事务则应由院系负责管理，因此行政管理部门与院系之间应该是规划指导与操作执行的关系。

（2）赋予院系课程管理权力

作为课程教学的实践部门，高校应赋予院系一定的课程管理权，让院系走向

高校课程管理的“前线”，使其积极地参与课程管理活动，加快对学科、专业的了解，获取学生对课程需求的有效信息，促进高校课程管理制度改革。

（二）建立教师参与课程管理的激励机制

教师是课程的实施者，课程内容的选择与组织、课程实施与评价都离不开教师，所以教师与课程的关系十分密切。教师参与课程管理积极程度会直接影响课程教学的效果，进一步会影响人才培养质量。因此，应建立教师参与课程管理的激励机制，提高教师参与课程管理的积极性。

1. 实行本科生课程教学质量薪酬机制

教师的课程教学效果在课程督导专家、同行教师、学习同类课程的学生综合测评排名位居前列，才有资格申请教学质量优秀评定。申请资格通过后，学院依据制定的考核细则和教学优秀量化考核表，由督导专家、同行教师以及学生对教师教学进行评定，最后以课程为单位量化考核结果进行排序。

2. 实行研究生课程教学质量薪酬机制

针对负责研究生公共课程教学工作的教师，申请教学质量优秀评定资格除了需满足课程教学效果在管理人员、督导专家、同行教师、学习同类课程的学生综合测评排名位居前列之外，还要求教师所进行的教学实践活动的成效性，即在教学过程中是否提高了研究生创新能力和实践能力作为其考核内容。如果达到申请标准后，即可以提交申请，学院根据条件遴选，并经过研究生院与领导审核和审定后，按照教学质量和效果在学院排名情况，给予教师相应的薪金。

（三）构建学生课程管理权力的实现机制

过去的教育制度，高校学生被当作是实现教育目的的“工具”，使学生在课程管理中处于被动的或不利的地位，无法受益。因此，需构建学生课程管理权力的实现机制，赋予学生一定的课程管理权力，保障学生权力的实现。

1. 构建“课程共有”模式

为了顺应高校课程管理实践的发展趋势与要求，就理论角度而言，有学者提出“课程共有”的主张，即政府与高校之间、教育行政管理部门与教育学者之间以及教师与学生和家长之间，在课程权力分配上形成一种平等式的“朋友”关系，而不是单向控制式的“命令—服从”关系，高校课程共有模式的建立是基于高校内部管理地位平等化以及权力分配上的民主化，即高校教师、行政管理人员以及学生之间形成一种“参与—合作”关系，以“分权”代替“集权”，以“共有”代替“独占”，扩大学生权力，削弱行政权力。

实质上，无论课程内容的选择还是课程编制与实施，都需要学生的参与和互动，并需聆听学生的“声音”。在课程管理过程中，教师应合理引导学生的“声音”加入其中。这样的课程才能符合学生的兴趣，才会有利于学生的发展。只要学生有机会参与课程管理，其学习成绩必将有显著提高。因此，“课程共有”模式的构建，不仅有助于推动高校课程管理的民主化，同时也有利于学生课程权力的实现与共享。

2. 构建师生沟通交往机制

构建师生沟通交往机制前提是给予学生一定的权力，使学生能向教师清晰地表达自己对课程的期望与需求，同时，教师也应向学生详细阐明课程安排、高校课程管理的意义以及评教内容与目的等。在此基础上，教师与学生双方之间形成一种平等、和谐的关系，互相交流并共同商讨个性化的评教方案，决定具体的评教标准和指标，最终达成共识。从理论上讲，彰显学生权力重要手段就是以生评教。但实际中，以生评教运行效果并不佳。

高校评教工作主要由高校行政人员负责，而主要评价者和被评者—学生和教师则无权参与，导致教师不了解学生对课程和教学的需求和期待是什么，学生也不清楚评教的具体作用是什么，这样的信息不对称致使师生之间产生不必要的隔阂和误会，也使学生对评教机制产生一种抵触心理。因此，要解决这一实践矛盾，应赋予学生一定的权力，使其积极参与其中，并与教师形成有效的沟通和交流，促进课程质量和教学水平提升。

三、健全社会力量参与课程管理制度

就利益相关者理论而言，政府、高校、教师、学生、社会力量都是大学利益相关者，理应参与高校课程管理。从某种意义上说，任何一类利益主体缺失，都会对高校课程管理成效造成影响。社会力量在高校课程管理中仍被视为边缘群体，无法实现其自身的利益。因此，需健全社会力量参与课程管理制度，实现社会力量参与的权力及其作用的发挥。

（一）增强社会力量参与高校课程管理意识

从利益相关者角度出发，社会力量既然是课程管理主体，就应自觉地对自身在课程管理中拥有的权力和地位有清晰的理解和充分的认识。目前来看，社会力量参与课程管理意识并不强。因此，需通过激发权力意识及构建组织机构，增强社会力量参与意识。

1. 激发并实现权力意识

随着高等教育体制改革，利益主体趋于多元化，社会力量的角色也从边缘群体向中心主体转移，逐渐拥有课程管理权力。在这样的背景下，社会力量应认识到自己具有课程管理权力，并相信自己能充分利用此权力推动课程管理制度改革，以此激发自身参与课程管理的内驱力。与此同时，社会力量应强化自身的课程管理权力，了解参与课程管理的途径和内外部环境，从而制定适当的参与策略，促使自己能积极参与其中，实现参与课程管理的权力意识与责任意识。

2. 建构并整合组织机构

既然社会力量是课程管理主体，就有必要表达课程的意愿和表达意愿的途径。但与完善的组织机构相比，社会组织机构相对比较分散，参与课程管理能力十分有限，课程权力表达渠道也并不畅通，导致难以正确认识到自身所具有的课程管理权力。

因此，社会力量应自觉进行组织建构和整合，保障权力表达渠道的畅通，如利用媒体、协会等媒介建立一个由个体或者社会人士组成的课程开发协会或服务机构，使社会力量通过所组建的机构表达课程意愿，并通过整合强、弱组织机构，实现社会力量的结构化和组织化。当然，为了保证管理制度的合理性与科学性，应对社会力量参与课程管理的权限和义务进行一定的规范与约束，促进社会力量参与课程管理的有效性，实现其参与意识的提升。

（二）创建社会力量参与课程管理的合作机制

随着高校开始面向社会开放办学，社会力量也可以自主参与高校教学活动。但是，当前社会力量参与高校课程管理制度仍不完善，导致参与渠道匮乏，高校与社会之间的交流与合作少之又少。为此，需建立社会力量参与高校课程管理的合作机制，鼓励社会力量参与其中。

1. 建立产学研结合机制

校企通过订单式培养的方式，使行业企业或用人单位参与高校人才培养中，为高校提供教学实践场所和科研基地，并在行业企业或用人单位的专家帮助和指导下，鼓励学生积极参与教学实践与科研活动，提高人才培养的综合素质，以满足行业企业或用人单位对人才的需求。高校作为主动方，应加强与行业企业或用人单位之间的交流与合作，深入了解行业企业或用人单位的利益需求，为他们提供多种参与途径和多样化服务，使行业企业或用人单位在获得自身利益的基础上，积极参与课程管理，以此将行业企业或用人单位的课程项目资源改造成为高校课程的有效资源，共同促进课程质量提高，实现人才培养目标。

2. 建立“共同愿景”模式

“共同愿景”即以可持续发展为目标，以高校和社会力量的合作为基础，让双方就课程管理问题进行有效沟通和交流，使高校了解社会对高校课程的需求和渴望，以此引导高校对课程设置进行适当的调整，使课程内容更贴切于行业企业或用人单位实际需求，最终在课程价值方面达成共识。

例如，通过构建会议、讲座、网络、现场调研或咨询等多种沟通方式和渠道，营造良好的交流合作环境，使社会力量参与高校课程管理的作用得到充分发挥。同时，为了能保证高校和行业企业或用人单位可以互惠互利、长期稳定地合作，双方应秉持实现彼此利益的原则，共同遵守合作的规章制度。

实践证明，在教育系统内部，仅靠高校单一的力量进行改革，是难以实现理想效果的，唯有打破高校与社会之间的“隔离墙”，加强两者之间的联系，赋予社会一定的权力，使社会力量也成为参与者，才能为高校的有效治理提供发展空间。

（三）建立在社会力量参与课程管理的保障机制

作为高校利益的相关者，社会力量也有自己的利益诉求，特别是以营利为目的的企业，为了获得自身的利益，会试图通过多种途径和方式主动参与高校课程管理。但由于保障机制的缺失，难以实现社会参与。因此，需加强政府支持力度，建立社会力量参与的保障机制。

1. 创建专门的咨询服务机构

为了保证社会力量参与课程管理，满足社会力量参与的需求，政府应创建专门由研发机构、高校以及企业组成的中介机构，在职能上发挥其协调和支撑的作用。

①设立评估机构和学术机构，其主要由社会精英、学者以及专家组成并参与，为政府与高校在课程管理方面提供更加合理化和科学化的建议，使高校和政府能更科学地对课程质量进行微观评价与宏观评估，促进课程质量的整体提升。

②提供实践活动场所，如校企参与课程项目设计研发场所等，让学生能更贴近社会，融入实践工作中，为其就业做准备。

③协助企业委托高校进行课程开发和人才培养，并协调解决校企合作中出现的问题和矛盾，以此发挥其优质的服务职能。当然，为了能使行业企业或用人单位参与高校课程管理趋于合理化，需加强其参与的程序化建设，让其依照既定程序进行合理操作，促进机构的专业性和权威性，使其逐渐形成公共自觉的价值诉求，确保高校课程管理顺利进行。

2. 建立多元化的投资体系

一方面，应加大政府的投入。政府可以针对课程建设设立专项基金，为行业企业或用人单位和高校合作提供充足的资金支持，如制订产学研合作项目计划基金。政府也可以采取专项贷款和财政补贴等税收优惠措施，鼓励社会力量参与课程管理。

例如，通过专项拨款，建立实践基地、大学城或者科技园，让高校与行业企业或用人单位进一步合作，提高课程实践教学和课程质量，促进当地经济与高校发展。

另一方面，加大行业企业或用人单位的投入。社会力量凭借自身拥有的文化资本参与课程管理，如一些课程研发机构会直接参与课程决策制定，或会利用机构的研究成果转化，对高校课程管理改革施加影响。

此外，高校是依据社会对人才培养需求设置课程，如果要与社会发展接轨，高校课程开发项目需要行业企业或用人单位能为其提供资源，如实践场所、课程项目、企业专家咨询、专题讲座等。因此，应在满足行业企业或用人单位利益诉求的基础上，进一步鼓励行业企业或用人单位加大对课程管理资源的投入。

第十二章　我国高等教育教师人力资源管理

第一节　高校教师人力资源管理的界定与特征

一、高校教师人力资源管理的界定

（一）人力资源的界定

人力资源，顾名思义就是将人作为组织发展中的重要资源，而非仅作为管理对象。人力资源的产生是对人的一种重新定位。但迄今为止，对于人力资源的确切含义不同学者仍有不同解释。综合学者们对人力资源概念的争论内容，焦点集中在两处：一是人力资源的重心是指人本身还是指人的能力，二是如何限定人力资源的外延，也就是如何在“人”前加上科学严谨的定语。人力资源的核心是“人”“能力”还是“人的能力”，重点要看对“人”的把握上。

若在一定时间内可以确定且人数相对稳定的情况下，人力资源的重点是能力，若是在不确定且人数相对不稳定的情况下，如一个国家或地区，人力资源则侧重对“人”本身的表达，前者倾向于对质量的描述，后者倾向于对数量的描述。我们一般提及的人力资源含义从能力的角度阐释更接近其本质，因为资源是财富的形成来源，而人在财富形成过程中的作用便是人所具备的知识、技能、经验等能力，所以从这个层面来说人只是能力的载体而已。

人力资源是指在一定区域范围内，一切可能成为生产性的要素，在现在和未来时间内投放到经济社会活动中的劳动人口的总称。我们可以看出，人力资源既有质和量的属性又有自然和社会的属性，具体表现在以下几点。

1. 具有能动性

一切活动都是以人的活动为前提，任何其他资源活动都由人的活动引发、控制和带动。

2. 具有收益递增性

在生产过程中人力资源与物质资源在收益上是反向的，人力资源递增而物质资源是递减的。

3. 具有社会性

因为人力资源的形成以及开发利用的过程都与相应的社会活动相互联系，是既受历史条件制约又促进社会发展的一种社会产物。

4. 具有层级性

因为个体所掌握的技术水平不等，层级自然不同，人力资源分为低中高 3 个层级，各层级中的工作人员在经过不同方式开发之后，其层级是可以发生转变的。人力资源在某种程度上是一种特殊资源，只有通过一定的有效激励机制才能被开发和利用。

5. 具有创造性

通过智力与体力相结合，不断促进社会向前发展。

（二）高校教师人力资源概念

高校教师在高校人力资源中处于核心地位，发挥着最重要的作用，对高校全面发展及工作效能的提高具有决定意义。教师的个人素质及整体水平直接制约高校的教学水平、科研水平及办学效益。

1. 主观能动性

高校教师人力资源区别于其他资源的最大之处便是主观能动性。高校教师是高级知识分子，文化层次高，精神需求高，其劳动价值得到全社会的普遍认可，这在一定程度上激发了高校教师的工作积极性，并不断增强对科学知识的探索，对教学科研的努力，对事业的热爱。

2. 高校教师劳动成果在实现过程中需要较长周期

在政治经济学中，产品的价值取决于生产该产品的必要劳动时间。高校教师是抽象劳动力，蕴含较强的自主性，在很多方面享受自由，高校教师若像企业机关那样严格地按照指令进行 8 小时工作，管理难度系数会很高。高校教师工作对象是学生，所使用的劳动工具就是教师自身，劳动产品是所培养出的具有更多知识技能的人才。

我们可以看出高校的生产方式是人与人之间的相互作用，高校教师更是一种细致的精神产品生产者，他们将学术思想表达出来，进而影响学生的思考方式、人生态度、价值取向等，是对人所蕴藏潜能的一种无限开发。由此可见，高校教师的劳动价值转化成劳动成果需要较长的周期，而且是间接性积累的一个过程。

3. 高校教师具有流动性

人力资源的流动性是现代经济发展的重要标志之一，也是一种经济制度成熟与否、优秀与否的重要衡量指标。在市场经济条件下，人才流动促进人力资源的合理配置，高校教师面对日益增长的人才需求，为了实现自身的价值增值，便期望更好的发展方向和发展机会，因此，能够增加人才流动的内在驱动力。

（三）高校教师人力资源管理

高校教师人力资源管理在范围上分为外部制度和内部制度。

外部制度主要包含国家户籍制度、劳动人事制度、档案制度及教师资格制度等；内部制度则包括高校可以自主管理的事物，如选用合适的管理模式，设置相关机构及教师编制等。

内部管理制度对高效管理效率的提升起着至关重要的作用，当然，在一定程度上外部制度也会制约内部制度。例如，档案制度制约内部的教师合理流动制度，因为篇幅有限，只研究高校教师内部人力资源管理制度。当前我国高校教师人力资源管理内部制度还不够完善，仍然存在一些问题。这就需要我们探究人力资源管理制度的现状与成因，最终提出有效策略用以解决这些问题。

二、高校教师人力资源管理的特征

（一）管理方法多元性

高校教师人力资源管理最终目标是，在达到高校教师一定需求的基础上挖掘教师的创造潜能。高校教师思想的活跃性和知识的全面性决定了他们在自身需求方面有一定的要求，从而就需要有较为丰富多样的管理方法以及全面有效的管理手段来满足教师的合理需求。

在高校教师人力资源管理系统中，除了利用一定的奖惩手段和相关的制度之外，校园文化建设和环境氛围对高校教师的影响也是巨大的。因此，我们要实施多元的管理方法，从而最大限度地发挥高校教师的自主性和创新性。

（二）管理制度目标多样性

高校为国家源源不断地培养人才，创新知识，服务社会，扮演着社会“发动机”的角色。因此，高校在管理目标上是多元的，高校人力资源需求具有丰富性，这在一定程度上决定了高校对教师个人目标的实现也有多样性需求。

高效的人力资源管理制度应该考虑多方面目标的实现，而不能仅拘泥于某一个目标的设定，同时满足个人目标和组织目标。深入考虑教师需求状况，为教师能够更好地工作创造良好氛围，引导教师构建合理科学的个人目标，将学校与教师目标整合起来，实现两者的最佳结合。

（三）不同管理理念的统一性

1. 制度化管理与人性化管理的结合

管理者的管理理念在高校教师人力资源管理中发挥着重要作用，虽然管理理念的不同会形成不同的管理模式、管理机制、管理体系等，也会在很大程度上影响高校的办学效益和办学方向，但不同的管理理念之间并不冲突，因为管理目标是确定的，在管理理念上是融会贯通的，只要做到吸取不同管理理念的优点，并将其结合起来，同时去除不相协调的部分，定能实现最终目标。因此，对于高校来说，一方面要加强人力资源刚性管理，另一方面要顺应后现代性的要求，将柔性化管理也加入进来，实现制度化管理与人性化管理的充分结合。

2. 管理的本质与核心

成熟的高校教师人力资源管理制度，应该是规范化的管理，只有管理规范化才有行为规范化，使高校在管理上井井有条，包括规范教师引进机制、聘用考评机制，可以具体到规范课堂上的教学与教案设计，将无序变有序，这也是一切管理的本质与核心。

同时，高校教师具有劳动自主性和差异性的特点，在管理中高校领导者要将其充分重视起来，将柔性化管理融入教师管理体制当中。在高校教师人力资源管理中，首先要接受教师的个性化需求，高度尊重教师并恰当地采用与之相适应的个性化管理方式和手段，使教师在工作中得到认同和鼓励，这也是对教师教学、科研工作的重要支持。总之，要在适度规范化的基础上进一步给予教师自主权。

3. 提升整体竞争力

高校教师人力资源管理制度，是一种基于高校整体发展战略的人力资源管理模式和管理机制，它的重心是规划和实施符合高校长远发展目标的人才战略，将教师个人绩效与高校整体目标相结合，从而提升全校整体竞争力，实现高校办学效益最大化和社会效益最大化。当今社会，激烈的知识竞争使人力资源变成了价值增值的主要原动力，不同的管理理念具有统一性，因此，我们要将其结合起来，共同发挥作用，为提升高校办学效益贡献力量，这在一定程度上成为各大高校提升整体实力的迫切需要。

第二节　我国高校教师人力资源管理的问题

一、我国高校教师人力资源管理现存问题

（一）人力资源管理模式缺乏创新性

目前我国高校教师人力资源管理范筹主要包括教师的规划、招聘录用、培

训、绩效考核、激励机制等日常事务。近年来，高校教师人力资源管理模式在很多方面向西方国家学习与借鉴，一定程度上改变了传统人事管理模式落后的局面，提高了高校人力资源管理效率，但同时也出现了一些新问题。

1. 在管理模式上

我国高校教师管理缺乏创新性，在一些管理制度和运行机制上生搬硬套，没有找到高校教师管理与高校具体情况相结合的平衡点，使管理模式的效果不能充分得到体现。高校教师及其劳动的特殊性，决定了人力资源管理模式应该由自主性与制度性相结合，人力资源管理不能过于僵硬，否则容易扼杀高校教师的创造力。

当前，高校教师人力资源管理机制中缺乏比较系统、完整的理论指导，各类高校制定的管理制度存在诸多问题，不同程度地影响了教师的招聘、任用与考核，高校教师的积极性不能被成功调动起来，严重阻碍了中国高教的发展。

2. 激励机制

高校教师人力资源管理体制十分复杂，既要建立一整套有利于提高教师工作积极性、符合高校教师发展特点的法规、政策、制度，又要高校领导者和管理者共同努力构建合理高效的激励机制，持续增强高校教师工作热情，科学有效的教师人力资源管理模式应该能够对教师进行全面、系统的评价，根据职务工作要求，考核教师对高校的贡献程度，同时由于教师性质的特殊性，在考核的过程中，应结合对教师的激励活动，以提高管理效率。

3. 科学完善的管理程序

当前，中国高校正在迅猛发展，高校师资队伍便呈现出多个层次，岗位不同、级别不同、职位不同的教师出现了差别化，因此高校采取一刀切的模式进行激励与管理是不合理的。教师人力资源管理不分对象、采用同一套考核标准来衡量所有教师，缺乏创新性。并且，许多高校仅在高层次人才上下功夫，激励管理制度不完整，没有形成完善的机制。科学的高校人力资源管理模式应该能够平衡各方面的作用，针对不同对象采取与之匹配的管理方式，互相补充，实现全方位科学完善的高校教师人力资源管理程序。

（二）人力资源结构失衡

由于近几年的连续扩招政策，各个高校教师资源的潜在能力几乎被发掘殆尽，在高校中普遍存在高水平教师队伍建设体系滞后的现象。相关调查显示，大部分省份高校的生师比接近甚至超过教育部 18 ∶ 1 的合格标准，高校教师人力资源配置效率低下。

1. 学历结构

学历能很直观地说明一个人接受教育的程度，并且可以潜在体现一个人的文化素质。学历结构是指教师队伍中各种不同学历的教师数量的比值。目前，高校中仍然存在部分教师通过不脱产学习取得学历，使实际水平与学历在一定程度上存在一定差距，这就反映出教师学历与高校人才培养目标不相符合，高校教师的学历能够在某种程度上反映教师相关理论知识的掌握程度和当前状况。同时，也可以体现出高校教师在科研教学等方面的知识发展潜力和创新能力，因此学历结构的不断调整也是十分必要的。

2. 生师比结构

生师比被定义为在校学生数与高校专任教师数的比值，生师比在一定程度上能够体现高教规模和人力资源的使用效率，在某种意义上也体现了高校的运行情况。因此，也将生师比作为衡量高校办学质量是否符合标准的重要指标。

由于我国的高等教育已经接近普及，高校目前的生师比已经超标，教师队伍数量不能适应高等教育的发展，同时也增加教师负担，影响教学质量及高校办学水平。

3. 年龄结构

调查表明，我国高校师资队伍仍然呈现出年轻化的特点，青年教师比例越来越大，这就意味着教师人力资源拥有巨大的可开发性，年龄结构对反映高校教师在教学、科研工作中的活力和发展潜力起决定性作用。但目前的状况是，学科带头人年龄较大且老教师人数较少，高校师资队伍的年龄结构不合理问题和学科梯队中后备人选不足问题仍然存在，这样持续下去，高校会在极大程度上面临高层次人才断层的危险，要加快解决教师年龄结构失衡问题。

4. 学缘结构

教师创新意识和创造能力在很大程度上受学缘结构的影响。学缘结构是指非本校毕业的教师和本校的教师之比。在很大程度上学缘结构可以直接反映高校教师的知识结构和学术视野。实践证明，教师队伍来源单一化会缺乏多种学派的交流与融合，少了沟通和交流便会造成学术气氛沉闷、范围狭窄，理论创新容易局限于一定的范围内，知识结构、教学内容不能及时更新和发展，从而导致教师自主创造性、知识创新能力很难发挥，学缘结构单一性，是我国高等院校的突出问题。

5. 专业技术职务结构

专业技术职务结构也可称为职称结构，是指高校教师人力资源中不同层次专业技术职务数量的配置情况，是衡量高校人才培养层次的重要标准，对高校教师的人员配置起决定性作用。职称很大程度上体现高校教师的学术科研水平，目前我国高校师资队伍普遍存在高职称和低职称人员少，中等职称人员多的“橄榄形结构”。

（三）高校教师人力资源隐性浪费严重

随着社会经济的发展，教育资源浪费的重要表现形式之一是人力资源的浪费。

1. 教师规模不适应发展

随着我国高等教育不断普及，招生规模逐年增加造成教师规模不能适应高校的发展。我国的生师比本应按照国家教育发展计划的 15 ：1 进行规划，但现阶段还不能达到这个目标，教师数量上的相对短缺仍然是主要问题。有些课程的班级人数较多，再加上部分课程的教师相对缺乏，学生的学习效果不佳等情况影响高校管理效益。

此外，教师的教学科研工作沉重，过于忙碌的状态不利于进修和完善自己的教育教学理念与方法，也就无法保证科研的与时俱进，这使教学质量受到很大影响。

2. 没有实现适材适所

高校教师人力资源使用中“适材适所”原则不能充分实现，因为高校对教师的高学历要求处于盲目追求状态。近几年，高等院校的招聘条件日益抬高，部分高校的行政人员、教辅人员的招聘标准必须是研究生学历。当然，为了保证高校人才培养的质量、专门人才的培养以及科学研究工作的进行，需要高水平高学历的教师担任，但是我们更应当看到，高校中的行政人员、实验技术人员等非教研人员的主要任务是辅助教研人员工作的顺利展开，因此在技能素质要求方面可以相对降低一些，只要知识技能、个人素质能够符合相应的岗位需要，就不需要以单一的学历标准来要求。

另外，在申请课题和项目方面，具有高级职称和高学历的专任教师申请数量多，会造成教学工作和科研工作不平衡的现象，这在某种程度上会影响高校学生的课程安排和教学成果。

二、我国高校教师人力资源管理低效的成因

（一）人力资源管理理念创新性不足

我国高校教师人力资源管理理念缺乏创新性。高校人力资源管理者在人力资源管理模式下，应当将“以人为本”“以群为体”“以争为机”“以精为务”作为指导思想。

1. 以人为本

顾名思义，“以人为本”就是以培养和提高高校核心竞争力为中心，创造出以尊重教师为中心的良好氛围，努力去了解教师的要求、意见、需要、愿望，使教师在生活工作中可能会遇到的困难得以有效解决，让教师更加积极地参与学校的规划和决策中去，搭建科研教学生活平台，使高校教师融入学校发展的洪流之中，因此我们要努力改变管理理念，让“以人为本”观念深入人心。

2. 以群为体以争为机

我国高校教师队伍建设还处于初级阶段，仍有很多地方需要完善，“以群为体”总体来说，就是要从整体上谋划高校教师队伍的建设。“以争为机”，就是要建立人才竞争与激励机制，激发高校教师的工作积极性、创新和争先意识。但是，我国高校人力资源管理中竞争和激励机制不完善，仍存在一些守旧之处。

3. 以精为务

“以精为务”，是指人力资源开发与管理工作尚需要进一步探索和研究，要做到精深、精细并且可以做到对教师资源进行全面开发和管理。将教师人力资源管理作为一项战略性管理并不是要否定人事管理的作用，而是需要将人力资源管理理念应用于人事管理工作中，服从教师人力资源管理战略目标。

当然，管理制度也需要创新，人事制度向人力资源管理制度转变必然要求高校教师管理制度随之改变，在人力资源管理模式下，高校教师人力资源管理对其未来的发展起决定性作用，在执行层面上，人事部门还不能完全做到重新定位，因此，不断加强人事管理理念创新，使其服务于人力资源管理需要，成为高校教师人力资源管理必不可少的一部分内容。

4. 运行机制和体制创新

运行机制的创新也存在不足之处，如果说制度是解决事情的主体问题，那么运行机制就是解决做事情的方法，同时也包括高水平教师的涌现机制，让教师充分发挥作用的建设平台，教师的聘用考评、激励竞争机制等。

除了制度和运行机制创新外，还存在常规管理与特殊事情管理的关系处理不好的问题。高校教师人力资源管理模式的创新能够切实将高校教师人力资源管理模式引向提高高校竞争力的管理轨道上来，要从制度创新和机制构建上着手，搭建出一个能够让优秀教师不断成长的环境与平台，使优秀教师一旦离开所处环境就难以发挥作用，从而让高校不会因教师流出而失去竞争力。

（二）高校教师人力资源配置方式不当

1. 高校师资管理模式

一直以来都是与国家政治、经济等管理模式保持一致的，这种模式的形成主要和高校师资的形成有关，在高校就读的大学生或者研究生进入学校任教，都是按照学院教务机构制订的教学计划进行教学，接受上级单位划拨的教育科研经费进行课题研究，这种自上而下执行单一指令的管理模式，让高校的师资管理模式成为一成不变的定式，从而导致学校和社会的脱离。

虽然高校的师资管理制度也发生很大变化，但就整个管理模式来讲，基本上还是遵从统一的行政管理模式，同计划经济时的运行模式大同小异。这种模式曾经对整个高校师资管理起到过积极的促进作用，但改革开放以后这种模式与社会发展越来越不相适应，尤其是进入市场经济后，显露出越来越多的弊病。

2. 人才配置失衡

由于在高等院校中，教师人力资源这种市场化配置还没有形成，所以高校人力资源配置的主要方式还是计划配置方式。由于市场配置得不到应用，而高校和主管部门又承担了比较多的人才配置职能，在某些方面也限制了高校人才的流通区域和范围，制约了高校人才合理利用和个人发展空间。教育人才市场因为不能像社会人才市场那样灵活运作，不能很好地顺应社会发展的需求，缺乏对高校人才资源的合理规划、合理配置，不能及时准确地为高校人才提供所需的系统信息，不能为高校人才资源市场化配置提供正确的政策导向，所以导致高校教师人力资源配置失衡的现象严重，其原因有三方面。

①在市场经济发展和结构调整下，不同市场间生产要素都要进行重新调整，但人才资源由于多种原因，如受观念、社会保障机制和分配方式等因素影响，不能很快在社会主体中找到定位并加以调整，这样就会导致传统学科人才大量积压、闲置以及新兴学科专业人才短缺的结构性矛盾。

②受过去经济发展的影响，存在许多人才知识结构不合理现象，呈现出知识、能力“单打一”的情况，与人才结构性调整要求不相符合。

③高校人才流失严重，出现很多年龄断层现象，有的已到了无法维持的地步，这些结构性失衡加剧了人力资源使用效率低下的现象。

（三）人力资源聘用考核机制不合理

事实上，目前各高校对人才引进工作都十分重视，但仍然存在一些问题。

1. 更加注重数量，结构相对次之

一些高校不能从本校学科建设和教师队伍建设的实际情况出发制定出远近结合、重点突出的人力资源引进计划，对要引进的人力资源层次、数量、素质、学缘结构等也不能做出科学的分析和论证，呈现出很大的盲目性。

2. 更加重视学历，能力相对次之

高校人才引进时倾向于引进高学历者，有时会出现对人才水平评判能力有失偏颇的状况，只是一味地注重学历结构问题，而对人才在学科建设和个人发展方面的潜力不加重视。

3. 考评过于细化和量化

考核机制方面，目前各高校考核指标主要包括：发表论文、出版著作、授课课时，而且操作起来很有效，可以体现客观、公正的原则。但过于细化和绝对化的量化指标，经常会出现教师为论文著作篇幅和课时数量积累疲于奔波的现象，对教师科研水平和其他方面工作效率都会产生一定的影响，高校教师需要足够的时间去学习和进行深入的实践调研，量化考核指标更适用于简单劳动的激励，而不适用于复杂劳动的激励，毋庸置疑，任何高水平教学和学术成果都需要在时间上有一定积累。而且量化考核指标也不利于对教师“能动性”“创造性”能力的激发，使教师工作趋于刚性，少了自主选择性。现行设岗聘任制采用的过度细化、绝对量化考核指标，在很大程度上对高校教师的自主创新产生了束缚和阻碍。

第三节　我国高校教师人力资源管理的创新路径

一、人力资源刚性管理与柔性管理的结合

（一）刚性管理

刚性管理是指对组织中员工采取的一系列硬性管理，其中包括规章制度的设定。例如，从奖惩规则、纪律监督等各个方面对员工采取不同程度的管理，高校管理者通过运用该理念来制定相关规章制度及行为规范，从而提升高校管理效率和管理质量。在管理过程中，重视绩效和结果，照章办事，追求管理原则和制度上的不断完善。刚性管理主要有以下特点。

1. 刚性管理缺乏人本性

高校在制定各项管理制度和实施各项管理措施上，采取自上而下的管理模式，考虑事情更多地从高校工作角度出发，忽视教师的社会、文化、情感等因素会对其潜在资源的挖掘起到激励作用，很多时候学校的管理方法会背离教师意愿，从而产生一些负面影响。刚性管理习惯通过运用行政手段开展工作，把教师作为管理对象，忽视与教师的横向沟通与协调，使教师自主创新意识受到阻碍。同时，忽视了对教师行为标准的柔性因素影响，导致高校教师人力资源管理的

低效。

2. 刚性管理是一种硬性管理

刚性管理在高校广为应用，具有十分严明的规章制度，管理者在使用国家政策、法规及高校内部规章制度过程中，始终做到使教师的行为有法可依、有章可循，这种严格的管理制度会强烈激发教师的自我调整能力和控制力。

3. 刚性管理缺乏灵活性

很多时候只是一味地追求工作上的量化管理，各高校普遍采用相对硬性的指标对高校教师实行量化管理。我们不能否定这种量化标准的可操作性，因为在实践过程中，确实可以在一定程度上提高工作效率，但一方面受外部环境变化性大、计算教师工作量存在模糊性等诸多不确定性因素的影响，高校管理者在决策过程中很难达到预先设定的标准；另一方面，这些量化标准有时会抑制教师的工作自主性和创造性，不利于高校学术交流，并且硬性规定和管理会背离教师工作规律，使教师心理上产生挫败感。

上述刚性管理特点使我们意识到，管理中若单一实行刚性管理是不可取的，一定要灵活应用，才能更好地提升管理效率。

（二）柔性管理

人力资源柔性管理是组织为适应环境变化而采取的灵活运用人力资源柔性管理策略，调整教师的结构数量、工作时间、工资福利等因素以满足不同时期、不同水平、不同模式的人力资源需求，以较低的人事成本实现战略目标。柔性管理的特点如下。

1. 以教师为本

以教师为本是高校人力资源柔性管理最为突出的管理理念之一。在实施柔性管理过程中，高校管理中涉及的规章制度都会考虑柔性政策，充分尊重教师自主性，善于最大限度地激发教师自主创新能力，使教师产生强烈的满足感。同时，以教师意愿和利益为管理的出发点，充分理解和关心教师。

2. 重视情感的投入

高校教师不是普通群体，而是具有较高知识层次的群体，对情感的重视也是高校教师的明显特点，柔性管理就是要更多更深入地发掘教师的情感，尊重爱护教师，能够做到全面多方位为教师着想，最终获得教师的认同感与亲切感，做到管理者与教师和谐相处，形成较大的情感凝聚力，为高校办学效率的提高共同努力。

3. 灵活性与适应性

柔性管理必须要在高校教师人力资源管理刚性原则下，适当结合柔性管理方法，用来弥补刚性管理的不灵活性。柔性管理中，对教师要采取灵活对策，不限于形式，对教师的科研教学工作留有一定空间，如赋予教师充分的自主选择权、自身需求得到满足等。柔性管理的宗旨是，在不禁锢教师创造力的同时创造各种条件让教师潜能尽可能地被挖掘。

4. 重视激励作用

按照教师的不同特点实施相应的激励措施，达到激发高校教师创造精神，最大限度地调动高校教师工作积极性，充分发掘教师潜能的最终目标。

（三）高校教师人力资源刚性管理与柔性管理相结合

在高校师资队伍建设中，教师人力资源刚性管理和柔性管理是相辅相成，缺一不可的。高校管理者要遵循刚性管理和柔性管理相结合的原则，正确认识和运用刚性管理和柔性管理的辩证关系，让刚中有柔、柔中带刚的方式存在于高校管理系统中。刚性管理和柔性管理关系主要如下。

1. 柔性管理是刚性管理的完善和补充

刚性管理一般是通过行政或经济手段来管理教职人员。例如，规章制度约束、处罚制裁等方式，这些手段曾产生过较好效果，但逐渐也暴露出许多负面效应，因为对高校教师的管理太过拘泥于形式，把人当作机器，管理僵硬不灵活，一成不变的管理模式已经无法适应飞速发展的社会形势。柔性管理则能够做到最大限度地激发教师潜在能力，使整个管理机制运行起来充满人情味和人性化，做到真正的人本管理思想。

2. 刚性管理是柔性管理的基础和保障

无规矩不成方圆，在理论界和实践界，由于柔性管理人性化的特点，被大多数人广泛认同，但提倡柔性管理并不是要我们取代或否定刚性管理，高校若缺少健全的体制机制和严明的规章制度，就会缺乏一定的原则性和稳定性，使高校管理变成一盘散沙。

3. 柔性管理和刚性管理相互依赖、相互渗透

柔性管理与刚性管理在本质上是统一的，二者相辅相成。为实现办学目标，我们将柔性管理与刚性管理恰当地结合在一起，最终都是要提高高校教师人力资源管理水平，提高教师教学质量，促进教育的发展。管理中若没有刚性，教育活动就会失去依据、准绳和章法；若没有柔性，聘用考评体系、退出机制、激励机制等都会缺乏灵活的运行过程，管理工作便会缺乏生机和活力。

因此，高校教师人力资源管理只有正确认识到刚性管理与柔性管理的辩证关系，并将二者有机结合起来，刚性不教条，柔性不松散，做到刚柔相济，以规章制度做保障，再加上相应的人性化管理做补充，才能将高校教师人力资源管理效

率提升到一个全新的高度。

二、优化资源配置的组织结构

（一）教师结构多样化与师生比例合理化

教师结构多样化与师生比例合理化，可以在很大程度上提升高校教师人力资源管理效率，所以师生比例合理化会在高校教师人力资源管理中起重要作用。高校在配备师资时，要依据全校的学生数量、科研任务量以及工资总额等多方面因素。

1. 拓宽学术领域和知识体系

西方国家助教工作在很多时候由研究生承担，大大减少了教师编制。另外，这几个国家的高校通过大量聘请兼职教师来丰富教师结构，使教师结构朝多样化发展，拓宽学术领域和知识体系，这在一定程度上提高了师生比例。我国高校师生比长期以来都很低，这是我国整体劳动生产率低下的一个缩影。

2. 提高人力资源效率

近几年来，随着我国整个社会劳动生产率不断提升，高校教师的投入效益也在提高，但与大多数西方国家同类型、同层次的高等院校相比，我国高校师生比例明显偏低，还有继续提高的空间。我国应借鉴西方国家的经验方法，结合自身高校实际情况，制定出与之相匹配的可行性措施，主要通过高校师资队伍结构多元化调整，逐步提高师生比例，从而提高人力资源管理效率。

（二）优化教师内部结构模板

①结构名称：结构优化方法。

②年龄结构：按5年一段，一般可分成7个年龄段，每个年龄段控制在14%左右为宜。

③学历结构：更多地培养高学历的青年教师，作为储备人选。

④专业职务结构：对于工作中发生的新情况来评聘，其中专业技术职务的评聘指标应为结构比例控制，而非限额控制，同时要实行按需设岗。

⑤学缘结构：合理设置人力资源的“学缘”结构，通过广开门路，多方式补充等渠道来拓宽高校教师的教学视野，不断优化“学缘”结构，包括教师引进的多校性以及经历的多样性，如对有过出国留学经验的人员引进工作。

⑥专业、知识结构：要加强新兴学科、交叉学科及边缘学科等人才的补充，使队伍的学科结构与学校学科建设相适应。加强人才知识结构的调整和更新。

以上六个方面的结构调整，必须落实在高校人力资源宏观结构的优化之中，着眼于发挥整体高校人力资源的最大效能，合理的人力资源结构会使高校教师的能力得到放大、强化和延伸，从而促进高等教育发展。

三、基于知识管理的人力资源管理模式的构建

知识管理为高校教师人力资源管理提供了新方法。知识管理能够运用信息技术建立知识管理系统，不仅能为高校教师提供最新知识，也使查找起来更为方便。要想让教师拥有当代所需要的知识，各高校就应当为教师提供一个便于知识交流与传播的环境，这种环境只有在知识管理系统中才可以见到，是知识管理系统所特有的。随着科学技术的不断发展，知识也划分得更为具体了，各领域的知识之间也在一定程度上相互渗透，相互融合，从而知识更新也变得十分频繁。知识管理系统的建立不仅有利于提高学校内部知识创新、交流和转换，而且可以让高校教师大大缩短学习和使用知识所需的时间。

总之，在这个知识经济时代，行之有效的知识管理能够在很大程度上促进高校教师的职业发展，此外，我们还可以在高校里搭建基于知识管理系统的学习平台，使高校教师直接在网上学习所需知识，在这个网络普及的时代，可以使教师不再拘于时间和地点的限制，随时随地接受教育，不断提升教师的知识水平。

（一）建立促进价值创造的薪酬支付体系

薪酬制度是人力资源管理六大模块之一，高校教师在薪酬体系中可以挖掘出自身的需求和价值所在，一个健全的薪酬制度不仅有利于人力资源管理体制效率的提升，而且有利于满足高校教师对薪酬体系公平性与畅通性的要求，在一定程度上激发教师工作的积极性。当然，薪酬制度必须和高校的战略目标相结合，使教师意识到自己的工作与学校的总体竞争水平直接相关，会直接影响高校的发展方向。

对于薪酬体系的设置应该兼顾公平性、市场竞争性及对教师的激励作用，将教师的知识创新和共享能力与薪酬支付体系联系起来，知识创新能力越强薪酬水平应该越高。高校知识薪酬支付体系有利于高校教师进行知识的使用与创新，健全的薪酬支付体系是高校吸引、使用人才的关键，可以吸引更多优秀教师入伍。但实际上，大多数高校更加注重现金薪酬的支付，忽视了高校教师的其他需求，如职业培训与发展、情感认同等。

因此，对于高校教师的薪酬支付体系，不仅要采取货币性的薪酬支付形式，还要根据高校教师特点提供适合他们的非货币性的奖励。对于高校的管理者来说，高校教师所做出的所有决策，一方面，管理者要评价这些决策本身的正确性，正确的决策要予以支持和鼓励；另一方面，还要评价决策产生的背后知识，充分发掘教师的知识创新能力，不断激发教师教学及科研的积极性。要在保证对

知识管理活动成果的科学评价的前提下建立以知识为基础的薪酬支付体系。

（二）建立促进知识共享的制度体系

知识共享对于高校教师而言尤为重要，高校要建立一个能够促进知识共享的制度体系，要分别从制度、技术、文化三个方面入手，为有效地实施基于知识管理的高校人力资源管理提供帮助。

1. 制度保障措施

①人力资源管理和知识管理的开发运用都要与高校的发展战略相匹配，还需要一定的物质支持。

②要有适合知识创新、知识共享的组织结构，可通过建立学习型组织和扁平化的组织结构来实现。

2. 技术保障措施

技术保障是指有利于知识共享的硬件环境，将高校各部门和教师个人的知识产权和其他无形资产汇总成电子文件放在公用的网上，形成一个知识库，随时可供取阅，该知识库要有一套系统来支持和服务，以及一些基本的安全措施和网络权限控制功能。

3. 文化保障措施

要想留住人才，只靠合同是不够的，教师是知识型的员工，他们不仅关注自己获得的薪酬福利，也很重视更深层次需求的满足以及获得尊重的程度。高校要使教师的个人价值观、愿景与高校的愿景相匹配，使两者产生共鸣。

（三）教师人力资源招聘策略

高校教师招聘是获得人才资源的重要途径，在对教师人力资源进行招聘时，要充分认识到教师知识资本集成情况的重要性。因此，高校要充分考虑其发展趋势和特点。

1. 人才甄选要依据知识资本特点

在招聘高校教师时，应既以自己的学科性质特点为基础，并对其他相关学科知识有一定的了解或掌握，形成自己的知识体系，同时又要研究自己的教学个性，形成独特的实践操作体系、教学思想以及完整的教学体系、风格和流派。

在高校教师甄选过程中，应该重点考虑应聘者的学缘结构，我国高校教师有一部分是本校毕业学生，“留校”教师是“近亲繁殖”的做法，知识资本集成的特点要求同一所高校教师的知识应该是百花齐放、百家争鸣的，过多的“近亲繁殖”现象不利于优化学缘结构，不利于博采众家之长。

2. 招聘规划要将教师知识资本集成的发展方向作为重点考虑内容

高校在制定教师发展战略过程中，一定会选择适合高校发展、符合高校要求的员工，使员工与工作内容相匹配。

①要制订一个合理的招聘规划，按照职位特点和空缺情况来制订人员需求计划。这里所谓的招聘规划就是在实现高校办学过程中，首先要设定战略战术目标，再根据现阶段自身教师人力资源情况和对发展趋势的预测情况，制订相应的人员引进、保持和流动策略等。

在具体操作过程中，由于高校组织的特殊性，选拔时必须充分考虑到高校对知识资本高需求和未来知识发展的集成情况，将所需要的知识和对应的人才，采取正确的招聘策略，做好人员、岗位、知识三者的匹配工作，优化教师队伍，使其凝聚力达到最佳状态，实现集成效应，将冗余人员数量降到最低直至消除。

②按照当前高校教师资源情况，深入分析和调研，将教师数量、质量、组合方式等方面的不足予以评价，从而做出相应的招聘标准，同时必须考虑求职者的需求。将上述问题确定后，再由负责人将申请交给高校人事部门，申报师资招聘计划，人事主管部门再按照高校内部的职位信息，来确定相应的招聘标准和条件，从而对空缺岗位的填补事项做出最后决策。

（四）教师人力资源培训策略

培训作为高校教师人力资源增值的重要方法之一。近年来，越来越被各大高校重视起来，因为教师人力资源在高校办学过程中所发挥的作用越来越大，直接影响到高校的教学水平和科研成果，因此，不断优化高校教师人力资源培训策略尤为重要。

1. 培训的实施加速知识资本增值

首先，高校人力资源培训工作的灵魂是如何使培训的内容学以致用，如何使知识资本通过培训得到增值；其次，要注重选择高校人力资源培训的途径。

2. 培训需求分析要考虑知识资本的增值

在进行人力资源培训工作之前，高校要调查统计本单位的人才数量、质量、结构、发挥作用状况等基本情况，对本单位的发展状况、发展规则、发展前景和人才需求及人才培养能力及其发挥程度做较详尽的调查统计，并加以综合分析，根据未来社会经济发展要求，制定符合实际的高等教育发展规划。

3. 培训的评估要考虑知识资本增值的效果

在培训实施完成之后，要对培训的效果进行评估，以检测和考评高校人力资源培训工作的方方面面。培训评估的指标包括教学计划制订，教学内容分析，教学策略分析，学生进步分析，学员之间交流分析，以及培训计划本身规定的接受人力资源必须掌握的理论知识、方法和技能。

四、建立科学的激励机制

依据有关激励理论，将我国高校教师人力资源管理制度中的激励机制的构建方法归纳如下。

（一）建立目标激励机制

所谓目标激励，就是依据特定的管理目标，对高校教师人力资源进行行为指导，将教师的个人需求与高校管理目标有机结合在一起，从而有效提高教师工作积极性和自主创新性，另外，目标激励机制的实施基础是有效的岗位目标，只有将这两种方法结合起来才可以达到目标激励机制价值的最大化。

1. 要把学校的发展目标与个体的发展目标有机结合

①目标激励是把期望值和目标效果高度重视起来，目标可以引导和激励高校教师的行为，因此高校经常采取目标设置的方法来激发教师的工作动机，并引导其行为。

②高校在设置目标时一定要结合自身的实际情况以及一定的办学条件，在制订相关的发展规划时要考虑到近期和中期的具体目标，否则会让人觉得目标过于空泛、漫无边际而缺乏追求的动力。

③在高校人力资源管理中目标的设置至关重要，学校管理层在制订目标时要考虑有关各方面因素，尽可能“适度”。

2. 实施目标激励机制的前提是岗位目标的实现

①岗位设置要有利于形成合理、优化的队伍。要以学科建设、人力资源队伍建设为基础，以教学、科研、管理任务及师资队伍现状为依据，根据学校的发展目标，设立岗位。

②科学设置不同岗位的目标，完善岗位聘任制。科学合理地设置不同岗位的目标会使目标具有较强的激励作用。

③签订聘任合同，加强目标考核管理。聘约不是简单地与学校签个合同，而是要首先明确双方的岗位职责。

④实行动态管理。高校的各个岗位尤其是关键岗位是有限的，岗位是相对固定的，但在这个岗位上任职的人员却是流动的，人员上岗所取得的岗位职务与相应待遇也仅在聘期内适用。

（二）建立文化激励机制

高校教师人力资源具有更加丰富的精神需求，且大多数人都很热爱自己的职业，不会轻易更换自己的工作。

1. 加强人文关怀

高校管理者应该抓住高校教师这一心理，努力建设和谐校园，使高校教师具有良好的文化素养和道德水平。高校人力资源需要一个既严肃紧张又活泼的校园文化，高校的文化氛围也是一所高校的文化底蕴，管理层和学术团队要团结在一起，共同努力提升校园文化氛围，包括管理人员和一线教师在内的所有人员都是创造知识和文化的工程师，在当今社会继续保持这种团结，校园就会吸引和凝聚更多高层次的优秀人才。而紧张就是要在一定的压力下，因为压力是我们日常工作的动力源泉，这样有利于工作效率的提升。

2. 鼓励和支持行使民主权利

高校应鼓励和支持学生行使民主权利，这样不仅会使高校人力资源的潜能得到充分发挥，更会提高他们对自己工作的满意程度，使他们不断增强工作积极性，沟通易于产生共识，通过交流和沟通，自己的意见被采纳，便会激发高校教师的工作热情。

（三）完善培训激励机制

在高校教师人力资源管理中培训激励的价值是非常重要的，因为它能够满足高校教师的发展需要，为高校教师发展提供精神支持和原动力，激发他们通过追求先进科学知识、不断更新知识结构来提升自身的价值。

1. 建立完善的高校教师培训体系

实现高校教师人力资源知识的保值增值，不断更新教师知识结构，只有在深入分析高校教师人力资源自我成长及发展需要的基础上，培训激励机制才能发挥作用。具体完善方法有以下四点：

①满足高校教师人力资源不同层次的培训需要；

②基于高校人力资源的职业发展目标，建立全方位的培训体系；

③加强培训工作的制度化，使人力资源培训有法可依，有章可循；

④建立科学的培训评价体系，提高可操作性。

2. 根据教师水平确定培训需要

高校教师一般主要分为教学型和研究型。

（1）教学型教师，要注重岗位的培训。

一是注重教师本身综合运用能力的培养，对于专业教师分别安排针对性的专业课程进行师资培训，也利用培训机会为各岗位、各层次的教师提供一个交流沟通的平台，融洽各岗位教师之间的人际关系。

二是注重高校教师学历水平的提高，各高校可以根据自己的便利条件给高校教师提供学习进修的机会，如做访问学者或出国深造。

（2）研究型教师。

首先，注重接触科研人才和学术带头人的培养，增加对高校师资培养经费的投入。引进杰出人才和把校内有科研发展潜力的人才外送培训，满足高校对教师较高层面的需求。高校教师人力资源的培养从年龄上分为青年教师培养、中年教师培养等，可以根据教师年龄和接受领悟新知识的能力区别培养。

其次，构建以高校教师人力资源职业发展为目标的全面培训体系。应该在培训内容、培训时间以及培训方式等方面，给高校更多的自主权，按照不同岗位、不同层次的培训对象自主选择培训内容和培训方式，自行制订培训时间等，不断加快培训工作信息化建设的进程。

最后，加强培训工作制度化，使人力资源培训有法可依，有章可循。拥有严格的培训制度，才能不断提升高校教师的技能水平，使教师行为依据充分。

3. 建立科学的培训评价体系

在人力资源管理工作中，科学准确的评价体系至关重要，因为高校教师培训工作需要有效的考核系统进行监督。同时，高校教师参加培训的积极性一定要不断被激发，这样才能加强培训过程中的主动性，进而提升工作效率和提高培训质量。

由于存在一定影响因素，操作起来有一些困难，致使培训工作难以达到科学性和准确性。但长远来看，建立一套科学的培训评价体系对高校教师培训工作尤为重要。当前，我国主要采取银行贷款和财政拨款的方式来补充高校经费，培训经费有些紧张，在这种情况下，就要通过建立和完善培训激励约束机制，提高培训效益降低培训成本，最终使高校教师管理培训体系获得良好效果。

（四）健全绩效考核激励机制

绩效考核机制一直是现阶段高校晋升提拔的重要参照，对人力资源进行有效激励的重要手段之一便是高校的绩效考核工作。如果不能形成科学合理的绩效考核制度，就会造成高校人力资源切身利益和工作积极性受到损害。高校在进行考核激励过程中，是通过以下三方面的努力，建立起“责权利”相结合的绩效考核激励机制，使我国高校教师人力资源管理体制效率不断提升。

1. 设立科学有效的、操作性强的量化考核标准

加强量化和细化高校教师人力资源的评估标准，在岗位、职称或层次等方面不相同的人员，实施分别考核的办法，并可实行依据不同岗位不同职责进行不同分析的方法，对考核标准给以界定和说明，最终实现考评双方的工作目标与职责的一致性，真正落实和发挥绩效考核作用。

2. 考核过程的公正透明性

一些高校采取将教师的教学、科研成果、获奖情况等分别录入计算机，再经过审核将教学和研究成果等提交到个人网上的业绩系统里。同时，在网上实行业绩与分配制度挂钩的方法，进而在一定程度上简化考核手段，提升透明度。考核过程的透明度与考核激励机制的公正度是成正比的。

3. 采取考核结果与教师本人利益挂钩的方法

绩效考核的反馈和沟通要时刻予以重视，将考核结果与教师本人利益直接挂钩，同时把这个考评结果视为高校教师人力资源聘任、晋升的可靠依据，从而将高校教师劳动成果的差异性充分体现出来。

绩效考核激励机制，对于完善高校人力资源管理体制至关重要，没有制度化和量化的考核标准，会在一定程度上影响教师工作的积极性，从考核标准的设立，再到考核过程的公开，直至考核结果与教师个人利益关系的明确，整个流程都充分体现了一个高效透明的绩效考核机制，处处蕴含着激励因素，“责权利”相结合能够更好弥补我国当前绩效考核机制中存在的不足，从而加快提升高校教师人力资源管理的效率。

参考文献

[1] 王立梅 . 高等教育管理理论研究与实践探索 [M]. 北京：中华工商联合出版社，2022.

[2] 苏重来，朱文峰 . 高等职业教育在线开放课程配套教材财务管理 [M]. 北京：高等教育出版社，2022.

[3] 董立平 . 高等教育理论与实践多维探索 [M]. 厦门：厦门大学出版社，2022.

[4] 姜法芹，袁凯，贾宪军 . 金融学 [M]. 北京：机械工业出版社，2022.

[5] 李洪霞 . 高等院校学生教育管理研究与实践 [M]. 北京：北京工业大学出版社，2021.

[6] 蒋庆荣 . 中国高等职业教育治理模式研究 [M]. 长春：吉林大学出版社，2021.

[7] 吴爱萍 . 高等教育的发展与管理实践 [M]. 长春：吉林出版集团股份有限公司，2020.

[8] 刘颜 . 高等教育管理艺术与实践 [M]. 长春：吉林美术出版社，2020.

[9] 刘进华 . 高等教育管理与创新实践研究 [M]. 长春：吉林教育出版社，2020.

[10] 张朝敏 . 高等教育管理与教学实践研究 [M]. 长春：吉林美术出版社，2020.

[11] 马永霞，窦亚飞 . 高等教育组织与管理 [M]. 北京：北京理工大学出版社，2020.

[12] 邝邦洪 . 高等教育的实践与探索 [M]. 广州：广东高等教育出版社，2020.

[13] 刘宏，李光宙 . 国际化人才战略与高等教育管理 [M]. 广州：暨南大学出版社，2020.

[14] 陈小倩 . 本科院校教学管理创新与实践研究 [M]. 北京：中国商务出版社，2019.

[15] 苟生平 . 高校公寓管理服务的探索与实践 [M]. 成都：电子科技大学出

版社，2019.
[16] 周建松 . 高等职业教育优质学校建设综论 [M]. 杭州：浙江工商大学出版社，2019.
[17] 王东，陈先 . 新时期高校思想政治教育理论与实践 [M]. 北京：九州出版社，2019.
[18] 关洪海 . 高校教育管理与创新实践研析 [M]. 北京：冶金工业出版社，2019.
[19] 陈晔 . 新时期高校教育管理实践研究 [M]. 北京：现代出版社，2019.
[20] 孙连京 . 高校教学管理理论与实践 [M]. 南昌：江西高校出版社，2019.
[21] 杨鹏 . 实践教学改革与探索 [M]. 北京：北京理工大学出版社，2019.
[22] 朱桂莲 . 思想政治教育实践教学教程 [M]. 武汉：中国地质大学出版社，2019.
[23] 王宝堂 . 当代高等教育管理与实践路径研究 [M]. 青岛：中国海洋大学出版社，2018.
[24] 李艳芳，韩燕 . 新时期高等教育管理路径及实践策略研究 [M]. 长春：东北师范大学出版社，2018.
[25] 陶能祥，董泽芳 . 分化与选择高等教育分流的理论与模式 [M]. 武汉：华中师范大学出版社，2018.